Elizabeth Benedict
EROTIK SCHREIBEN

W0192776

Elizabeth Benedict

Mit anregenden Beispielen aus der modernen Literatur

EROTIK SCHREIBEN

Aus dem Amerikanischen von
Kerstin Winter

Autorenhaus ▪ Verlag

Die Deutsche Bibliothek – CIP-Einheitsaufnahme
Ein Titeldatensatz für diese Publikation ist bei
Der Deutschen Bibliothek erhältlich.

Titelfoto:
David de Lossy, The Image Bank

Cover-Design, Layout und Satz:
Sigrid Pomaska-Brand

Deutsche Erstausgabe
ISBN 3-932909-67-4

© 2002 Autorenhaus-Verlag
Karmeliterweg 116, 13465 Berlin

Umwelthinweis:
Dieses Buch wurde auf chlor- und säurefreiem Papier gedruckt.

Printed in Germany

INHALT

Für JEROME BADANES
(1937-1995)
der mir beigebracht hat, dass man es manchmal
auf die Spitze treiben muss,
um die richtige Wirkung zu erzielen

und

LEE GOERNER
(1947-1995)
dem jedes einzelne Wort wichtig war.

»Dies ist ein unzüchtiger Planet.«

- Shakespeare
Ein Wintermärchen

»Sex gedeiht nicht in Monotonie. Ohne Gefühle,
Erfindungen, Stimmungen [gibt es] keine
Überraschungen im Bett. Sex muss vermengt
werden mit Tränen, Lachen, Worten,
Versprechungen, Szenen, Eifersucht, Neid, mit all
den Gewürzen der Furcht, fernen Reisen, neuen
Gesichtern, Romanen, Geschichten,
Träumen, Fantasien, Musik, Tanz, Opium, Wein.«

Anaïs Nin
*(aus einem in ihrem Tagebuch abgedruckten Brief an den Mann, der ihr
einen Dollar pro Seite für erotische Geschichten bezahlte)*

»Jeder, der versucht, sexuelle Erfahrung
direkt wiederzugeben, wird mit der
Tatsache konfrontiert, dass die
Verwicklungen, die damit einhergehen,
ohne den subjektiven Gehalt absurd sind.«

William Gass
On Being Blue

VORWORT

Sex spielt eine große Rolle.

Seit ich 1995 die erste Ausgabe von *Erotik Schreiben* verfasste, hat sich immer wieder gezeigt, dass Sex in unseren privaten und öffentlichen Leben bestimmend ist.

Sex spielt eine große Rolle – aber hat er sich in den vergangenen sechs Jahren auch verändert?

Mit einem Wort: Ja.

Als Erklärung dafür reichen drei Worte: Cyberspace. AIDS. Monica.

Für viele von uns und für die Gesellschaft als Ganzes hat jedes dieser Phänomene die Art und Weise, wie wir Sex definieren, übermitteln, umsetzen und erfahren, verändert – so sehr, dass die Herausgeber und ich der Meinung waren, es sei Zeit, einen Blick darauf zu werfen, wie stark sich diese Veränderungen in der Literatur niedergeschlagen haben.

In der heutigen Belletristik findet man Hinweise auf E-Mail und Internet fast ebenso häufig wie auf das Telefonieren. Flirts, Anbahnungen und sexuelle Stimulation via Netz sind in der Literatur so üblich geworden wie im wirklichen Leben. Die Briefromane des 18. Jahrhunderts – *Gefährliche Liebschaften, Clarissa, Pamela* – finden ihr zeitgenössisches Pendant in Matt Beaumonts witzigem Roman *E-Mail an alle*, der komplett als E-Mail-Korrespondenz verfasst ist, die in einer Londoner Werbeagentur kursiert.

Nach all den Jahren, in denen wir mit AIDS konfrontiert werden, ist es selbst für die konservativsten literarischen Figuren selbstverständlich geworden, Kondome bei sich zu haben und ein paar ernste Worte zum Thema Schutz zu wechseln, bevor man miteinander ins Bett geht – eine deutliche Veränderung zu den Werken, die ich vor sechs Jahren las. Damals wurde dieses Thema fast immer ignoriert.

Und dann wäre da noch das, was ich den »Monica-Effekt« nenne. Ich will nicht sagen, dass Miss Lewinsky zu einem populären literarischen Motiv geworden ist, obwohl Philip Roth seinen neusten Roman *Der menschliche Makel* im Sommer der Beschuldigung Clintons ansiedelt, wie es auch John Updike in *Rabbit Remembered* tut. Nicht zu vergessen

Francine Prose, die in ihrem Roman *Durchtrieben* indirekt Kenneth Starr und seine Hexenjagd durch den Kakao zieht. Was ich mit dem »Monica-Effekt« wirklich meine, ist die Tatsache, dass die lange Zeitspanne von gut zwei Jahren, in denen wir das Liebesleben des Präsidenten privat und öffentlich diskutiert haben, die Standards für die Themen, die auf einer Abendgesellschaft erlaubt sind, nachhaltig gelockert hat. Die Erfahrung, den Starr-Report in der *New York Times* zu lesen, war ein kultureller Wendepunkt: Nun, da all diese dirty details in *der* Zeitung der Nation ausgebreitet worden waren, konnte niemand mehr vorgeben, unschuldig zu sein. Wir wissen jetzt, was manche Menschen alles tun, um ihre sexuellen Bedürfnisse zu befriedigen, und wir wissen, dass andere nur darauf warten, sie öffentlich zu machen und für politische Zwecke zu nutzen. Und wir haben erfahren, wie teuer es die Betreffenden – finanziell und in anderer Hinsicht – zu stehen kommen kann. In unserem Zeitalter der Beichten, Geständnisse und des Realtity-TV ist das Private politisch – oder zumindest nicht länger privat.

Vor dreißig Jahren schockierte Philip Roth mit seiner Romanfigur Alex Portnoy, der mit einer Scheibe roher Leber onanierte, die literarische Welt und die übrige dazu. Als ironische Referenz zu dieser literarischen Wende eröffnete Francine Prose ihren Roman *Durchtrieben* mit einem Professor für Kreatives Schreiben, der seine Studenten eine Kurzgeschichte besprechen lässt, in der ein Teenager »ein rohes Hähnchen im Licht des Familienkühlschranks vergewaltigt.«

Sex spielt eine große Rolle, und egal aus welchem Blickwinkel man es betrachtet – die Rolle hat sich in den vergangenen Jahren sehr verändert.

Mit diesem Gedanken und reichlich Stoff aus Werken der neueren Literatur habe ich *Erotik Schreiben* überarbeitet und aktualisiert. Ich hatte das Glück, erneut Interviews mit Edmund White und Charles Baxter führen zu können. Ich sprach mit Darin Strauss, der in seinem im Jahr 2000 veröffentlichten Erfolgsdebüt, *Chang und Eng,* auf der Basis weniger authentischer Informationen Liebesszenen zwischen den Siamesischen Zwillingen und ihren Frauen erfand. Ich habe ein neues Kapitel über Intimitäten im Internet hinzugefügt und eines über Hochzeitsnächte und Flitterwochen, weil ich in der neueren Literatur viele wundervolle Beispiele dafür gefunden habe. Auch ein Kapitel über das AIDS-Bewusst-sein im Jahr 2001 ist dazugekommen. Zudem hatte ich das große Ver-gnügen, Beispiele aus neuen Werken zitieren zu dürfen, die entweder witzig, clever, originell, psychologisch und sprachlich gelungen oder al-les zusammen sind.

Dabei stellte ich überrascht fest, wie viele Autorinnen und Autoren ausgesprochen gut über Sex, seine Vergnügungen, Belastungen, Folgen und Geheimnisse schreiben können. Die neuen Beispiele, die ich zur Illustration herangezogen habe, stammen von Autoren aus den Vereinig-ten Staaten, England, Irland und Indien. Es war nicht einfach, aus einer solchen Fülle auszuwählen. Es scheint, als käme jede Woche ein neuer Roman oder eine neue Kurzgeschichtensammlung hinzu, die ich lesen müsste. Selbst jetzt, kurz vor Drucklegung, bin ich hin- und hergerissen zwischen dem Wunsch, noch mehr Bücher durchzusehen, und der Ver-pflichtung, meinen Termin einzuhalten. Und so bitte ich all die, die hier nicht erwähnt werden können, um Verzeihung.

EINLEITUNG

WARUM ES SO SCHWIERIG IST, EROTISCHE PROSA ZU SCHREIBEN

Die Dinge beim Namen zu nennen, ist in unserer heutigen Literatur so üblich, dass Auberon Waughs Zeitschrift *The Literary Review* jedes Jahr in England einen Bad Sex Award verleiht. In der Absicht, seriöse Schreiber – keine Pornographen – dazu zu bringen, ihre Sexszenen zu verbessern, wird das Preisgeld nicht dem Autor, sondern dem Leser, der die entsprechenden Passagen entdeckt hat, übergeben. Der Autor, der den Preis »gewonnen« hat, bekommt eine peinliche Trophäe und ist verpflichtet, bei der Verleihungszeremonie eine Dankes-Rede zu halten.

Erotische Prosa zu schreiben, ist in unserer Kultur immer schon eine Gratwanderung gewesen, obwohl wir inzwischen eine große Ausdrucksfreiheit besitzen. In der Hinsicht sind wir alle leicht schizophren: Wir sind empörte Puritaner, die sich über Präsident Clintons Seitensprünge aufregen, stehen aber gleichzeitig mit unserer Frauenzeitschrift unruhig an der Supermarktkasse, weil wir es nicht erwarten können, den Artikel mit dem Titel »Zwölf Dirty Words, die Ihren Mann wild machen« zu lesen. Jährlich besuchen zwanzig Millionen Menschen Las Vegas, wo es so viele Strip Shows und »exotische Tänzerinnen« gibt wie einarmige Banditen, aber wir wählen Eltern in den Schulrat, die ohne weiteres Toni Morrisons Romane aus der Schulbibliothek verbannen würden. Männer, Frauen und Kinder werden stündlich an ihrem Computer mit Pornographie konfrontiert, erhalten unerwünschte E-Mails (»Teenie-Schlampen lieben Anal-Sex« las ich eines Morgens in meinem Inbox-Ordner), aber in vielen Schulbezirken ist Aufklärungsunterricht so beliebt wie Kurse zur Drogenprävention. In Georgia, Alabama und Texas ist es illegal, einen Vibrator zu besitzen. Eine Waffe darf man haben.

Es ist eine Tatsache, dass verschiedene Völker, Religionen und Interessengruppen auch unterschiedliche Werte besitzen. Viele Menschen stecken voller erotischer Konflikte, in einem ewigen Kampf zwischen dem, was sie begehren und dem, was möglich ist. Betrachten wir unsere Kultur zum augenblicklichen Zeitpunkt, wird klar, dass wir alles auf einmal wollen: Sex, den erotischen Kick, wahre Liebe und die Werte der Familie.

Bei derart unterschiedlichen Botschaften ist es kein Wunder, dass wir uns kreativen Blockaden und höllischer Befangenheit gegenübersehen, wenn wir uns der Aufgabe stellen, eine Sexszene zu verfassen. Wie kreiert man Erotik, wenn »die Sprache der Sinnlichkeit durch die Popkultur derart untergraben worden ist«, wie die Autorin Carol Shields mir einmal schrieb. Für manche liegt die Herausforderung in der Sprache und der Auswahl der Form. Wie deutlich soll ich werden? Wie bezeichne ich dies und das? Bei anderen Autoren beeinträchtigen Furcht, Verlegenheit und sogar Scham die kreativen Energien – denn obwohl wir heute so viele Freiheiten besitzen, sind wir immer noch durch Familie, Werdegang und die reale Welt, in der wir leben, geprägt.

Und vielleicht wollen wir auch nicht, dass unsere Ehepartner, Geliebte oder Kinder wissen, wie unsere sexuellen Fantasien aussehen. Die wortgewandten Beobachtungen, die George Bataille 1957 in seinem Klassiker *Der heilige Eros* gemacht hat, bringen es auch noch vierzig Jahre später schockierend genau auf den Punkt: »Der menschliche Geist ist Opfer der erstaunlichsten Impulse. Der Mensch lebt in ständiger Furcht vor sich selbst. Seine sexuellen Bedürfnisse entsetzen ihn. Der Heilige wendet sich alarmiert von der Wollust ab; er weiß nicht, dass die zu verteufelnde Leidenschaft und die eigene dieselbe ist.« Unsere sexuellen Bedürfnisse und das Verhalten, das sich daraus ergibt, sind kompliziert – die Reaktionen der Gesellschaft darauf ebenso.

Erotik schreiben soll Autoren helfen, bessere Sex-Szenen zu schreiben. Nicht jedes Werk braucht Sex-Szenen und ich glaube auch nicht, dass mehr Sex-Szenen besser sind als weniger oder Sex-Szenen lang, detailliert oder explizit sein müssen – es sei denn, Situation oder Plot verlangen es. Ich bin der Meinung, dass es Dummheit ist, Menschen zu untersagen, über Sex zu schreiben. Dass es traurig ist, wenn sie sich eingeengt *fühlen* – sei es durch den langen Arm des Gesetzes, den Geist ihrer Großmutter, die Erinnerung an die Verbote irgendeiner religiösen Autorität oder die alltäglichen Unsicherheiten der Beziehung, in der sie leben.

Meine Verbundenheit als Autorin, Leserin und Lehrerin gilt guter Prosa, ob das Thema nun Sex, Heiligkeit oder eine Weltumsegelung ist. Die einzige Sünde beim Schreiben, die ich anerkenne, besteht darin, einen Text zu schreiben, der ungenau, schwammig, sentimental oder grundsätzlich unehrlich ist in Bezug auf das Erlebnis, ein Mensch zu sein.

Wenn wir uns auf den Lernprozess einlassen, gute Erotik zu schreiben, dürfen wir niemals außer Acht lassen, dass der sexuelle Tenor der Zeit, des Ortes und der Familie, in der wir aufgewachsen sind, unauslöschlich in unserer Psyche verankert ist. Ob wir diesen nun willkommen heißen oder uns alle Mühe geben, dagegen anzukämpfen – sobald wir unsere Energie aufs Schreiben verwenden, ist er dabei.

Bevor Sie sich diesem Buch widmen, sollten Sie sich Zeit nehmen, über die sexuelle Haltung in Ihrer Familie und dem Milieu, in dem Sie aufgewachsen sind, nachzudenken. Assoziieren Sie frei auf dem Papier oder am Computer. Wahrscheinlich werden Sie interessantes Material ausgraben oder Einsicht gewinnen in das, was Sie oder Ihren fiktiven Charakter antreibt, wenn die Erzählung Kurs aufs Schlafzimmer nimmt. Der Autor Stephen Harrigan erzählte mir, dass die »Aversion gegen Sex«, die ihm in den 50er-Jahren in den katholischen Schulen eingeimpft worden ist, das Schreiben jeder seiner Sex-Szenen zu einer »Unabhängigkeitserklärung« machte. Obwohl er in dem Glauben erzogen worden sei, er müsse für jeden einzelnen unreinen Gedanken in der Hölle schmoren, fände er »es wert, zur Hölle zu fahren, wenn dafür die Szene stimmt«.

Was mich betrifft, so erhielt ich den Freibrief, in meinen Werken über Sex zu schreiben, lange bevor ich wusste, wie wichtig er für meine Arbeit werden würde. Als ich im zweiten Jahr auf dem Barnard College war, kamen drei Graduierte zu uns, um von ihrer Karriere als Schriftsteller zu erzählen. Sie sprachen im naturwissenschaftlichen Hörsaal. Ich saß in der ersten Reihe und hing an ihren Lippen; ich wusste damals bereits, dass ich eine von ihnen werden wollte. Eine der drei war eine Schriftstellerin, Abschlussjahrgang 63, eine selbstbewusste Blondine mit einem chinesisch klingenden Namen, deren Erstling in Kürze veröffentlicht werden sollte. Ich weiß nicht mehr viel von dem, was sie sagte, aber an ihren Namen erinnere ich mich natürlich: Erica Jong.

Ein paar Monate später schlug *Angst vorm Fliegen* in unser aller Leben ein wie eine Bombe. Auf jeder Seite feierte Jongs freche Heldin Isadora Wing Orgasmen, Untreue, Masturbation und etwas wahrhaft Revolutionäres, was sie »Spontanfick« nannte und was bedeutete, dass man im Zug einem Mann begegnen konnte, sofort und genau dort Sex mit ihm hatte und ihn nie wiedersah ... und auch nicht wiedersehen wollte! Die Frauen in diesem Buch-nette Mädels mit College-Abschluss – dachten diese Dinge, taten diese Dinge und *sprachen sie sogar aus.* Heute ist es unmöglich nachzuvollziehen, wie schwindelerregend diese Aussicht für diejenigen von uns war, die in dem Glauben erzogen worden waren, dass man als Jungfrau in die Ehe gehen müsse (so lange ist das noch nicht her).

Mit neunzehn wusste ich noch nicht genug über Sex oder den Prozess des Schreibens, um mit den Freiheiten, die mir von nun an zur Verfügungen standen, wirklich etwas anfangen zu können. Aber ich wusste, dass sich etwas verändert hatte. Ich wusste, wie wichtig der Aufruhr war, den Erica Jong und die Frauenbewegung erzeugt hatten. Ich wusste, dass dies für mich als Frau und als zukünftige Schriftstellerin mehr als nur ein bisschen Bedeutung hatte.

Rechte und sexuelle Bedürfnisse der Frauen waren nun Titelthemen, man erörterte die entsprechenden Einzelheiten leidenschaftlich und öffentlich. Der weibliche Orgasmus war zum Symbol und zum wesentlichen Inhalt für jeden geworden, der sich mit Sprache, dem Körper der Frau und – wie sich bald zeigte – auch mit zahllosen anderen Themen auseinandersetzen wollte. In Büchern, Flugblättern und den neuen Magazinen, die *Ms* genannt wurden, diskutierten wir Streitfragen zum Thema echter Orgasmus kontra gespielten, klitoraler Orgasmus kontra vaginalen, Freud kontra Masters und Johnson. Dr. Freud verlor durch seine Behauptung, ein klitoraler Orgasmus sei »unreif«, ein vaginaler dagegen »reif«, in dieser Debatte mächtig an Boden. Der Ruhm des griechischen Sehers Tiresias dagegen erstrahlte ganz plötzlich in neuem Licht: Er, der sowohl weiblich als auch männlich war, wurde von den Göttern gefragt, welches Geschlecht mehr Spaß am Sex habe. Er antwortete, Frauen hätten neunmal mehr Spaß, und wurde für diese Unbotmäßigkeit prompt von den Göttern geblendet. Seine Freimütigkeit war damals im puritanischen Nordamerika nicht besonders beliebt, bis Isadora Wing uns eingestand, dass sie »immer und immer wieder kommen« könne.

Als ich mit Anfang zwanzig anfing, mich ernsthaft mit dem Schreiben zu beschäftigen, kam es mir niemals in den Sinn, *nicht* über Sex zu schreiben, ebenso wenig wie es den Romantikern in den Sinn gekommen wäre, klassisch griechische Vasen, Kirchhöfe oder Nachtigallen aus ihrer Prosa zu verbannen. Es kam mir auch nie in den Sinn, dass ich vielleicht nicht sagen durfte, wonach mir der Sinn stand. Natürlich hatte ich den Vorteil, dass das Eis langsam aber sicher schmolz. Erst in den 60ern war es möglich, die Dinge beim Namen zu nennen, ohne Zensur, Prozesse, Verurteilungen, Konfiszierungen oder Bücherverbrennungen befürchten zu müssen. Von den zahllosen Tragödien der Selbstzensur und des Schweigens wollen wir hier gar nicht reden. Erst in den 60ern durfte man auf die vagen und unpräzisen Formulierungen, auf die kodierte Sprache und die gequälten Umschreibungen verzichten, auf die sogar die besten Schriftsteller zurückgriffen, wenn sie wussten, dass Offenheit sie entweder ins Exil oder hinter Gittern bringen würde.

Das Thema der Zensur füllt ganze Bibliotheken. Als Einstieg empfehle ich *Girls Lean Back Everywhere: The Law of Obscenity and the Assault on Genius* von Edward de Grazia. In diesem Buch erzählen auf den Index gesetzte Autoren, ihre Verleger und die Rechtsanwälte, die sie vertreten haben, sehr lebendig und verständlich von ihren Erlebnissen, aus denen sich eine komplette Geschichte der Zensur ergibt.

WAS DIESES BUCH KANN UND WAS NICHT

Erotik Schreiben soll Ihnen helfen, besser über Sex zu schreiben – ob dieser nun fantastisch, Pflichtprogramm oder unerwünscht ist, ob es knistert, ob er zum Lachen, Weinen oder zum Gruseln Anlass gibt. Dieses Buch ist aber keine Anleitung zum Schreiben von Pornographie.

Für mich besteht der Unterschied zwischen pornographischem Schreiben – das Edmund White kürzlich in einem Interview als eine Form von

Sex bezeichnet hat – und dem erotischen Schreiben, auf das ich mich hier konzentrieren möchte, in Folgendem: Bei Pornographie erinnert man sich am Schluss vor allem an die Intensität des Orgasmus', den die ansonsten unbedeutenden Figuren hatten – oder den man selbst hatte. In der Pornograhie verlangen die Konsumenten ihr Geld zurück, wenn der Sex mies war (wenn also der Mann nicht gekommen ist) oder wenn das Mädchen nachher weint. Die andere Art, das Erotik schreiben, das ich meine, entwickelt sich aus den gleichen Faktoren, die gute Prosa braucht: Spannung, dramatischer Konflikt, Entwicklung der Charaktere, Einsichten, Metaphern und Überraschungen.

Für gute Texte oder guten Sex gibt es natürlich keine allgemeingültigen Regeln oder Anleitungen, wie und was genau zu tun ist, keine Patentrezepte, die garantieren, dass das Soufflé auch wirklich jedes Mal aufgeht. Was ich stattdessen anbiete, ist eine Methode, über Sex-Szenen nachzudenken und sie zu lesen, eine Methode, die ich aus zwanzig Jahren als Autorin von Romanen und Kurzgeschichten, fünfzehn Jahren als Dozentin für Creative Writing und als Leserin von ganzen Stapeln exzellenter Prosa extrahiert habe.

Meine vier Ordnungsprinzipien lauten:

1. Eine gute Sex-Szene handelt nicht zwingend von gutem Sex, sollte aber immer ein Beispiel für gutes Schreiben sein.

2. Eine gute Sex-Szene sollte immer im Kontext stehen und für den Handlungsverlauf von Bedeutung sein.

3. Es sind die Bedürfnisse, Impulse und Vergangenheiten der einzelnen Figuren, die den Motor einer Sex-Szene mit Treibstoff versorgen.

4. Ob Ehebrecher aufeinandertreffen oder sich zwei Menschen zufällig im Zug begegnen – die Beziehung der Figuren untereinander ist ausschlaggebend für das, was in der Sex-Szene passiert.

In den zwei folgenden Kapiteln geht es um Grundlagen: Gewisse Regeln, die sich beinahe auf jede sexuelle Begegnung oder Beziehung anwenden lassen, über die Sie vielleicht schreiben möchten. In anderen Kapiteln behandele ich sechs verschiedene Typen von sexuellen Beziehungen (Das erste Mal, Flitterwochen, Ehepaare etc.) und bringe dafür Beispiele aus der modernen Literatur.

Ich verwende so viele Beispiele wie möglich, um die Vielfältigkeit der Möglichkeiten zu veranschaulichen, aber auch, um Sie dazu zu bringen, intensiver und aufmerksamer zu lesen. Und das aus zwei wichtigen Gründen: Damit Sie Ihre eigene Arbeit so kritisch betrachten wie fremde, und damit Sie von nun an jede Sex-Szene kritisch lesen und daraus lernen, was Sie brauchen.

Die Beispiele habe ich nach folgenden Kriterien ausgesucht: Qualität, Länge (oder Kürze), Klarheit und ihre Eignung, in extrahierter Form ohne viel Erklärung auf den Punkt zu kommen. Viele wundervolle Passagen konnte ich nicht verwenden, weil sie zu lang waren oder der Inhalt nicht all ihre Qualitäten vermitteln konnte. Das soll nicht heißen, dass meine Auswahl die einzig akzeptable Art reflektiert, über Sex zu schreiben, oder dass der jeweilige Stil ultimativ ist. Wie ein Handbuch über Sex soll dieses Buch Sie auf Ideen bringen, auf die Sie vielleicht von allein nicht kommen würden, und es soll Ihnen die Möglichkeit geben, sich auf diese Ideen einzulassen. Anders als eine Bauanleitung für U-Boote, müssen diese Ideen nicht Punkt für Punkt befolgt werden.

Ich habe meine Zitate bewusst auf zeitgenössische Literatur beschränkt, nicht weil ich die Werke von Bocaccio oder D.H. Lawrence nicht schätze, sondern weil Erotik stark von der jeweiligen Kulturperiode, in der sie geschrieben wurde, beeinflusst wird. Die älteren Beispiele weisen in Bezug auf Direktheit, Einstellung und Termini nicht auf alle Möglichkeiten hin, auf die ein Autor heute zurückgreifen kann. Wenn jedoch ein Autor seinen Text in einem historischen Milieu ansiedeln will, wird er nach der Lektüre von *Erotik schreiben* in der Lage sein, ältere Szenen zu lesen und zu analysieren und daraus zu lernen, was man über Sprache und Empfindsamkeiten der jeweiligen Periode wissen muss. Zwei Beispiele, die ich ausgesucht habe – *Plains Song* und *Chang und Eng* – spielen im neunzehnten Jahrhundert.

Erotik schreiben ist keine Enzyklopädie von sexuellen Geschmäckern und Praktiken. Die Variationen sexueller Erfahrungen sind zu vielfältig, um in einem Buch Platz zu finden, das dem Autor helfen soll, an seiner Prosa und seinen literarischen Ausdrucksmöglichkeiten zu feilen. Sie werden bemerken, dass keines meiner ausgewählten Beispiele von Sex mit Tieren handelt. Nicht, dass ich es für undenkbar, unvorstellbar oder außerhalb des in der Literatur Vertretbaren halte – ich verweise auf Stanley Elkins Novelle *The Making of Ashburham*, in der ein Mann sich in einen Bären verliebt und sich ihm in die Arme wirft, Ted Mooneys Roman *Freikarte zu anderen Welten* wo sich Frau und Delphin zusammentun, oder die satirische Verfremdung des Themas in Francine Proses *Durchtrieben*. Es geht mir vielmehr um die Beschaffenheit sexueller Beziehungen, und es liegt außerhalb meines Erfahrungsbereichs und meiner Vorstellungskraft, Ihnen allgemein gültige Einsichten zu vermitteln, wie eine Kuh auf die Avancen eines Menschen reagieren könnte – und seien sie noch so glühend.

Meine Leser werden auch keine Anleitung zum Schreiben über Vergewaltigungen oder andere Formen von sexueller Gewalt finden. Ursprünglich hatte ich die Absicht, diesem Thema ein Kapitel zu widmen, aber dann erkannte ich, dass es dabei *ausschließlich* um Gewalt geht, nicht um Sex, und dass die Beziehung eine zwischen Täter und Opfer ist. Es gibt sehr viel darüber zu sagen, aber ich kam ziemlich schnell zu dem Schluss, dass dieses Buch nicht der Platz ist, um es zu tun.

Obwohl *Erotik schreiben* nicht beabsichtigt, Sie zu enthemmen, damit Sie Ihre eigenen sexuellen Fantasien, Wünsche, Traumata oder Probleme formulieren können, sollten Sie sich doch nicht von den Grundsätzen über das Schreiben davon abhalten lassen, aus Ihrem persönlichen Reservoir zu schöpfen, wann immer es Ihnen nötig erscheint – ob dieser Text nun jemals gedruckt wird oder nicht. In meinem Interview mit der Roman- und Kurzgeschichtenautorin Dorothy Allison, betont sie, wie wichtig es ist, sich diese Freiheit zu nehmen:

> Wenn ich nicht gelernt hätte, über Sex und insbesondere über meine eigenen sexuellen Wünsche zu schreiben, dann hätte ich vermutlich nicht überlebt. Ich glaube, dass die Schuldgefühle, die Unterdrückung, mit der ich aufgewachsen bin, so außerordentlich stark waren, dass ich inzwischen tot wäre, wenn ich sie mir nicht von der Seele geschrieben hätte ... Und ich denke, dass es lebenswichtig ist [darüber zu schreiben], egal ob es jemals in gute Literatur umgewandelt wird oder nicht, und zwar gerade für Frauen mit transgressiver Sexualität ... [oder] für Menschen, die in irgendeiner Hinsicht

das Gefühl haben, ihre Sexualität nicht ausdrücken zu können. Schreiben kann eine Möglichkeit sein, einen Weg zu finden, in dieser Welt geistig gesund und echt zu sein, selbst wenn man sich dabei ein bisschen verrückt vorkommt.

Wer macht es am besten? werde ich in beinahe jeder Diskussion, die ich über *Erotik schreiben* führe, gefragt. Jahrzehntelang war mein Favorit James Salter, der mit außerordentlicher Eleganz und Dichte auch über Sex schreibt. Ich habe in der ersten Ausgabe dieses Buches gesagt, dass mir eine Seite aus Salters *Ein Spiel und ein Zeitvertreib* lieber wäre als ein ganzes Bücherregal mit Anaïs Nin. Sobald mein Buch erschienen war, schickte ich ihm ein Exemplar, und er reagierte mit einem Brief, in dem er gestand, dass das Schreiben über Sex ihn nun, da es so viele andere Autoren taten, nicht länger interessieren würde.

Vor kurzem las ich Edmund Whites Trilogie – *Selbstbildnis eines Jünglings, Und das schöne Zimmer ist leer* und *Abschiedssymphonie* – und würde ihn in meine Hitliste aufnehmen. Seine Arbeit und sein Hintergrund könnten sich nicht stärker von Salters unterscheiden. Als Teenager im Mittelwesten der 50er-Jahre wurde er in ein Jungeninternat und zu einem Psychoanalytiker geschickt, um ihn von seiner Homosexualität zu »kurieren«.

In seiner Funktion als überragender Autor der Schwulenliteratur – ein Begriff, der hoffentlich niemanden davon abhält, sein fantastisches Werk zu lesen –, hat er die Entwicklung des Schwulendaseins in der zweiten Hälfte des 20. Jahrhunderts dokumentiert – eine außergewöhnlichen Periode, die sowohl durch sexuelle Unterdrückung, Befreiung und Tragödien gekennzeichnet ist. In *Das schöne Zimmer* schreibt er: »Die wichtigsten Dinge unseres Intimlebens können nicht mit Fremden diskutiert werden – außer in Büchern.« Wir können uns glücklich schätzen, dass wir seine haben.

Wir haben auch das Werk von Philip Roth, der sich mit der Psyche und dem Sexleben einer bestimmten Generation von heterosexuellen Amerikanern befasst. Seine Studien sind brillant, oft wahnsinnig komisch und immer lesenswert, auch wenn sie irritieren und vielleicht provozieren. Und kürzlich entdeckte ich Susanna Moores *Der Aufschneider* ein erotisches, prickelndes, freches und aufwühlendes Werk, das eine Intensität besitzt, die nur wenige Autoren erreichen.

Aber die richtige Antwort auf die Frage nach meinen Favoriten muss lauten, dass ich eigentlich weniger nach dem besten Erotikautor der Welt suche. Was mich interessiert, sind Begegnungen und Beschreibungen, die uns ästhetisch und emotional ansprechen, die uns tiefer in die Story hineintragen, uns dem Leben der Hauptpersonen spürbar näher bringen, die den richtigen Ton treffen und exakt im richtigen Augenblick auftauchen. Ich bin zutiefst beeindruckt von der Verführungsszene in Elizabeth Strouts Roman *Amy und Isabelle,* und bedauere es sehr, dass sie zu lang ist, um hier abgedruckt zu werden. Es geht um ein vaterloses fünfzehnjähriges Mädchen, das über Monate hinweg eine Beziehung zu einem High-School-Lehrer hat, der nicht von ungefähr Humbert Humbert ähnelt; die erste körperliche Annährung, die über einen Kuss hinausgeht, findet im Auto statt. Das Paar kommt in dieser Szene allerdings auch nicht über das Vorspiel hinaus, was jedoch nichts an der Tatsache ändert, dass sie wundervoll geschrieben, bemerkenswert erotisch und gleichzeitig bemerkenswert beklemmend ist.

Rosellen Brown schreibt keine Bücher, die vor Sex vibrieren. Doch die Schlafzimmer-Szene in ihrem Roman von 1992, *Davor und Danach*, ist mir lebhaft im Gedächtnis geblieben – nicht weil der Sex, den sie beschreibt, die Erde beben lässt oder weil die Beschreibung besonders prägnant ist, sondern weil die Rahmenbedingungen und die Dialoge, die zu der Szene führen und ihr folgen, so glaubhaft und so mitreißend sind, weil sie uns so viel über Personen in Krisenzeiten enthüllen, und weil sie uns so vieles über uns selbst enthüllen.

1

WAS WIRD OMA VON MIR DENKEN?

Autoren reden über das Thema Sex

»Gut zu schreiben,
bietet keine Sicherheit.«

Dorothy Allison
(in einem Interview für dieses Buch)

Die Idee zu diesem Kapitel mit Interviews verdanke ich meiner inzwischen verstorbenen Großmutter und ihrer unmissverständlichen Reaktion auf meinen ersten Roman, *Slow Dancing*. Meine Großmutter rief mich selten an, so dass ich völlig überrascht war, eines Abends ihre Stimme zu hören. »Ich habe gerade dein Buch zu Ende gelesen«, verkündete sie, »und ich bin gar nicht begeistert. Das Buch, was du gerade schreibst ... wird *das* wenigstens eins, was auch deiner Großmutter gefällt?«

Sie brauchte mir nicht zu sagen, worin ihr Problem mit meinem Buch bestand, denn es begann bereits im ersten Satz, in dem die Hauptperson erklärt, dass man es sich angewöhnen könne, mit Männer zu schlafen, die einem nichts bedeuten ... und dass *sie* auf den Geschmack gekommen sei. Das Buch hatte, wie ich fand, im Hinblick auf den Anfang ein fröhlich angehauchtes Ende, da das Mädchen einen netten Kerl bekommt, aber meine Oma konnte das nun gar nicht so sehen.

Sie war schon zu hinfällig, um den nächsten Roman zu lesen und als der dritte erschien, lebte sie bereits nicht mehr. Aber ihre ungeschönte Bemerkung über den ersten weckte in mir das Bedürfnis, ein Kapitel darüber zu schreiben, wie wir mit der internen und externen Zensur in unserem Autorenleben umgehen, nun da sich die bezahlten Zensoren andere Arbeitsbereiche suchen müssen.

Meine Idee war es, diese Frage Autoren zu stellen, die Liebesszenen von bemerkenswerter Qualität geschrieben haben. Ich wollte in jedem Fall mit hetero- wie mit homosexuellen Autoren reden, mit Autoren unterschiedlicher Generationen und – sozusagen als besonderen Kick – mit Autoren, die sich entschieden haben, *nicht* ausdrücklich über Sex zu schreiben, auch wenn ihre Figuren sich auf Liebesbeziehungen einlassen. Aus purer Neugier sprach ich Darin Strauss an: Ich wollte wissen, aus welchen Beweggründen er die Liebesszenen in seinem Werk so erschaffen hat, wie sie gedruckt worden sind. Darin Strauss ist der Autor von *Chang und Eng*, einem Roman der sich an das wirkliche Leben der Siamesischen Zwillinge anlehnt, die zwei Schwestern aus North Carolina geheiratet und einundzwanzig Kinder gezeugt haben.

Beim Lesen der Interviews mit Edmund White, Dorothy Allison, Alan Hollinghurst und Joseph Olshan, die explizit über schwule und lesbische Liebesbeziehungen oder – wie in Allisons Fall – über Inzest in der Kindheit geschrieben haben, wird deutlich, dass sie vor einem ganz anderen Hintergrund aus persönlichen und gesellschaftlichen Konflikten schreiben, als jene heterosexuellen Autoren, die in den 60ern und Anfang 70er mündig geworden sind. Die interviewten schwulen und lesbischen Autoren reden sehr viel mehr über das Fehlen eines historischen Vorbilds, wenn es um das Entwerfen von Liebesszenen geht, als die anderen Autoren. Außerdem ist es symptomatisch, dass sie das Gefühl haben, etwas Dreistes, Gewagtes, ja sogar Schändliches zu tun, wenn sie Außenseiter über Aspekte ihres Milieus aufklären, über die diese sonst nichts erfahren würden – ob es sich um Inzest-Geschädigte, schwule Männer vor AIDS oder schwule Männer, die sich nur nach Liebe, Sex und Hingabe sehnen, geht.

Obwohl ich ursprünglich nur die Rüge meiner Großmutter im Sinn gehabt hatte, wuchs meine Fragensammlung ziemlich schnell, da die Autoren mir nicht selten unerwartete Antworten auf meine anfangs recht zurückhaltenden Erkundigungen gaben. In einem Brief an John Updike, einem herausragenden Kritiker und Autor von gut vierzig, im sexuellen Bereich sehr expliziten Romanen, Kurzgeschichten und Gedichtsammlungen, fragte ich ihn ziemlich geziert: »Finden Sie, dass die Liebesszenen, die andere Schriftsteller entwerfen, ebenso entscheidend für die Entwicklung der Figuren sind wie die Ihren?«

Er schrieb mir zurück: »Es erregt mich, meine Sex-Szenen zu entwerfen – genauso wie es sein sollte. Ich kann die Szenen anderer Schriftsteller nicht so genießen wie meine eigenen, aber Iris Murdoch beweist in ihrem *Uhrwerk der Liebe* den Mut, bei einem ansonsten gegensätzlichen Paar sexuelle Vereinbarkeit und Leidenschaft zu beschreiben.« Von diesem Moment an wurde ich ein bisschen frecher und stellte meinen Interviewpartnern unter anderem die Frage, ob ihre eigene Arbeit sie erregt oder nicht.

Ich habe leider nicht genug Platz, um jedes Interview und jeden Brief komplett abzudrucken. Deshalb habe ich versucht, wenn auch gekürzt, so viele Stimmen wie möglich in diesem Buch zu Wort kommen zu lassen. Außerdem habe ich Bruchstücke dieser Interviews in anderen Kapiteln eingefügt – immer da, wo sie bestimmte Aussagen unterstützen konnten. Im Fall des verstorbenen Jerome Badanes habe ich eine Ausnahme gemacht und veröffentliche hier eine lange Passage des Interviews, das wir 1995, vier Tage vor seinem überraschenden Tod, geführt haben. Sein einziger Roman, *Final Opus of Leon Solomon,* der 1989 unter viel Beifall erschienen ist, wird leider nicht mehr verlegt. Ich hoffe, dass dieses Interview Interessierte dazu bewegt, sein Buch, das den Edward Lewis Wallant Award für den Besten Jüdischen Roman des Jahres bekam, aufzustöbern und zu lesen.

Persönlich oder telefonisch sprach ich mit Dorothy Allison, Russell Banks, John Casey, Jane DeLynn, Janice Eidus, Deborah Eisenberg, Stephen McCauley, Joseph Olshan und Edmund White. Alan Hollinghurst, Carol Shields und John Updike waren so freundlich, mir brieflich zu antworten. Charles Baxter und Darin Strauss schickten mir E-Mails zurück.

F: *Wer sind Ihre Zensoren und wie bringen Sie sie zum Schweigen?*
A: *Tu's einfach.*

Der kanadische Autor Robertson Davies war ein pflichtbewusster Sohn. Er gestand öffentlich, dass er bis nach dem Tod seiner Eltern gewartet hatte, bevor er seine »wichtigen Romane« veröffentlichte. Seine Mutter starb 1948, drei Jahre bevor sein erster Roman herauskam, sein Vater 1967, drei Jahre, bevor *Der Fünfte im Spiel* erschien – der erste Roman der gefeierten *Deptford Trilogy,* die Davies international bekannt machte. Im Frühling 1995 gab er Terry Gross, Moderator der national ausgestrahlten Radio-Sendung Fresh Air ein Interview. Gross fragte ihn, was seine Eltern denn seiner Befürchtung nach, an seiner Arbeit auszusetzen gehabt hätten. »Es hätte sie in Verlegenheit gebracht«, antwortete er schlicht. »Wahrscheinlich wegen meiner Haltung einer Menge Dinge gegenüber, Sex eingeschlossen. Ich wollte sie nicht aufregen, also habe ich erst angefangen, so zu schreiben, wie ich es wirklich wollte, als sie nicht mehr da waren.«

Keiner der Autoren, mit denen ich sprach, war so weit gegangen, obwohl die Schriftstellerin Jane DeLynn mit einem Präventivschlag die Arbeit ihrer Zensoren im Keim erstickte, als sie ihren vierten Roman,

Mitternachtsfrau veröffentlichte – einen eindringlichen Bericht über die sexuellen Abenteuer einer jungen, einsamen Lesbe. Obwohl DeLynn auch vorher schon über Sex geschrieben hatte, gab es in diesem Roman, wie sie selbst sagte, »viel mehr Sex und viel mehr Vielfalt.«

Jane DeLynn: Mein Vater ist inzwischen tot, aber er lebte noch, als das Buch herauskam. Es war nicht schwer, ihm das Versprechen abzuringen, den Roman nicht zu lesen, denn ich hatte vorher einen Essay ... über den Holocaust geschrieben. Es war ein sehr persönlicher Essay, der meine Eltern erschütterte, und mein Vater war sehr verärgert darüber, weit mehr als meine Mutter. Er war also sehr froh, mir sein Wort geben zu müssen, den Roman nicht zu lesen, wenn ich der Meinung war, dass er ihn aufwühlen könnte. Meine Mutter war schwerer zu überzeugen, aber schließlich rang ich auch ihr ein Versprechen ab. Sie wollte mir *nicht* versprechen, das Buch nicht zu lesen, aber ich sagte: »Wenn du es lesen willst, reden wir eben einfach nicht darüber. Du darfst aber nicht wütend auf mich werden, wenn du es liest, denn ich hab´ dich schließlich gewarnt.« Und sie willigte ein.

Ich halte das Schreiben über Sex nicht notwendigerweise für intimer als das Schreiben über andere Dinge. [Als ich *Mitternachtsfrau* schrieb] hatte ich den Sex-Szenen gegenüber eine recht distanzierte Haltung, sogar als ich solche verfasste, die meinen eigenen Erfahrungen ähnelten. Ich denke, dass das Schreiben über Sex mit dem Schreiben über die Psyche gleichzusetzen ist. Als das Buch erst mal verkauft war, fing ich an, mir über meine Eltern Gedanken zu machen, aber ich kann nicht behaupten, dass es mir echte Sorgen bereitete. Und was Liebhaber angeht, habe ich mir überhaupt keine Gedanken gemacht.

Der gefeierte Kurzgeschichten- und Romanautor Charles Baxter, dessen Roman, *Fest der Liebe*, ihm eine breite Leserschaft brachte, spürte keinerlei Druck von innerer oder äußerer Zensur. Im Gegenteil.

Charles Baxter: Ich hatte eigentlich eher Angst, dass meine Passagen zu diesem Thema lahm oder banal statt »schockierend« sein könnten. Thornton Wilder sagt in seinen Tagebüchern, dass ein Erwachsener selten schokkiert ist – dass schockiert zu sein gewöhnlich bloß gespielt wird. Ich bin seiner Meinung. Man gibt vor, schockiert zu sein, um sich einen Vorteil vor dem anderen zu verschaffen. Achtzig Prozent von schockierten Reaktionen ist gespielt. Meine Freunde waren – wie sie behaupteten – von einigen Passagen, die ich geschrieben hatte, nur deswegen überrascht, weil sie nicht erwartet hatten, dass ich über bestimmte Themen Bescheid wüsste. Sie hatten es vorgezogen, mich für unwissend oder naiv zu halten.

Edmund White, Autor vieler Romane und Biographien über Jean Genet und Marcel Proust und Co-Autor von *Die Freuden der Schwulen*, ist der am meisten geschätzte homosexuelle Autor im heutigen Amerika. Im Alter von fünfzehn Jahren schrieb er etwas, das er »Schwulen-Roman« nannte – ohne ein Vorbild für dieses Genre zu haben oder Pornographie – schwule oder nicht – gelesen zu haben. Als er als Erwachsener Fiktion zu schreiben begann, fühlte er sich ganz und gar nicht eingeschränkt oder gehemmt.

Edmund White: Ich denke, ich bin – auf das Schreiben bezogen – ein Exhibitionist. Vielleicht gab es mir [anfangs] sogar einen geheimen sexuellen Kick, so offen über mich zu schreiben. Ich war in meinen Werken viel selbstbewusster als in meinem Leben. Viel selbstbewusster und freimütiger beim Thema Sex, aber auch selbstbewusster, was meine schwule Identität anging ....

Meine Mutter war Psychologin und sehr offen, wenn es um Sex ging – ihr eigenes Intimleben eingeschlossen. Und da ich schon sehr früh [im Alter von fünfzehn nämlich] analysiert worden bin, hatte ich auch wenig Hemmungen, über Sex zu sprechen, was natürlich eines der Hauptthemen der Psychoanalyse ist. Ich führte sie mit Unterbrechungen gute zwanzig Jahre lang fort, so dass [Sex und der unbekümmerte Umgang damit] einen großen Teil meines beinahe exzessiv erforschten Lebens ausmacht.

Man hat mich oft über mein Leben interviewt; die Interviewer von heute nehmen automatisch an, dass ich, da ich so deutlich über Sex schreibe, auch gewillt bin, darüber zu reden – dass zwischen meiner Arbeit und meinem Leben kein Unterschied besteht. Als ich jedoch *Selbstbildnis eines Jünglings* begann, der 1982 erschien, war es noch so, dass das, was als Roman bezeichnet wurde, auch als Roman betrachtet wurde – die Reporter damals stellten ganz andere Fragen, begannen beispielsweise ganz behutsam: »Der Protagonist in Ihrem Roman, der möglicherweise etwas mit Ihnen zu tun hat oder auch nicht ...« Heute leben wir in einer Ära der Memoiren; man hat keinen Schutzschild mehr. Heute heißt es, »Warum haben Sie das getan?«

Obwohl Dorothy Allisons Short Storys und Essays seit Jahren denen bekannt waren, die sich für lesbische Literatur interessieren, hat erst ihr Debütroman *Kuckuckskinder* (1992) über ein junges Mädchen, das von seinem Stiefvater missbraucht und misshandelt wird, ihr ein breiteres Publikum verschafft. Der Roman brachte ihr nicht nur literarische Anerkennung, sondern machte sie auch zu einer Leitfigur für Lesbierinnen, Inzest-Überlebende und andere Frauen, die eine, wie sie es nennt, »transgressive Sexualität« besitzen, »Menschen, die in irgendeiner Hinsicht das Gefühl haben, ihre Sexualität nicht ausdrücken zu können«. Seit Jahren versucht sie, »die Schaffung einer erotischen Frauen-Literatur zu fördern«, indem sie neue Magazine unterstützt und in Autoren-Workshops lehrt.

Dorothy Allison: In meiner Familie gibt es keine Menschen, die ... [etwas anderes lesen] als Zeitschriften, Selbsthilfebücher und Gruselheftchen ... In ihren Augen ist das Schreiben an sich so beängstigend, dass ich niemals befürchten musste, sie durch eindeutige sexuelle Szenen, die Enthüllung, dass ich lesbisch bin, oder durch das Reden über Inzest schockieren würde ... Meine Familie war also nicht meine Sorge ... [Meine Sorge] galt den guten Mädchen ... Ich hatte Angst vor bestimmten Mittelklassefrauen, von denen ich mich gelegentlich sexuell angezogen fühlte und die mir immer wie befremdliche und exotische Kreaturen vorkamen. Ich hatte Angst, dass sie mich für ein degeneriertes, bösartiges Wesen halten würden ... Die andere Kategorie von guten Mädchen war die der Feministinnen. Der Feminismus verlieh mir eine enorme Autorität, über Sex, Klassenunterschiede und mein eigenes Leben zu schreiben, während er gleichzeitig sehr starre Regeln aufstellte, *wie* darüber zu schreiben war. Es war sehr schwer, die Passagen in *Kuckuckskinder* zu entwerfen, in denen die Erzählerin eindeutig masochistisch geprägte Fantasien hat. Meine feministische Ideologie befahl mir, entweder gar nicht darüber zu reden oder die Szenen so zu konstruieren, dass man sofort erkennen konnte, dies war nicht der Wunsch des Kindes, sondern das, was man ihm eingetrichtert hat – etwas, das gänzlich durch die sexuellen Übergriffe des Stiefvaters verursacht wurde ... –, was aber im Grunde genommen nicht stimmt. [Sie ist nicht wahr] diese Opfer-Ideologie, die besagt, dass wir es hier mit etwas zu tun haben, das nicht von einem selbst kommt oder mit dem man sich nicht auseinandersetzen müsste ...

Vergessen Sie nicht, dass *Kuckuckskinder* herauskam, als ich dreiundvierzig war. Ich schrieb schon zwanzig Jahre, bevor ich es schaffte, diesen Roman fertig zu stellen. Es dauerte lange, bis ich diese Stimmen verdrängen und an ihnen vorbeischreiben konnte.

Ich glaube nicht, dass die Stimmen verstummt sind. Aber ich kann sie unter Kontrolle halten! Im Prinzip denke ich, dass ich im letzten Jahrzehnt einiges an Werkzeug dafür in die Hand bekommen habe. Eines [dieser Werkzeuge] waren andere weibliche Autoren, die sich in dieselbe Richtung bewegten wie ich. Es war mir wichtig, auf eine sehr komplexe Weise, aber vor allem freimütig über Sexualität und die Struktur von sexuellem Verlangen zu schreiben, und es gab andere Schriftstellerinnen, die genau das bereits taten. Es war vor allem die Freundschaft zu den Autorinnen Joan Nestle und Pat Califia, die mir eine Menge brachte. Die beiden stellen polare Gegensätze dar. Beide versuchen, sexuelle Begierde als etwas Geächtetes zu analysieren. Joan gehört zu den Leuten, die die Lesbian Herstory Archives in New York leiten. [Pat Califia ist die Autorin von *Macho Sluts* und *Wie Frauen es tun*]. Nach meinem Empfinden wurde Joan mehr Respekt zuteil als mir. Pat war eher ein Outlaw. Ich konnte in diesem Trio irgendwo in der Mitte sein.

Die Kritiker lobten Darin Strauss' Erstling *Chang und Eng*, der im Jahr 2000 veröffentlicht wurde, vor allem für den Mut, das gewagte Thema – die Geschichte des Siamesischen Zwillingspaars, das in Thailand im Jahr 1811 geboren wurde – anzugehen, aber auch für den Einfallsreichtum, die Fantasie und die Empathie, die er mit den wenigen überlieferten Aufzeichnungen kombinierte. Es ist bekannt, dass Chang und Eng Bunker zwei Schwestern in North Carolina heirateten und einundzwanzig Kinder zeugten. In Hinblick auf ihre sexuellen Beziehungen heißt es, sie hätten »eine Methode entwickelt, bei der der inaktive Bruder versuchte, dem aktiveren ein wenig Privatsphäre zu geben«, schrieb Strauss mir. »Was darüber hinaus geht, habe ich erfunden.«

Ich fragte Strauss, warum er es in Bezug auf Tenor und Einzelheiten der Liebesszenen so und nicht anders geschrieben und ob er sich gehemmt oder in irgendeiner Hinsicht »zensiert« gefühlt hat.

Darin Strauss: Ich wusste, dass ich mindestens eine Liebesszene einflechten musste – denn natürlich ist es das, was die meisten Leute wissen wollen: »Wie haben die das bloß gemacht?« Also ging es in der Auswahl des »Wie« in erster Linie darum, wie *viel* ich tatsächlich darstellen sollte. Ich wollte nichts schreiben, was einem unwahrscheinlich vorkam, denn gerade bei einer solchen Geschichte, wie ich sie erzählen wollte, kann es nur allzu leicht passieren, dass sie ins Bizarre und Sensationslüsterne abdriftet. Ich hatte kein Interesse an billigem Voyeurismus, wollte das Buch keinesfalls zu einer literarischen Variante der Freak Show machen, in der Chang und Eng zu Lebzeiten auf so abscheuliche Art ausgenutzt wurden. Meine Absicht lag darin, dem Leser bewusst zu machen, wie seltsam, überraschend, prickelnd und außergewöhnlich romantisch die erste Erfahrung mit körperlicher Liebe für Männer sein muss, die so wie die beiden zur Welt gekommen sind – und ich wollte es tun, ohne sie auszubeuten und geschmacklos zu klingen.

Aber ich glaube nicht, dass ich diese Liebesszenen anders angegangen bin, als ich es getan hätte, wenn es sich um andere, »normalere« Intimitäten gehandelt hätte. Ein gut dargestellter erotischer Moment muss immer, wie ich finde, miteinbeziehen, was sich gerade im Leben der Charaktere abspielt – alle Besonderheiten des Kontextes, die damit zusammenhängen, eingeschlossen .... Und in dieser Hinsicht ist eine Liebesszene wie die andere. Wenn man von zwei Personen schreibt, die zusammen Eis essen gehen, sollte man keinesfalls all die Dramatik und Thematik, bei deren Aufbau man sich solche Mühe gegeben hat, ignorieren, nur um zu beschreiben, wie fantastisch Mint Chocolate Chip schmeckt, wenn es im Mund zergeht.

Ich wusste, dass das Schreiben dieser Story spezielle Anforderungen an mich stellen würde, wie die Frage des guten Geschmacks, der es mir vielleicht schwer machen würde, die Liebesszenen meiner miteinander verwachsenen Hauptfiguren darzustellen. Aber ich denke nicht, dass ich jemals damit zu tun hatte, innere Zensoren zum Verstummen zu bringen. Meine Freundin war allerdings ängstlich darauf bedacht, diese Szenen vorher zu lesen. Sie hatte Angst, dass ich gewisse Aspekte unseres Liebeslebens auf den Text übertragen würde und machte sich Sorgen wegen ihrer Eltern, die den Roman dann später vielleicht lesen würden. Aber da wir beide während eines Aktes der körperlichen Liebe nicht mit einem unserer Geschwister zusammengewachsen waren, hielt ich ihre Bedenken für unbegründet.

Obwohl Strauss sicherlich Recht hatte, sich wegen der Eltern seiner Freundin keine Gedanken zu machen, musste er doch feststellen, dass die Liebesszenen Leute auf den Plan riefen, an die er überhaupt nicht gedacht hatte.

Darin Strauss: Einen Monat nach Erscheinen des Hardcovers war ich bei einem Familientreffen der Bunkers in North Carolina dabei. Zu diesem Zeitpunkt hatten Chang und Eng 1800 Nachkommen, und es ist immer eine stattliche Anzahl, die an diesem halbjährlichen Treffen teilnimmt. Dort sagte man mir nicht nur einmal, man sei ein wenig verärgert, dass ich die Geschichte der Urgroßeltern verwendet und sie dann beim Bumsen beschrieben habe. Und ich konnte verstehen, was sie bewegte. Ein Buch ist nur ein Buch, aber Familiengeschichte ist heilig. Aber wissen Sie, als ich das Buch schrieb, wusste ich nicht einmal, ob ich es verkaufen würde; das Letzte, an das ich dachte, war, dass diese Figuren, über die ich morgens vor Sonnenaufgang in meiner Unterwäsche schrieb, Nachkommen in Fleisch und Blut haben könnten, die ich mit meiner Arbeit vor den Kopf stoßen könnte. Also musste ich auf diesem Treffen einigen den Unterschied zwischen Fiktion und einer Biografie erklären, und ich erklärte auch, dass das Auslassen der Liebesszenen feige gewesen wäre, wenn man dieser Geschichte in allen Aspekten gerecht werden wollte.

Aber den meisten Menschen, die nicht mit den Bunkers verwandt sind und mit denen ich über das Buch gesprochen habe, gefielen die Sexszenen. Bei Lesungen sind sie oft ein echter Hit.

Joseph Olshan, Autor vieler Romane, unter anderem *Claras Herz*, *Vanitas* und *Nachtschwimmer* – ein erotisch beladener Trip durch das schwule New York in den 90ern –, gibt zu, dass er sich selbst »überlisten« musste, um in *Nachtschwimmer* deutlich zu werden. »Gingen Ihnen die Liebesszenen in *Nachtschwimmer* leicht von der Hand oder musste Sie tief graben, als Sie sie verfassten?«, fragte ich ihn.

Joseph Olshan: Ich musste tief graben. Ich musste mich in gewisser Hinsicht selbst austricksen. Ich hatte das Gefühl, dass das beste Material, das einem Schriftsteller zur Verfügung steht, genau das ist, das man erst aus sich herauslocken muss, weil es ... etwas ist, über das die Psyche wacht. Die besten Geschichten, das beste Material, die besten lyrischen Zeilen sind die, die man sich abringt, weil es [eine Instanz] in einem gibt, die nicht will, dass es herauskommt – dass es enthüllt wird! Sehen Sie, mit einer Verletzung ist es dasselbe – der Körper reagiert mit Schock! Man muss sich in gewisser Hinsicht selbst aufwecken, um den Schmerz zu empfinden. Hätte ich, als ich anfing zu schreiben, an all die Leute gedacht, die das Buch lesen würden, hätte ich es vermutlich nicht getan ...

Ich denke [dennoch], dass ich jemand bin, der über Sex schreiben sollte. Es liegt mir und ist etwas, über das ich viel nachdenke. Nicht über den körperlichen Akt an sich, sondern über die Triebkräfte der Beziehungen und was diese bedeuten. Und über Liebe und Einsamkeit und Obsession ... In den Sex-Szenen in *Nachtschwimmer* liegt der Schwerpunkt nicht darauf, zum Orgasmus zu kommen ... In sehr wenigen Sex-Szenen kommt es überhaupt dazu. Es ist die Verbindung – es geht darum, wie die Protagonisten zusammenkommen, wenn sie in den Rhythmus des Aktes verfallen. Wenn das einmal geschehen ist, ist der Akt selbst nicht mehr so interessant ... Aber für Außenstehende ist es faszinierend zu beobachten, wie die zwei Körper andocken und sich synchronisieren.

Autoren sind nicht die einzigen in dieser Beziehung zwischen Autor und Leser, die auf Tricks zurückgreifen, um sich durch schwierige Passagen zu arbeiten. Russell Banks, Autor von gut fünfzehn fiktionalen Werken – unter anderem *John Brown, mein Vater, Gegenströmung, Der Gejagte, Das süße Jenseits* und *Gangsta Bone* – erzählte mir, dass er sich niemals selbst zensieren musste, wenn er über Belange der körperlichen Liebe geschrieben hat, da seine Mutter ihm vor Jahren, als sein zweiter Roman erschien, einen Freibrief gab.

Russell Banks: Meine Mutter ist eine wiedergeborene Christin. Ich liebe und bewundere sie und wir stehen uns sehr nah. Sie ist sehr anspruchsvoll, was Sprache angeht. In meinem zweiten Roman gibt es einige ziemlich bizarre Sex-Szenen. Sie sind in gewisser Hinsicht witzig. Sie sind derb und verwegen. Es handelt sich keinsfalls um realistische Fiktion. Meine Mutter sagte mir, dass sie das Buch gelesen hatte. Ich fragte: »Aber was ist mit all den schlüpfrigen Stellen, Mom?« Sie sagte, »Sobald ich sie kommen spüre, blättere ich weiter.« Vor kurzem habe ich noch einmal mit ihr darüber gesprochen, und sie meinte, dass sie es immer noch so macht.

Der britische Romanautor Alan Hollinghurst, dessen erstes Werk, *Die Schwimmbad-Bibliothek*, den Status eines zeitgenössischen Gay-Klassikers besitzt, charakterisiert seine Beschreibung von schwulem Sex in diesem Roman als »nicht-entschuldigend«. Seine briefliche Antwort auf meine Frage nach internen und externen Zensoren war erfrischend unkompliziert.

Alan Hollinghurst: Ich musste mich nicht überwinden, Liebesszenen zu schreiben. Ich war besorgt, wie meine Eltern wohl auf den Roman reagieren würden, aber nach anfänglicher Irritation zeigten sie Interesse an dem Buch und an seinem Erfolg.

Ob wir Hollinghursts ungehemmten Umgang mit diesem Thema nun billigen oder erst noch dahin kommen müssen, es ist in jedem Fall nützlich, John Caseys Rat zu beherzigen. Casey ist der Autor der Romane *The Half-Life of Happiness, Der Traum des Dick Pierce*, der den National

Book Award bekam, und *An American Romance* , den ein Freund von mir als »Henry James mit Sex« beschrieb.

John Casey: Man hat es [wenn man explizit über Sex schreibt] mit einer Kraft zu tun, mit der man vorsichtig umgehen muss, da sie das Erleben des Leser, der sich inmitten der Geschichte befindet, unterbrechen kann. Dennoch darf man nicht das Gefühl haben, dass ein Leser – egal, welcher – einem beim Schreiben über die Schulter blickt. Später kann man man sich die Szenen wieder vornehmen und sich Sorgen über die Bedenken anderer machen. Aber wenn man allein in seinem Arbeitszimmer schreibt, darf man keine andere Person im Sinn haben.

F: *Was hat Liebe damit zu tun?*
A: *Möglicherweise nichts.*

Als man mir um 1962 die elementaren Dinge des Lebens erklärte, galt in Mittelklasse-Familien, in denen Kinder erzogen wurden, gemeinhin noch der Grundsatz, dass nur Verheiratete Sex haben und Babies bekommen durften und dass für beides Liebe im Spiel sein sollte. Als ich etwas älter war, erzählte meine Mutter mir, dass nur Männer mit Frauen ins Bett gingen, die sie nicht lieben würden; eine Frau sollte ausschließlich den Wunsch haben, sich für den späteren Ehemann aufzusparen. Sie war sicher, dass ich zu einer solchen Frau heranwuchs.

Die Welt veränderte sich. Meine Mutter veränderte sich. Liebe war plötzlich keine Bedingung mehr für sexuelle Intimitäten. Oder vielleicht lief die Veränderung auch nur darauf hinaus, dass Frauen nun die Option auf Sex ohne Liebe bekamen – etwas, das Männer schon immer besaßen. In jedem Fall ist es heute sowohl in der Literatur als auch im wahren Leben oder im Fernsehen so, dass die Entscheidung, mit jemanden ins Bett zu gehen, ohne ihn zu lieben oder mit ihm verheiratet zu sein, so unspektakulär ist wie der Kauf eines Benzinkanisters. Das Wort *Verführung* ist aus der Mode gekommen. Wer muss schon verführt werden, wenn es inzwischen völlig in Ordnung ist, willig zu sein?

Eine meiner Favoriten unter den unauffälligen Sex-Szenen in neuerer Literatur ist Bestandteil von Carolyn Sees witzigem Roman von 1999,

Ein Mann für jede Gelegenheit. Bob, ein glückloser Möchtegern-Künstler von achtundzwanzig Jahren ist soeben in eine Wohngemeinschaft in Los Angeles gezogen und trifft seine Mitbewohnerin tagsüber vor dem Fernseher an, es wird gerade eine Kochshow gezeigt.

> »Und, Kate? Sollen wir's tun?«
>
> »*Nein!*«
>
> »Warum nicht?«
>
> »Bist du bescheuert?« ...
>
> Sie warf einen letzten Blick auf den Bildschirm, auf dem irgendein Typ mit einem Schneebesen beschäftigt war, und richtete sich umständlich im Bett auf.
>
> »In deinem Zimmer«, sagte sie. »Aber sei nicht so laut.«

Eine Seite später ist es vorbei und Bob stellt die Klischeefrage: »Wie war's?« Die Antwort ist allerdings nicht Standard. »Na ja«, sagte sie freundlich, »warst du schon mal bei einem TV-Dinner?«

Liebe und Sex bestehen in den letzten Jahrzehnten so eigenständig, dass die Kritikerin Vivian Gornick vor kurzem *The End of the Novel of Love* herausbrachte. Sie argumentierte, dass die romantische Liebe in fiktionaler Literatur kein »organisierendes Prinzip« mehr ist, dass sie nicht länger die Macht hat, »die Atmosphäre des Tragischen oder Unvermeidlichen zu erschaffen«, wie sie es in der ersten Hälfte des 20. Jahrhunderts und ganz gewiss in den großartigen Romanen des 19. Jahrhunderts, die sich mit Ehebruch beschäftigten, noch getan hat.

Wenn heutzutage die Liebe versagt, lassen wir uns routiniert scheiden, gehen in Therapie und suchen uns einen anderen Ehepartner, den wir früher oder später ebenfalls als defizitär empfinden. Meiner Meinung nach wurde der Liebesroman ersetzt durch den Roman, der die Vorrangstellung unseres sexuellen Selbst beschreibt.

Mit diesem Gedanken wandte ich mich an Charles Baxter, dessen *Fest der Liebe* eine opulente Symphonie aus zusammenhängenden Geschichten über romantische und elterliche Liebe und sexuelle Vereinigung darstellt. Er stimmte mir zu.

Charles Baxter: Während ich mein Buch schrieb, musste ich oft an Vivian Gornicks Werk denken. Ich habe *Fest der Liebe* teilweise als Antwort auf *The End of the Novel of Love* geschrieben und hatte ursprünglich ein Zitat aus ihrem Buch an den Anfang meines eigenen gestellt, bis der Lektor es mir wieder herausnahm. Gornick argumentiert, dass das bürgerliche Leben vorbei sei und dass die schrecklichen Leiden, die durch Trennung, Scheidung und Ähnliches entstehen, zum größten Teil der Vergangenheit angehören. Das Thema habe immer weiter an Tiefe und Gewicht verloren. Wir beurteilen das Leben nicht mehr danach, wen wir lieben oder wie erfolgreich wir lieben, behauptet sie. Aber auch, wenn sie mit einer von Jane Smileys Geschichten *(The Age of Grief)* ein gutes Beispiel für ihre Theorie gefunden hat, bin ich von der Richtigkeit nicht recht überzeugt. Ich denke, meine Leser waren beim Lesen meines Buch weit überraschter von der Eindeutigkeit der Liebe als von der Eindeutigkeit der sexuellen Handlungen (die, nach zeitgenössischen Standards, recht untergeordnet sind).

Ich weiß nur von einem Menschen, der von den Ereignissen und der Sprache des Buches entsetzt war. Es handelt sich um eine fünfundsechzigjährige Frau, die mir sagte, dass sie mir mit einem Stück Seife den Mund ausgewaschen hätte, wenn sie meine Mutter gewesen wäre. Allerdings bescheinigten mir eine ganze Reihe von Kritikern im Alter von zwanzig aufwärts, dass das Hauptthema des Buches – Liebe eben – ziemlich überholt ist. Was wiederum Vivian Gornicks Theorie unterstützen würde.

F: *Was ist scharf und was nicht?*
A: *Sie wären überrascht.*

Als ich damit begann, die Autoren zu fragen, was sie erregend finden oder in ihrer Jugend gefunden haben, tat ich es, um mich zu bilden. Ich dachte, dass ich am Schluss eine Lese-Liste mit den besten erotischen Büchern überhaupt in der Hand halten würde – eine Liste, in der von Flauberts *Madame Bovary* bis Terry Southerns Comic *Candy* alles zu finden sein würde. Aber ich bekam direkt am Anfang meiner Umfrage bereits so viele unerwartete Antworten, dass ich die Hoffnung aufgab, eine

Bibliographie der Erotik zusammenzustellen, was mich allerdings nicht daran hinderte, die Frage trotzdem zu stellen, weil die Antworten sehr viel über das eigenartige und nicht schematisierbare Wesen der menschlichen Sexualität aussagten. Meine Ahnung, dass ich etwas sehr Interessantem auf der Spur war, begann mit John Casey, der mir sagte, dass zwei der bemerkenswertesten erotischen Romane seiner Jugend *Die Kartause von Parma* und *Rot und Schwarz* von Stendhal waren. Als er *Die Kartause von Parma* Jahre später noch einmal in die Hand nahm, stellte er überrascht fest, das es zwischen Fabrizio und dessen Tante weit weniger Leidenschaft gibt, als er sich aus seiner Jugend erinnerte. »Als Teenager mit Hormonen im Aufruhr fügt man dem, was wirklich da ist, noch jede Menge hinzu«, erklärte er mir. Wenn er selbst seine – weit eindeutigeren – Liebesszenen schreibt, ist es nicht der technische Aspekt, der ihm am wichtigsten ist, sondern »die Verzückung. Das köstliche Hämmern des Herzens ist die wahre Erotik.«

Als ich Jane DeLynn einige der ersten gesammelten Buchtitel vorlas, bemerkte sie, dass das, was ein Buch für uns sexy und erinnerungswert macht »offensichtlich im Bereich des Geistes« liegt. Sie gestand mir, dass sich für sie die »aufregendste Szene in der Literatur« in Virginia Woolfs *Mrs. Dalloway* befindet. Es geht um Clarissa Dalloway, eine Frau in mittleren Jahren, deren Mann, ein Parlamentsmitglied, darauf bestand, dass sie bis zur Genesung einer Krankheit in einem schmalen Bett auf ihrem Dachboden schlafen soll. Als sie sich in dem kargen Raum einrichtet und für die große Party, die sie am Abend geben werden, fertig macht, denkt sie nach über »die Frage der Liebe ... sich in eine Frau zu verlieben« und an ihre kesse, frühreife Jugendfreundin Sally Seton, die sie einmal, als beide neunzehn waren, auf den Mund geküsst hat. Sie waren mit anderen Hausgästen über die Terasse spaziert. »Dann, als sie an einem steinernen Blumentopf vorbeigingen, kam der schönste Moment ihres Lebens. Sally hielt an, pflückte eine Blume, küsste sie auf den Mund. Es war, als wäre die ganze Welt auf den Kopf gestellt worden!«

John Updike versorgte mich mit einer Leseliste, die dem, was ich von anderen Autoren erwartet hatte, viel näher kam – eine Liste, die sich in die thematische Zusammenfassung seines eigenen Werks einfügt.

John Updike: Natürlich Joyce und Lawrence als Beispiele für Romanautoren, die Sex spielend leicht in ihrer Darstellung verschiedener Leben miteinbezogen haben, aber auch Edmund Wilsons *Erinnerungen an Hekates Land* und die Romane von Erskine Caldwell und James M. Cain, die innerhalb der Möglichkeiten der 30er und 40er Jahre auf eine Weise über Sex geschrieben haben, die auf einen heranwachsenden Jungen einen starken Eindruck machten. Und Norman Mailers bahnbrechende Story von 1958, *The Time of Her Time*, die ich damals staunend in einer Buchhandlung las. Nach 1961, Henry Miller und Grove Press wurde die wegweisende Pionierarbeit ersetzt durch die Notwendigkeit, das nunmehr erschlossene Gebiet mit wahren und interessanten Berichten von Sex als Teil unserer aller Leben zu beackern. In *Ehepaare* zum Beispiel ging es um die verbotene Praktik Fellatio. *Der Sonntagsmonat* wollte Impotenz als Folge moralischer Skrupel zeigen. In *Bessere Verhältnisse* wird das Thema eheliche Liebe eher locker angegangen, während Analverkehr und Wasserspiele in der Szene zwischen Thelma und Rabbit recht zärtlich dargestellt werden – dargestellt werden als Versuch, in unserer sexgesättigten Welt Eindruck zu machen und mit der uns umgebenden Porno-Kultur mithalten zu können. In *Roger's Version* werden Pornographie und Theologie als mentale Übungen betrachtet – und beide als köstlich empfunden.

Die schönste gedruckte sexuelle Begegnung für die Autorin **Carol Shields**, eine in Amerika geborene Kanadierin, deren fünfter Roman, *Das Tagebuch der Daisy Goodwill*, 1995 den Pulitzer-Preis gewann, ist eine Szene in einer Kurzgeschichte von Alice Munro, *Bardon Bus*. Shields ist eine wunderbar scharfsichtige Chronistin der Seltsamkeiten und Begierden ganz normaler Menschen, die sich als gar nicht so normal erweisen – eine Art erotisch angehauchte Jane Austen. In einem Brief an mich beschrieb sie einen Augenblick aus ihrem Leben:

Die erotischste Szene, die ich jemals erlebt habe, spielte sich ab, als mein Onkel sich über den Esstisch beugte, um meiner Tante den Nacken zu küssen. Es war Sommer, und sie trug ein Strandkleid und war gerade dabei, einen Löffel mit Sorbet zum Mund zu führen. Sie beide waren damals im mittleren Alter. Ich war ein Kind, vielleicht neun oder Zehn. Aber ich begriff »es« ... Ich war sicher, dass ich irgendwann den Versuch machen würde, über diese Erfahrung zu schreiben. Aber dann tauchte immer wieder das alte Problem auf: Wie macht man so eine kleine Geste *fühlbar?*

Die Arbeit der Roman- und Kurzgeschichten-Autorin Janice Eidus spielt sehr oft in New York und ist eingebettet in klassische Mythen, die ins zeitgenössische, urbane Leben übertragen werden. *Ladies with Long Hair* zum Beispiel ist durch den AIDS-Tod ihres Friseurs inspiriert worden. In der Geschichte, die auf *Lysistrata* basiert, werden Frauen, deren Friseure alle an AIDS gestorben sind, politisch aktiv: Sie weigern sich, ihr Haar schneiden zu lassen, bis ein Heilmittel gefunden ist. Mit ihren langen Mähnen veranstalten sie Protestmärsche und Demonstrationen.

Janice Eidus: Als ich ungefähr zwölf war, las ich *Romeo und Julia* und hielt es für das Erotischste, das es auf der Welt gab, und wenn ich darüber nachdenke, welche Bücher mir im Hinblick auf sexuelle Erregung oder Leidenschaft etwas bedeutet haben, dann stelle ich fest, dass es sich immer um bestimmte Szenen handelt, die bereits in *Romeo und Julia* enthalten waren ... ein obsessives Verlangen, das sowohl in den Männern als auch in den Frauen zu finden ist, [ein gegenseitiges Begehren], das nichts mit unerwiderter Liebe zu tun hat. *Adele H.* (der Film über die Geschichte von Victor Hugos Tochter und ihre obsessive Fixierung auf einen ehemaligen Liebhaber) ist für mich lange nicht so erotisch wie Storys über zwei Menschen, die es wirklich gepackt hat, über zwei Menschen, die sich [in ihrer Liebe] den Konventionen widersetzen – über das Verbotene, das gut und moralisch ist, denn ich bin ein echter Humanist. Was ich in literarischer Fiktion absolut unerotisch finde – und es steckt in einer Menge zeitgenössischer Fiktion – ist Nihilismus: Personen, die sich zwar gegen die Konventionen wenden, es aber auf sehr blutleere, kaltblütige Art tun ... Kennen Sie Angela Carters Werk? Ich liebe alle ihre Romane. Ein paar, die ich gelesen habe, als ich sie vor etwa zehn Jahren entdeckte, sind in meinen Augen unglaublich erotisch. Sie zeichnen sich durch eine Kombination von Mythologie und Sexualität aus.

Es steckt etwas beinah Zauberhaftes in dieser Neuerfindung von Jahrhunderte alten Mythen innerhalb eines zeitgenössischen, mit Erotik durchsetzten Kontext ... Man kennt die Archetypen ... sie widersetzen sich im Namen eines sehr positiven Begehrens den bestehenden Konventionen und nehmen enorme Risiken in Kauf.

Ich stellte Alan Hollinghurst die Frage nach sexy Büchern in einer leicht veränderten Form: Ob es bestimmte Bücher und Autoren gegeben habe, die für ihn als eine Art Freibrief fungierten, über das Liebesleben seiner Charaktere zu schreiben?

Alan Hollinghurst: Ich denke, genauso wie bei jedem anderen. Aber wie vielleicht jeder Schwule mit literarischen Ambitionen habe ich versucht, in Büchern Berichte über homosexuelle Erfahrungen zu finden. Selbstverständlich sind die Liebesszenen der besten Autoren oft durch ganz andere Interessen gefärbt – zum Beispiel bei Genet oder Burroughs. Meiner Meinung nach waren die sogenannten »skandalösen« Sex-Bücher, die sich als Exposés, als eine Art von gesellschaftlicher Anthropologie oder als irgendetwas »Medizinisches« tarnten, furchtbar deprimierend. Ich habe mich als Student mit frühen homosexuellen Autoren beschäftigt (besonders mit Foster, Firbank und L.P. Hartley), die keine Möglichkeit hatten, offen über ihre Sexualität zu schreiben, die aber faszinierende Wege gefunden hatten, sie indirekt oder kodiert auszudrücken. Und dann gab es noch die (im allgemeinen sehr routinierten und hanebüchenen) Geschichten in Porno-Magazinen. Es fällt mir schwer, mich an die Motive von vor zehn Jahren [als er *Die Schwimmbad-Bibliothek* schrieb] oder noch früher zu erinnern, aber ich weiß noch, dass ich die Trennung der Erfahrungen ins Foster'sche Verborgene einerseits und pure Pornographische anderseits als tiefe Verletzung dessen empfand, wie das Leben in Wirklichkeit erfühlt und gelebt wird – ein Leben, in dem sexuelle Gedanken und Taten (insbesondere im Fall eines schönen, jungen und leichtlebigen Schwulen wie in *Die Schwimmbad-Bibliothek*) untrennbar mit allen anderen Aspekten des Alltags verbunden sind. Mir schien es, als ob kaum einer, der literarische Fiktion über das Dasein Schwuler schrieb, darauf vorbereitet war, den Sex in dieser wahrhaft realistischen Art darzustellen; in [Edmund White's] *Selbstbildnis eines Jünglings* war etwas davon zu spüren, aber *Und das schöne Zimmer ist leer,* das viel mehr Sex enthält, war noch nicht erschienen. ... Um also Ihre Frage zu beantworten: Nein, ich denke nicht, dass es andere Autoren gab, die es mir erlaubten, so über das Liebesleben meiner Charaktere zu schreiben, wie ich es getan habe.

F: *Turnt Sie Ihre eigene Arbeit an?*
A: *Nicht immer.*

Dorothy Allison: Nein, nicht, wenn ich damit fertig bin! Zu einem früheren Zeitpunkt schon, manchmal jedenfalls, aber wenn ich [die Szenen] ausgearbeitet und in eine druckreife Form gebracht habe, sicher nicht mehr.

Charles Baxter: Meine eigene nur sehr, sehr selten. Fast nie. Man baut den Spielplatz für andere, nicht für sich selbst. Gewöhnlich ist das Schreiben [der Szenen] für mich eine so harte Arbeit, dass ich mir nicht einmal vorstellen kann, sie erregend zu finden – allein, weil ich so viel Zeit auf sie verwendet habe. Ich sehe jede Kleinigkeit, jedes Dialog-Bruchstück wie ein Regisseur: Da sind sie nun, und ich habe sie dort platziert, jede winzige Einzelheit.

Alan Hollinghurst: Nein, das Schreiben über Sex erregt mich nicht körperlich; das liegt daran, dass ich Sex mit dem gleichen unveränderlichem Blick betrachte, wie ich ihn auf alle anderen Dinge auch anzuwenden versuche. So viele Versuche, erotische Szenen zu schreiben, gehen schief ... Wie auch immer: Der Sex, den ich beschreibe, ist oftmals kein besonders guter: Er ist flüchtig oder absurd oder unglücklich oder unbefriedigend ....

Für viele Autoren und Leser funktionieren die erregendsten Passagen nach dem Metonymie-Prinzip, das John Casey so beschreibt: »Wenn eine Sache für eine andere steht, schärft das die Sinne für alle Dinge, über die nicht gesprochen wird.« Für viele Autoren und Leser sind Andeutungen,

Auslassungen und Sublimierung ein stärkeres Aphrodisiakum als die Sache an sich. Carol Shields schrieb mir, dass sie vor einigen Jahren einen Aufsatz verfasst hatte, in dem um Jane Austens Gebrauch (oder eigentlich Nicht-Gebrauch) von Körperteilen in ihren Bücher ging. ... Man findet in allen ihren Büchern ungefähr zwei Fußknöchel und eine Nase. Auch drei Brüste, allerdings alles männliche. Und so wird das Ansteigen des erotischen Thermometers ganz versteckt signalisiert, wobei das Beben einer Hand für eine größere sexuelle Reaktion steht. Alles geschieht auf einer merkwürdig minimalisierten Ebene, als würde man in ein Puppenhaus der Sinnlichkeit blicken.

F: *Was war der beste Rat, den Sie zum Thema Erotik schreiben bekommen haben?*
A: *Harold Brodkeys.*

Edmund White: Ich glaube, der einflussreichste Satz, den je jemand zu mir gesagt hat, war einer von Harold Brodkey. Mitte der 70er Jahre waren wir recht gut befreundet. Er sagte mir: »Jeder, der so etwas schreibt wie ‚Sie blies ihm einen‘, lügt.« Ich fragte, »Was meinst du damit?« Er antwortete: »[So ein Satz] setzt voraus, dass du weißt, was ‚einen blasen‘ bedeutet, dass es immer dasselbe ist, egal, wer es tut oder wann ein Individuum es tut. Und es setzt voraus, dass es immer mit demselben Partner geschieht.« Er fuhr fort: »Tatsächlich ist es jedesmal völlig anders, wenn man mit jemandem schläft, es ist, als hätte man es nie zuvor gemacht und als hätte niemand zuvor es je gemacht, und wenn man das als Autor nicht einfangen kann, dann hat man versagt.«

Ich halte das für wirklich brillant und absolut wahr. Sicher ist Brodkey einer von jenen Menschen, die aus allem und jedem ein Phänomen machen, und es ist ein Grund für seinen Niedergang ..., dass er einfach nicht damit aufhören konnte, jeden verdammten Moment neu zu erfinden. Man muss schon zugeben können, dass es sowohl flache wie auch vollendete Augenblicke gibt. Wenn man versucht, jeden Augenblick rund zu machen und alles neu zu erfinden, wird das Tempo auf Schneckengeschwindigkeit reduziert. Es gibt keine Erleichterung, es ist mühsam zu lesen.

F: *Ist das Schreiben über Sex etwas, das als besonders freimütig bezeichnet werden kann?*
A: *Nicht mehr.*

Charles Baxter: Eindeutigkeit im Bereich Erotik ist nicht die enthüllendste Aussage, die wir machen können. Die Welt ist [in dieser Hinsicht] auf den Kopf gestellt worden. Im Zeitalter des Exhibitionismus, der Nachmittags-Talk-Shows, ist es für jemanden beinahe einfacher, seine beziehungsweise ihre Genitalien zu zeigen, als Liebe und die damit einhergehende Verletzlichkeit erkennen zu lassen oder zu enthüllen. Wir haben sehr hart daran gearbeitet, sexuelle Offenheit zu erreichen, aber sie sollte nicht um den Preis von Zärtlichkeit und Beherrschung existieren. Es ist Ironie, dass die zeitgenössische Gesellschaft eher flüchtige sexuelle Beziehungen toleriert als Bekenntnisse von Liebe und Verletzbarkeit. Wer ist nackter – die Person, die sich komplett auszieht, oder die, die sagt: »Ich liebe dich?«

Edmund White: Richard Sennett, Leiter des New York *Institute for the Humanities* und Kritiker, sagte einmal zu mir: »Edmund, du erzählst aller Welt von deinem Liebesleben, vertraust aber niemandem deine Gedanken an.« Er hat Recht. Die sogenannten bekennenden Aussagen, die sich um die angeblich intimsten Dinge wie das eigene Liebesleben drehen – ich gehe viel offener mit derartigen Dingen um, als dass ich meine Gedanken offenbaren würde.

F: *Ist Sex notwendig?*
A: *Nicht immer.*

Deborah Eisenberg, deren Short Stories im Lauf der letzten zwanzig Jahren im *New Yorker* erschienen sind, viele Preise gewonnen haben und in drei Sammlungen – *All Around Atlantis* , *Reisen mit leichtem Gepäck* und *Eine lehrreiche Geschichte* – zusammengefasst sind, hat sich gegen den Weg der eindeutigen Beschreibungen entschieden. Ihre Einsichten bezüglich der Grenzen, die sich beim unzweideutigen Schreiben über Sex ergeben, können auch als Rat für jene dienen, die sich eindeutiger ausdrücken wollen: Machen Sie etwas Besonderes daraus!

Deborah Eisenberg: Ich finde eigentlich nicht, dass das Schreiben über Sex – ich meine, das direkte und anschauliche Schreiben über Sex – bestimmte Probleme mit sich bringt. Meiner Meinung nach ist es vielmehr so, dass Probleme, die sich beim Schreiben über was auch immer ergeben, ganz gerne übertrieben werden. Die anatomischen Möglichkeiten sind begrenzt, so dass sich eine schlecht geschriebene Liebesszene manchmal so anhören kann wie der Bericht eines Achtjährigen, der den Inhalt seines Lieblingsfilms beschreibt. Und da jeder Leser seine eigene, *lebendige* Erfahrung mitbringt, können plastische Beschreibungen auch einen negativen Effekt haben. Sicher, man wird eine Reaktion erzeugen, aber es ist vielleicht nicht die Reaktion, die man sich gewünscht hat. Was bedeutet, dass all die Mühe, die man sich gegeben hat, um zu zeigen, was gerade zwischen diesen beiden – oder drei oder zwölf – bestimmten Menschen geschieht, umsonst war. Wenn man als Autor den Stoff nicht wirklich unter Kontrolle hat, besteht die Gefahr, dass der Leser auf die Liebesszene reagiert, wie er auf *alle* Liebesszenen reagieren würde. Die Probleme mit Klischees und Gemeinplätzen, deren Bekämpfung gerade die Aufgabe des Schreibens ist, sind bei der Beschreibung von Sex ganz besonders schwer zu umgehen, weil sich die Reaktion des Lesers mit großer Wahrscheinlichkeit automatisch einstellt und für anderes blind macht. Es ist, als würde ein greller Blitz all die besonderen Einzelheiten und Nuancen, die man um seine Charaktere und ihre Begegnung so sorgfältig herumkonstruiert hat, ins Dunkle verdrängen. Sicher, manchmal funktioniert der Sex im wahren Leben genauso – nach dem Motto: Tja, eigentlich kümmert es mich im Augenblick überhaupt nicht, *wer* dieser Mensch eigentlich ist –, und wenn es das ist, was man will – okay.

Ich habe eigentlich nicht besonders oft in direkter Sprache über Sex geschrieben. Wer weiß, was ich in Zukunft noch alles tun werde, aber bis jetzt war ich immer eher an dem durchkreuzenden Effekt interessiert – an der erotischen Dynamik, die unpassenderweise alle Arten von Erfahrungen durchdringt. [Da haben wir] natürlich *Madame Bovary,* aber eine der interessantesten erotisch befrachteten Szenen in der Literatur ist in *Anna Karenina* zu finden, wenn Vronsky nach seinem Treffen mit Anna in die Kaserne zurückkehrt und sein Zimmergenosse ihm eine absolut alberne, sehr witzige Geschichte über Helme erzählt. Anna ist in der Szene nicht präsent – sie ist weit weg –, aber man spürt sie sehr deutlich. Und die seltsame Albernheit, die man als Leser mit Vronsky gemeinsam empfindet, hat meiner Meinung nach etwas mit der Verschiebung der sexuellen Macht zwischen ihm und Anna in diesem Augenblick zu tun. Die erotische Obsession ist wie ein wildes Tier, das Vronsky vorübergehend verlassen hat, um sich vollständig auf Anna zu konzentrieren. Die Sexualiät, die in dieser Szene mit dem Zimmergenossen einbricht, ist unglaublich komplex – und intensiv und *besonders*.

Als ich 1995 Stephen McCauley interviewte, sprach er über seine Gründe, in seinen drei Romanen *The Man of the House, Aus der Traum* und *Liebe in jeder Beziehung* – Sittenstücke, die sich auf homosexuellen Beziehungen konzentrieren – in sexuellen Dingen nicht ins Detail zu gehen. Außerdem sprach er über die Macht der Metonymie in *Lolita* und *Madame Bovary*.

Als ich ihn 2001 aus seinem vierten Roman, *True Enough*, lesen hörte, war ich vollkommen überrascht, dass er in diesem Buch ziemlich eindeutig über zwei Paare schreibt, die miteinander schlafen. McCauley war so nett, mir mitzuteilen, wieso er sich in *True Enough* – in einer Szene, die ich in Kapitel 7 bespreche – dazu entschieden hat. Seine jüngeren Bemerkungen schließen an die aus dem ursprünglichen Interview an.

Stephen McCauley (1995): *Madame Bovary*, beispielsweise, ist voller üppiger, sinnlicher Beschreibungen, die das Bewusstsein des Lesers für die erotische Spannung zwischen den beiden Protagonisten erhöhen sollen. Wie Flaubert die Konsistenz von Ruß auf dem Kamin beschreibt, das Geräusch von Wasser, das auf einen seidenen Sonnenschirm fällt oder den Anblick von Emmas Zunge, die ein Likör-Glas ausleckt, übermittelt eine kraftvolle Stimmung stilisierter Erotik. Flaubert macht sich alle menschlichen Sinne so exakt und exquisit zunutze, dass er eine starke erotische Szene ohne körperlichen Kontakt erschaffen kann. Vermutlich ist es hilfreich, ein Genie zu sein.

Liebesszenen gehen immer daneben, wenn das Bedürfnis, anzuregen oder – schlimmer noch – selbst angeregt zu werden, das Interesse des Autors für seine Protagonisten übersteigt. Wie alles in literarischer Fiktion, sollte eine Liebesszene wesentlich sein und das Verständnis des Lesers für die Figuren vertiefen. Das kann man nicht erreichen, wenn man plötzlich in einen pornographisch inspirierten Allzweckjargon verfällt, um den Sex zu beschreiben. Als mein erster Roman, *Liebe in jeder Beziehung* erschien, wurden kritische Stimmen aus der Gay-Szene laut, weil er keine eindeutigen Liebesszenen enthielt. Es hieß deswegen, das Buch sei unfrei oder politisch regressiv. Der Punkt ist jedoch, dass die Hauptfigur ausgesprochen schüchtern ist. Es hätte nicht zu ihrem Charakter gepasst, ihr Liebesleben ... en detail zu beschreiben, obwohl in meiner Vorstellung kein Zweifel bestand, dass mein Protagonist sich als Homosexueller wohl fühlte. Ich überzeugte mich selbst, dass es etwas Subversives hat, sich gegen eindeutige Beschreibung von Sex zu entscheiden. Ich bin allerdings auch offen für die Möglichkeit, dass ich selbst einfach schüchtern und gehemmt bin.

Als Schriftsteller will man stets den Leser in die Welt des Buches hineinlocken und ihn dort möglichst tief eintauchen lassen. Mit einer bestimmten Art von generell anregender Sex-Szene riskiert man, ihn vollkommen zu verlieren, ihn seinen eigenen Masturbationsfantasien zu überlassen, anstatt ihn dazu zu bringen, dem Aufmerksamkeit zu schenken, was im Roman geschieht.

Stephen McCauley (2001): Es ist sicherlich nicht der Fall, dass ich der Ansicht war, man sollte gar keine Sex-Szene schreiben. [Ich fand] nur, dass es in Bezug auf meinen schüchternen Ich-Erzähler, über den ich in den ersten drei Romanen geschrieben habe, irgendwie unpassend war. Im Falle von *True Enough* erkannte ich, dass eine Menge Probleme in der Ehe der einen Figur, Jane, durch die Darstellung ihrer Frustration und ihrer Enttäuschung während des Aktes mit ihrem Mann konkreter gemacht werden konnten. Und um das effektiv zu tun, musste ich eine eindeutige, wenn auch kaum erotische Szene entwerfen. Es entwickelte sich während des Schreibens ganz selbstverständlich. Ich hatte sehr viel Spaß daran, mir die physischen Einzelheiten auszudenken, die den Leser, wie ich hoffte, zusammenzucken lassen und ihn gleichzeitig zum Lachen reizen würden. Ich wollte, dass die Leser Janes Dilemma als lustig und vielleicht auch als unangenehm vertraut empfinden würden.

Alle Details, die normalerweise erotisch und prickelnd wirken sollen – die Küsse, die Zunge, der Schweiß, die Hitze der Körper, der pralle Penis, die sensibilisierte Haut – sind für die Protagonistin verstörend und zermürbend. Sie ist verärgert über die beeindruckende Größe des Organs ihres Mannes; seine eifrig bemühte Zärtlichkeit macht sie wütend. Und so war ich in der Lage (zumindest in meinen Augen), einige der gängigen Klischees auf unerwartet einzusetzen.

Ich war immer der Meinung, dass ein befriedigendes Liebesleben die Fähigkeit, über sich selbst zu lachen, bemerkenswert schnell auslöscht. Und so war die Beschreibung von Janes leidenschaftlicher Vereinigung mit ihrem Ex-Mann für mich eine ziemliche Herausforderung. Zum Glück ist ihr schlechtes Gewissen über die Affäre so stark, dass [die Erfahrung] überhaupt keine Wonne entstehen lässt, egal wie befriedigend sie auch gewesen sein mag.

AUF DIE SPITZE GETRIEBEN:
AUSZÜGE AUS EINEM INTERVIEW MIT JEROME BADANES

Der Protagonist von Jerome Badanes meisterhaftem Roman, *The Final Opus of Leon Solomon*, ein Auschwitz-Überlebender und Gelehrter jüdischer Geschichte, will Selbstmord begehen, nachdem er dabei erwischt wurde, Papiere aus der *New York Public Library* zu stehlen. Während er sich auf seinen Tod vorbereitet, schreibt er sein letztes Werk, die Geschichte seines Lebens, auf einen Block gelber Formblätter. Der Roman enthält viele anschauliche Liebesszenen zwischen Leuten, die normalerweise keinen sexuellen Kontakt haben dürfen: Solomon und seine Schwester, zwei Juden, die im besetzten Warschau als Arier durchzugehen versuchen, und – vier Jahrzehnte später, Solomon und die Tochter eines Gestapo-Offiziers.

EB: Die Liebesszenen in *The Final Opus of Leon Salomon* widersprechen im Grunde genommen dem Rat, den wir gewöhnlich Autoren geben, die über Sex schreiben wollen – nämlich dem, dass weniger mehr ist. Was hat Sie veranlasst, es so auf die Spitze zu treiben?

JB: Um es vorwegzunehmen: Ich schreibe überhaupt nicht über Sex. Ich meine, es gibt Sex in meinem Roman, aber ich habe mich nicht hingesetzt, um über Sex zu schreiben. ...

Der Sex ist nur ein Vehikel, um zu etwas anderem zu gelangen. Was ich in all meinen Bücher immer wieder darstellen möchte, ist die Fähigkeit menschlicher Wesen, ungeachtet aller Umstände, zusammenzufinden. Wenn ich also meinen Überlebenden eine Affäre mit einer Nazi-Tochter haben lasse, versuchen beide, diesen Teil der Geschichte zu überwinden und scheitern damit.

Ich habe es so deutlich gemacht, weil ich wollte, dass der Leser gemeinsam mit den beiden die Verzweiflung und die Außerordentlichkeit ihres Versuches zu vergessen erlebt. Ich wollte, dass der Leser durch die Einzelheiten dabei ist, und ich empfinde all diese Einzelheiten als heilig. Sie sind nicht schmuddelig, nicht schweinisch – es ist das, was alle Leute tun. Ich wollte, dass der Leser das empfindet, wollte, dass er fühlt, wie sie das Erschauern in dieser Verbindung erleben, wie sie die Verzweiflung, dass diese Verbindung zerbrechen wird, dass es keine dauerhafte Verbindung sein kann, empfinden.

In den Szenen mit meinem Protagonisten als jungen Mann und seiner Schwester – [Szenen,] die sich am Rand des Inzests bewegen, auch wenn es nicht zum Geschlechtsverkehr kommt –, wollte ich den Leser deswegen so nah heranführen, weil ich diese Szenen – wie ich es im Buch schon sage – als Kaddisch für ihre verlorene Jugend und ihr Schicksal als Juden im besetzten Warschau betrachte. Das Warschauer Ghetto ist nur ein paar Straßen entfernt ... Und um dem Leser dieses Kaddisch nahe zu bringen, musste [ich] sehr detailliert beschreiben. Es ist in Ordnung, wenn ein Schriftsteller nur andeutet, aber ich wollte den Leser direkt dorthin führen, ihn zu einem Ort führen, der ihm vielleicht unangenehm ist, ihn in Verlegenheit bringt oder nervös macht – wollte ihn so lange drängen, bis er sich an diesem Ort befindet und fühlt, was die Protagonisten fühlen. Ich glaube nicht an Minimalisierung.

EB: Sie meinen, weil Sie etwas so Verstörendes wie Inzest ansprechen, kann der Leser sagen, ja, in dieser Situation hätte ich vielleicht dasselbe getan?

JB: In gewisser Hinsicht war es für [die Personen] eine moralische Pflicht, sich zu vereinigen, da beide verdammt sind – die Schwester durch Krankheit dem Untergang geweiht, der Bruder, der um ihre rheumatische Arthritis weiß. Ich wollte, dass sie die Degradierung erfahren, all die tabuisierten Gefühle zu erleben. Daher beschloss ich, nicht nur anzudeuten, sondern ihr Tun detailliert zu beschreiben, ohne mehr als beschreibend zu sein ... Ein Kritiker, der über den Sex [in diesem Buch] sprach, sagte, dass das moralische Moment in einer Welt, die auf den Kopf gestellt wurde, vielleicht so etwas tabubelastetes wie Inzest einschließt. ... Alle Liebesszenen in *The Final Opus* sind in einem unheilverkündenden Szenario, einem tödlichen Szenario angesiedelt, weil sie auf diese Art einen Augenblick des Lebens in einer Welt des Todes zeigen, weil sie einen Augenblick des guten Glaubens in einer Welt des Bösen widerspiegeln.

Obwohl ich es so verstanden und dies als mein größeres Ziel empfunden habe ..., wollte ich sicherstellen, dass die Szenen sexy waren, damit der Leser das Gefühl nachempfinden konnte. Und um zu gewährleisten, dass es sexy ist, muss ich es sexy finden. Ich wollte selbst erregt werden, selbst wenn ich über Sex unter gefährlichen, tragischen oder historisch grausigen Umständen schrieb. Sicher kann sich da recht schnell das schlechte Gewissen melden ..., aber schließlich wollte ich ja, dass der Leser das Paradoxe der Situation genauso empfindet – genauso wie die Protagonisten. Das ist der Grund, warum ich versucht habe, die Liebesszenen so zu schreiben, dass der Leser – sowohl der männliche als auch der weibliche – sie als sexy empfindet. Natürlich konnte ich nur hoffen, dass weibliche Leser ebenfalls angesprochen werden: Ich bin schließlich keine Frau. Allerdings denke ich, dass ich mich in diesen Szenen in die Weiblichkeit einfühlen konnte.

Das also war mein Ziel. Es ist nicht leicht zu erreichen. Und deswegen konnte ich mich auch nicht an die Maxime ‚weniger ist mehr‘ halten. Ich wollte den Leser mit den Details *belasten*, damit er alles fühlen konnte, damit er das Paradoxe empfinden konnte; damit er nachvollziehen konnte, wie sich zwei Menschen fühlen, die sich lieben, während um sie herum alles stirbt, während sie selbst kurz vor dem Tode stehen oder während sie Tabus brechen. Ich wollte, dass der Leser all das spürt, und dafür brauchte ich sehr viele Details. Deswegen also ist es so übersteigert, wobei ich allerdings nicht finde, dass es maßlos übersteigert ist. Ich denke, manchmal muss man etwas auf die Spitze treiben, damit es die richtige Wirkung erzielt.

Die Ilias beschreibt sehr anschaulich, wie Menschen getötet werden. Nicht nur das: Sie beschreibt auch die Erniedrigung, die sie empfinden, wenn sie ganz und gar der Gnade der Person ausgeliefert sind, die sie töten wird. ... Gewalt können wir sehr anschaulich darstellen, aber eine anschauliche Darstellung von Sex scheint komplizierter zu sein. Die Gesellschaft tut sich schwerer damit, dies zu akzeptieren. Tatsächlich macht eine plastische Beschreibung von Gewalt eben jene Gewalt transzendent, veranlasst uns, darüber nachzudenken, bringt uns dazu, sie zu spüren. Wenn wir einen Film sehen, in dem jemand erschossen wird, bekommen wir keine Chance, nachzuempfinden, wie es ist, ein Mensch zu sein, der in einigen Sekunden stirbt, ein Mensch, der seinen eigenen Willen verloren hat, der in diesem Moment vor dem Tode vollkommen versklavt ist. Homer versorgt uns in gewisser Hinsicht mit dem, was in der heutigen Welt kaum noch zu erfahren ist. Was ich mit den Sex-Szenen in *The Final Opus* versucht habe, ist das, was ich in der *Ilias* in Bezug auf Gewalt gefunden habe – [ich habe versucht,] den Augenblick zu vermitteln.

2

EINE LIEBESSZENE IST KEINE GEBRAUCHSANLEITUNG

und andere Grundlagen

»Sex ist etwas, das ich nicht so recht verstehe.
Man weiß nie, wo zum Teufel man ist.
Ich stelle immer wieder bestimmte Sex-Regeln
für mich auf und breche sie dann gleich wieder.«

J. D. Salinger
Der Fänger im Roggen

Die besten literarischen Liebesszenen – und seien sie noch so kurz – vermitteln uns nicht nur »was geschah«, sondern sagen auch etwas über die Protagonisten aus, über ihre Gefühle, über die äußeren Umstände oder innersten Gedanken, über den Erzähler, der die Ereignisse miteinander verbindet, über die Ziele des Autors – oder über alles zusammen. Eine gut geschriebene Sex-Szene spricht uns auf vielen Ebenen an: auf der erotischen, ästhetischen, psychologischen, metaphorischen, ja sogar philosophischen.

Wenn wir einen Roman oder eine Kurzgeschichte lesen, deren Liebesszene uns auf all diesen Ebenen fesselt, sind wir meistens so gefangen davon, dass wir unsere Reaktionen nicht mehr analysieren oder kategorisieren; wir lesen und genießen einfach. Aber wenn wir uns selbst daran machen wollen, eine gute Liebesszene zu schreiben, müssen wir wie ein Automechaniker-Lehrling vorgehen: Wir müssen begreifen, was unter der Haube steckt, und herausfinden, wie man den Motor auseinandernimmt, bevor wir lernen, ihn wieder zusammenzusetzen.

Wenn Sie sich auf dieses Unterfangen einlassen, sollten Sie eine Regel beherzigen, die Holden Caulfield aus *Der Fänger im Roggen* auf die harte Tour lernen muss: *Denken* Sie nicht einmal an irgendwelche Regeln. Es gibt keine Geheimrezepte, keine Shortcuts, keine cleveren Tricks, um gute Sex-Szenen zu schreiben. Sex und Fiktion sind viel zu eigentümlich, viel zu persönlich, um sie auf eine simple Liste der Do's und Don'ts zu reduzieren. Stattdessen biete ich Ihnen das an, was John Gardner in *The Art of Fiction* »generelle Grundlagen« nennt – Grundlagen, die allgemein genug sind, um beinahe jedem sexuellen Geschmack und literarischen Stil zu genügen.

Aber bevor wir dazu kommen, möchte ich mit Ihnen genauer untersuchen, warum es so schwierig sein kann, in der erzählenden Literatur über Sex zu schreiben. Es gibt drei Hauptgründe:

1. Vor vierzig Jahren waren eindeutige Sex-Szenen in der literarischen Fiktion beinahe nicht existent. Heute gibt es so viele davon wie Pennies im Umlauf sind, und sie sind, wie einige behaupten würden, mindestens genau so wertvoll. Wenn alles schon *ad nauseam* gesagt worden ist, wie können wir dann hoffen, einen originellen Beitrag zu leisten?

2. Sex scheint simpel zu sein, ist er aber nicht. Wie Edmund White in unserem Interview erklärte: »Sex ist der intensivste Dialog, den zwei Menschen führen können, wobei man nie weiß, was der andere gerade denkt. Es ist wie eine leidenschaftliche Diskussion mit jemandem, der eine andere Sprache spricht oder taub ist, denn falls beide nicht tatsächlich aussprechen, was sie denken, was ihnen durch den Kopf geht, kann es natürlich niemand ahnen. Und selbst wenn es ausgesprochen wird, ist es oftmals etwas Pornographisches, das nicht den wahren Gedanken der Personen entspricht, weil sie insgeheim denken ,Vielleicht turnt sie oder ihn das oder dies ja an.' Beim Sex gehen Menschen unendlich viele strategische Gedanken durch den Kopf: Mehr, weniger, härter, sanfter, vielleicht sollte ich jetzt ein wenig romantisch werden, vielleicht sollte ich ein bisschen nachlassen. Im Kopf entsteht eine endlose strategische Debatte, die man [dem anderen] niemals anvertraut.«

Oder wie E.M. Foster – lange bevor wir so offen über Sex und Sexualität sprechen konnten – in *Aspects of the Novel* schrieb: »Wenn menschliche Wesen lieben, wollen sie etwas bekommen. Sie versuchen auch, etwas zu geben, und dieses doppelte Ziel macht Liebe so viel komplizierter als Essen oder Schlafen. Sie ist egoistisch und altruistisch zugleich, und keine noch so große Konzentration auf eine Richtung, löscht die andere ganz aus.«

Die Mechanismen *sind* simpel, aber die Spielregeln und die Psychondynamik – all die versteckten Botschaften und Bedeutungen – machen die körperliche Liebe zur komplexesten aller menschlichen Begegnungen. Und trotz der Übersättigung von Sex in unserer Gesellschaft und der Aufklärung im Fernsehen, müssen wir alles, was wir über unsere persönliche Sexualität wissen wollen, ganz allein und für uns erfahren.

Was Sex zu einem derart mächtigen Bedürfnis macht, ist unser Wunsch, uns mit einem anderen menschlichen Wesen zu vereinigen. Aber sobald man sich auf einen anderen Menschen – den Anderen! – einlässt, vollzieht sich die Angleichung nicht mehr gradlinig. Man sehnt sich danach, einen unvertrauten Herzschlag am eigenen Körper zu spüren, bekommt aber oft die Kopfschmerzen eines anderen, trifft auf jemanden, der kühler oder distanzierter ist als der anschmiegsame Körper, den man gesucht hat, oder auf jemanden, der so labil und bedürftig ist wie man selbst. (Niemals, warnt Nelson Algren uns, sollte man »mit jemandem schlafen, dessen Probleme schlimmer sind als die eigenen.«) Der Preis für sexuelle Nähe kann ungeheuer hoch sein.

3. Sex bedeutet für jeden von uns etwas anderes, und die Bedeutung kann sich von einer Minute auf die andere verstärken und verändern, kann sich mit der Zeit entwickeln, da sich der Mensch und die Gesellschaft ändert. Sex nimmt uns unsere Schutzmechanismen und macht uns verletzlich in Bezug auf Gefühle, die oft unterdrückt sind.

DIE TOP TEN

Literarische Texte über Sex zu schreiben ist nicht einfacher oder schwieriger als fiktionale Texte über irgendetwas anderes zu schreiben: Jedes Wort, das wir dem Papier anvertrauen, hinterlässt in uns die Frage, ob wir uns in die richtige Richtung bewegen und woran wir erkennen können, wenn nicht. Aber Sex als Thema stellt uns vor eine ganze Reihe besonders dorniger Herausforderungen. Beginnen wir mit zehn Grundlagen, die Ihnen helfen können, wenn Ihre Protagonisten zur Sache kommen sollen.

1. Eine Sex-Szene ist keine Gebrauchsanleitung.
2. Eine gute Sex-Szene muss nicht von gutem Sex handeln.
3. Es ist – *wirklich!* – völlig in Ordnung, wenn Sie beim Schreiben erregt werden.
4. Ihre Angst ist Ihr bester Freund.
5. Sex ist nett, aber Charakter ist Schicksal.
6. Nur Ihre Figuren wissen es genau (wie man was bezeichnet).
7. Lassen Sie sich die Stichworte von Ihren Figuren geben.
8. Ihre Figuren müssen wollen, und das leidenschaftlich.
9. In einer guten erotischen Szene dreht es sich immer um Sex und noch etwas anderes.
10. Was die Figuren füreinander sind, ist ausschlaggebend.

Betrachten wir jeden einzelnen Punkt näher.

1. Eine Sex-Szene ist keine Gebrauchsanleitung

In erzählender Literatur über Sex zu schreiben, unterscheidet sich grundlegend von der Beschreibung, wie man einen Wal harpuniert; man kann getrost annehmen, dass Ihre Leser einen mehr oder weniger reichen Erfahrungsschatz zum ersten und so gut wie keinen zum zweiten Thema haben. Wir brauchen keinen erschöpfenden Report über die Hydraulik, es sei denn es ist für den seelischen Zustand des Protagonisten und im größeren Zusammenhang Ihrer Geschichte von Relevanz (siehe, zum Beispiel, die Diskussion von *Portnoys Beschwerden* im 3. Kapitel). »Wir wissen über die Physiologie Bescheid«, ruft Russell Banks uns in Erinnerung. »Was der Autor uns in einer Sex-Szene erzählen sollte, sind die Dinge, die wir nicht wissen.«

Wir erfahren beispielsweise in einer kurzen Passage von *Liebe in den Zeiten der Cholera*, dass eine der Figuren eine Vorliebe für Schnuller hat. Dieser kraftvolle Roman des Kolumbianers und Nobelpreisträger Gabriel García Márquez über lebenslange Liebe und Leidenschaft, ist, wie der Autor selbst sagt, von der Beziehung seiner Eltern inspiriert worden. In der genannten Szene sagt García Márquez nichts über Körper und Körperteile, aber Saras Schnuller-Ritual verrät uns alles, was wir wissen müssen über das leidenschaftliche, spielerische und ungehemmte Wesen ihrer sexuellen Beziehung mit Florentino.

Indem der Autor unseren Blick auf den Schnuller und nicht auf Körperteile richtet, enthüllt er uns einiges über die beiden Liebenden (Saras Zwanglosigkeit und Florentinos Spaß daran) und über die Gesellschaft, die eine solche Beziehung sanktioniert. Der Schnuller erinnert uns auch an die Macht der sexuellen Leidenschaft, uns wieder in die Kindheit zurückzukatapultieren:

> Was Florentino Azeira am besten an ihr gefiel, war, dass sie, um den Gipfel der Glückseligkeit zu erreichen, an einem Schnuller nuckeln musste, wenn sie sich liebten. Schließlich hatten sie eine ganze Sammlung davon, jede Größe, Form und Farbe, die sie auf dem Markt finden konnten, und Sara Noriega hängte sie ans Kopfende, so dass sie sie in den Augenblicken extremer Dringlichkeit ohne hinzusehen erreichen konnte.

2. Eine gute Sex-Szene muss nicht von gutem Sex handeln

Das Ziel der Pornographie – ob es sich um Film oder Zeitschrift handelt – ist es, den Konsumenten zu erregen. Oder, wie die Autorin und Kritikerin Cathleen Schine es im *New York Review of Books* beschreibt: »Jede pornographische Erzählung schnauft und hechelt auf denselben unerbittlichen Schluss zu. Zipfel A wird atemlos in Schlitz B eingefügt ... Mögen die Präliminarien auch noch so ausgeschmückt sein – das Ende ist unvermeidlich.« Coitus interruptus, enttäuschender Sex, Liebende, die ihre Paarung alles andere als enthusiastisch betreiben, ein Liebhaber, der vor dem Moment der Wahrheit einschläft – alles würde Porno-Lieferanten dazu zwingen, Geld zurück zu zahlen. Aber wenn wir eine Liebesszene für ein seriöses Stück Prosa entwerfen, haben wir das Privileg, unsere Aufmerksamkeit Figuren zu widmen, die öfter durch ihr Hauptfach durchfallen, als dass sie es bestehen. In der Fiktion ist eine sexuelle Begegnung, die schief geht oder umwälzende Folgen hat, oft interessanter als eine, die die Protagonisten befriedigt und glückselig macht.

Sexuelle Begegnungen stellen für Ihre Figuren eine Chance dar, sich zu vereinigen oder in dem Wunsch, sich zu vereinigen, zu scheitern. Je dringender sie sich vereinigen wollen, desto interessanter kann die Enttäuschung und das Nachspiel sein. Der Schock zerschmetterter Erwartungen kann (und sollte vielleicht) die Figuren dazu bringen, zu Einsichten zu gelangen, die über den generellen Zustand ihrer Genitalien hinausgehen. Das ist gewiss der Fall bei den Beispielen aus Erica Jongs *Angst vorm Fliegen* und John Lonies Kurzgeschichte *Contact*, die ich später analysieren werde.

Oft entsteht aus der Kluft zwischen der Erwartung des Liebenden und der Realität der Begegnung eine gewisse Komik. Edmund White wies in unserem Interview darauf hin, dass realistische Liebesszenen oft witzig sind, »weil der Geist den Körper überflügelt.« Er führt diesen Gedanken weiter aus:

> Henri Bergson definiert Humor als das, was passiert, wenn die materielle Welt der geistigen widersteht. In anderen Worten: Zwei Liebende wollen in ihre Flitterwochen aufbrechen; sie gehen durch die Drehtür und diese hängt

fest. Sex ist ein klassischer Schauplatz für Humor, denn die Menschen haben eine Menge extrem erotische oder romantische oder leidenschaftliche Ideen bezüglich dessen, was sie im Bett anstellen wollen, doch dann wird aus dem eigentlichen Akt oft eine totale Schlappe.

Die vielleicht interessanteste literarische Kategorie von »unbefriedigendem Sex« ist Sex, der zwar körperlich befriedigt, aber in den Liebenden ein Gefühl der Wut, der Leere, unerfüllter Sehnsüchte oder eines Ungleichgewichts hinsichtlich der Erfüllung hinterlässt. Siehe auch die Besprechung von *Davor und Danach*, *Durchtrieben* und *Slow Dancing*.

3. Es ist – *wirklich!* – völlig in Ordnung, wenn Sie beim Schreiben erregt werden

Wenn es für John Updike gut genug ist, ist es für uns andere auch gut genug! »Es erregt mich, meine Sexszenen zu entwerfen – genauso wie es sein sollte«, sagt er. Jerome Badanes unterstreicht dies, als er über die Anschaulichkeit seiner Liebesszenen in *The Final Opus of Leon Solomon* spricht: »Um zu gewährleisten, dass es sexy ist, muss ich es sexy finden.« Das bedeutet nicht, dass eine gute Sex-Szene nur die schmuddeligen Fantasien des Autors widerspiegelt – weit davon entfernt. Noch einmal Badanes: »Sex-Szenen sollten keine Werbung für den Autor selbst darstellen.« Sie sollten aus den Charakteren hervorgehen, uns tiefer in die Geschichte hineinziehen, den Plot vorantreiben. Was nicht heißt, dass sie nicht auch erregend sein dürfen.

4. Deine Angst ist dein bester Freund

Als ich Dorothy Allison fragte, welchen Rat sie ihren Studenten geben würde, wenn es um das Entwerfen von Sex-Szenen geht, gab sie mir eine Antwort, deren Bedeutung mich dazu veranlasste, sie in meine Grundlagen aufzunehmen:

Ich denke, dass Angst nützlich ist ... Erinnern Sie sich zurück an das Spiel aus Ihrer Kindheit, bei dem man etwas suchen muss und die anderen, die wissen, wo es ist, immer sagen ‚Warm, warm, *heiß* – kalt!‘ Sie sind falsch gegangen! So funktioniert die Angst. Man fürchtet sich am meisten vor dem Punkt, an dem die Energie am stärksten fließt. Und für einen Autor, der in diese Richtung – in Richtung Furcht – schreibt, ist sie wie ein Signal für das, was zu tun ist ...

Gut zu schreiben, bietet keine Sicherheit. Man kann sich nicht entblößen – was notwendig ist, wenn man ein guter Autor sein will – ... und gleichzeitig Sicherheit verlangen. Ich denke, dass wir in Bezug auf erotisches Schreiben die Vorstellung haben, Nacktheit hätte etwas mit der Eindeutigkeit der Einzelheiten und Techniken zu tun. Ich halte das für ausgesprochen langweilig. Was Nacktheit wirklich bedeutet, ist emotionale Entblößung. Und das ist für jeden Autor etwas anderes. Der Punkt, an dem man sich selbst emotional am stärksten antreiben muss, ist immer ein anderer. Für eine Lesbierin bedeutet Entblößung etwas ganz anderes als für eine Heterosexuelle, [und was dieses andere ist], hängt sowohl vom Alter und von der Welt, in der man aufgewachsen ist, ab, als auch davon, vor wem man sich am meisten fürchtet – ob es sich um die eigene Familie handelt oder jene weißen Mädchen aus der Mittelklasse, bei denen ich immer so überzeugt war, sie würden mich eines Tages outen und rausschmeißen. Jeder Mensch hat eine Angst. Und diese Angst ist dein bester Freund.

5. Sex ist nett, aber Charakter ist Schicksal

Wenn ich an meine Lieblingsbücher denke, kommen mir sofort unwiderstehliche Charaktere, nicht Inhalte in den Sinn – Charaktere oder Charakter-Paare: Rosamund und Mr. Casaubon aus George Eliots *Middlemarch*, die fünfzehnjährige Französin und ihr chinesischer Liebhaber aus Marguerite Duras' *Der Liebhaber*, der getäuschte Protagonist in Ford Madox Fords *The Good Soldier*. Ein Text ohne Figuren, die uns interessieren, ist ein ziemlich ödes Stück Prosa.

Und was hat das mit Sex zu tun? Alles. Wir müssen die Figuren nicht lieben oder ihnen unsere Kinder anvertrauen, aber wenn sie uns nicht in die Geschichte miteinbeziehen können, sind sie uns egal, selbst wenn sie Glück haben und jemanden finden, mit dem sie ins Bett gehen können.

Ich muss mich genügend für die Charaktere interessieren, um mich für ihr Liebesleben zu interessieren.

6. Nur Ihre Figuren wissen es genau (wie man was bezeichnet)

Das ist die Frage, auf die jeder eine Antwort will: Welchen Namen geben wir dem Kinde? Als Frank Conroy, Direktor des Writers' Workshop der Universität von Iowa und Autor einer klassischen Abhandlung, *Stop-Time*, seinen ersten Roman, *Body and Soul*, schrieb, fürchtete er sich davor, die Sex-Szenen zu schreiben, die, wie er wusste, unbedingt zur Story gehörten. »Sagt man Schwanz? Sagt man Schwengel? Soll man Worte wie ,schlüpfrig' benutzen?«

Der Protagonist aus Mary Gordons sinnlichem Roman *Die Muse* beschreibt das Dilemma sehr schön: »Die meisten Wörter, die sich auf Sex beziehen, haben den einen oder anderen negativen Effekt. Entweder reizen sie mich zum Lachen oder wecken in mir den Wunsch, ins Kloster zu gehen. Slang ist nicht gut. Wissenschaftliche Bezeichnungen sind auch nicht gut. Bei solchen werde ich immer an eine Enddiagnose erinnert.«

Edmund White weist darauf hin, dass die Franzosen für das männliche Glied einen sehr guten Allzweck-Ausdruck haben: *Le verge* ist weder derb, umgangssprachlich noch medizinisch, und es zieht auch nicht alle Aufmerksamkeit auf das Wort selbst, so wie es unsere Bezeichnungen oft tun. Obwohl ich Ihnen leider keine Liste der *mots justes* geben kann, biete ich Ihnen folgende allgemeine Richtlinien an:

▶ Nennen Sie es, wie Ihre Figuren es nennen würden. Wenn es sich zufällig um Slang handelt, der dem Leser nicht vertraut ist, oder Slang, der sich witzig anhört oder irgendwie nicht zu passen scheint, dann weisen Sie nach, dass das Wort oder die Wörter bei diesem Paar oder im jeweiligen Kreis die akzeptierte Bezeichnung sind.

▶ Was immer Sie sich aussuchen: Sehen Sie zu, dass es zum Tenor des Buches passt.

▶ Benutzen Sie keine verniedlichenden oder ausweichenden Ausdrücke – es sei denn, es passt zu den Figuren und Sie haben glaubhafte Gründe für ihre Wortwahl dargelegt.

▶ Wenn gar nichts geht: Es gibt immer noch die medizinischen Ausdrücke, mit denen Sie vielleicht keinen Preis für poetische Sprache gewinnen, die Sie aber, ohne zu viel Aufmerksamkeit auf die Wortwahl selbst zu ziehen, ohne Umwege dorthin bringen, wo Sie hinwollen.

▶ Vielleicht ist es gar nicht nötig, *es* überhaupt zu bezeichnen. David Lodge hat in seinem Roman *Neueste Paradies-Nachrichten,* der im 3. Kapital besprochen wird, eine sehr erotische Liebesszene geschrieben – ohne Bezeichnungen zu verwenden. Die Beispiele von Mary Gordon in Kapitel 5 und Ian McEwan in Kapitel 7 umgehen das Problem ebenfalls sehr elegant.

7. Lassen Sie sich die Stichworte von Ihren Figuren geben

Mickey Friedman, Autor vieler Mystery-Romane, gab mir gegenüber zu: »Es ist schwer, sich auszudenken, was meine Protagonisten tun sollten, wenn sie sich in Richtung Schlafzimmer bewegen.«

Gar nicht. Lassen Sie sich von Ihren Figuren den Weg zeigen. Folgen Sie Ihnen ins Schlafzimmer, und lassen Sie sie bloß nicht auf Anweisungen warten. Wenn Sie nach diesem Rat immer noch unbeteiligt im Wohnzimmer festsitzen und ihr verwirrtes Paar anstarren, dann ignorieren Sie für einen Moment die eine Figur und konzentrieren Sie all ihre liebende, rücksichtsvolle Aufmerksamkeit auf die andere. Was wünscht sie sich – für die nächsten zehn Minuten oder die nächsten zehn Tage? Was sonst oder wer sonst könnte ihr noch durch den Sinn gehen? Gibt es etwas, vor dem sie gerade jetzt Angst hat? Wenn man sie fragen würde, was der Mann in ihren Armen sich wohl gleich von ihr wünscht, was würde sie antworten? Wenn man sie fragen würde, was er wohl morgen früh von ihr will, was würde sie dann antworten?

Wenn Sie erst einmal wissen, was und wie die eine Person denkt und fühlt, wenden Sie sich der anderen zu. Wie reagiert sie auf ihre ausgesprochenen und unausgesprochenen Ängste und Bedürfnisse?

Wenn Sie zu dem Schluss kommen, dass Ihre Figuren nun endlich ins Bett springen sollten, könnte es sein, dass Sie sie zu etwas drängen, zu dem sie noch nicht bereit sind oder das sie nicht so sehr wollen, wie Sie wollen, dass sie es wollen. Woher Sie das wissen sollen? Siehe Punkt Nummer 8.

8. Ihre Figuren müssen wollen, und das leidenschaftlich

Ob Ihre Figuren sich nun in Richtung Schlafzimmer oder Eiffelturm bewegen – lassen Sie sie nicht zu weit gehen, ohne Bestandsaufnahme Ihrer Wünsche zu machen: was sie in den nächsten zehn Minuten wollen oder was sie als fiktionale Wesen in einem Universum wollen, bei dessen Erschaffung sie unmittelbar beteiligt gewesen sind. Die Romanautorin Janet Burroway erklärt in ihrem Buch *Writing Fiction* die Frage des »Wollens« als eine elementare Kraft beim Schreiben. Was sie sagt, lässt sich auf Liebesszenen wie auf alles andere anwenden:

> Es ist wahr, dass die zentrale Figur in einem fiktionalen Text wollen muss – und das leidenschaftlich – um unsere Aufmerksamkeit zu fesseln und unsere Sympathie zu wecken. Das, was die Figur will, muss nicht gewaltig oder spektakulär sein; es ist die Intensität des Wollens, die zählt. Vielleicht will sie nur überleben, aber sie muss *unbedingt* überleben wollen, und es muss einen erkennbaren Grund geben, warum daran zu zweifeln ist, dass sie es schafft.

Wenn Sie nicht wissen, was Sie tun sollen, wenn sich Ihre Charaktere aufs Schlafzimmer zu bewegen, dann sollten Sie lernen, diese Unsicherheit als Warnsignal zu verstehen: Sie müssen unbedingt wie ein Arzt auf Visite nach Ihren Figuren sehen und sie nach ihrem Befinden befragen. Beginnen Sie damit, sich zu vergewissern, dass wenigstens eine Ihrer Figuren sich etwas von der bevorstehenden sexuellen Begegnung verspricht. Aber was immer diese Figur will – vergessen Sie nie, dass es in fiktionalen Texten immer interessanter ist, wenn die Person nicht bekommt, was sie will, wenn sie feststellt, dass das, was sie bekommen hat, eigentlich doch nicht das ist, was sie wollte, oder wenn sie für das, was sie dann bekommt, einen hohen Preis zahlen muss.

Wenn ein Charakter etwas haben möchte, was sein Partner ihm nicht geben will, wird das allgemein als dramatischer Konflikt bezeichnet. Einige Konflikte führen zu einem richtiggehenden Streit, andere werden nur verbal ausgetragen, was uns einiges über die Art der intimen Beziehung zwischen unseren Protagonisten verrät. Und einige scheinbar harmlose Kontroversen können Vorboten eines weit spannenderen Dramas sein, das sich in Zukunft entwickeln wird. Im Bereich des erotischen Schreibens kann ein dramatischer Konflikt schon damit beginnen, dass zwei Figuren unterschiedliche Vorstellungen von einem Rendezvous am Nachmittag haben.

9. In einer guten erotischen Szene dreht es sich immer um Sex und noch etwas anderes

Eine der Regeln für das Schreiben von fiktionaler Literatur lautet, dass Regeln dazu gemacht sind, gebrochen zu werden, aber es gibt eine, an der es eigentlich nichts auszusetzen gibt: Sieh zu, dass zwei Dinge gleichzeitig geschehen, ob du nun einen Dialog oder eine Liebesszene schreibst. Ich meine damit nicht, dass Sex und Briefmarkensammeln Hand in Hand gehen sollte; ich meine, dass der Sex in Ihrer Geschichte einen Zweck haben sollte, der über das temporäre Prickeln, das er den Protagonisten verschafft, hinausgeht. Der Akt muss etwas über sie verraten, als Metapher, Symbol oder als Illustration eines bestimmten Aspektes Ihres Hauptthemas, Ihres Plots, der Bedürfnisse und Probleme ihrer Figuren.

Als ich Russell Banks fragte, ob er sich an einem bestimmten Punkt seiner Karriere gehemmt fühlte, über Sex zu schreiben, und wenn ja, ob es einen Zeitpunkt gab, an dem er sich plötzlich wieder frei fühlte, gab er mir eine Antwort, die mich mit einem weiteren Beispiel für das Zwei-in-eins-Prinzip versorgte:

Ich glaube nicht, dass ich mich jemals besonders gehemmt gefühlt habe. Als ich zu schreiben anfing, war ich mir noch nicht ganz im Klaren über den Unterschied zwischen Schreiben und Fantasieren, so dass ich, als ich dann schließlich schrieb, eher zu sexuellen Fantasien tendierte. Es dauerte eine Weile, bis ich begriff, dass das niemandem – nicht einmal mir – etwas nützte und dem Text am allerwenigsten zuträglich war. Ich begann zu erkennen, dass ich diesem Thema dieselbe Aufmerksamkeit widmen musste wie jeder anderen Szene, damit sie auch im größeren Zusammenhang lohnte und funktionierte ...

Es gibt eine Szene in *Continental Drift*, in der [meine Hauptfigur] Bob Dubois gerade Sex hat und sich dabei vorstellt, wie er in einem Boot an der Küste der Neuen Welt landet und mit den Wellen an den Strand getragen wird. Das ist als leichte Parodie auf konventionelles erotisches Schreiben gedacht, wobei gerne Bilder von Wellen, Flut und dergleichen heraufbeschworen werden. Und auch als leichte Parodie auf die unbewusst sexistische Sprache, die zur Beschreibung der »Neuen Welt« verwendet wird. Ich fand dies sinnvoll, da es zu einigen Leitmotiven des Buches passte. Und ich verlor vollkommen den Kontakt dazu, ob es für Bob nun gut war oder nicht – ich hatte einfach zu viel Spaß daran, den Sex mit all diesen anderen Dingen in Verbindung zu bringen und ihn auf andere Art einzusetzen. An diesem Punkt erkannte ich, was für eine aussagekräftige und wunderbare Metapher eine Sex-Szene für Dinge sein kann, die überhaupt nichts mit Sex zu tun haben ... Und da dämmerten mir schließlich die literarischen Möglichkeiten, die in einer Liebesszene liegen, und ich benutzte sie fortan nicht mehr gefühlsmäßig oder um mich selbst einer sexuellen Fantasie hingeben zu können.

Sex im wahren Leben muss von nichts anderem außer Sex handeln, aber in der erzählenden Literatur sollte er etwas darüber hinaus aussagen: wer die Figuren sind, was sie wollen, was sie vielleicht nicht bekommen, wie sie funktionieren oder was diese Kollision zweier Körper mit dem zu tun hat, was in unserer Story davor oder danach kommt.

10. Was die Figuren füreinander sind, ist ausschlaggebend

Sind Ihre literarischen Liebhaber bereits seit dreißig Jahren verheiratet? Haben sie sich gerade erst kennen gelernt? Sind sie alte Freunde? Bei der Komposition einer Liebesszene gibt es kein wichtigeres Element als die Beziehung zwischen den beiden Partnern. Dieser Punkt ist so entscheidend, dass ich meine Kapitel 5 bis 11 der Erforschung spezieller sexueller Beziehungen und der Frage widme, wie der Autor lernen kann, die Tatsachen mit den besonderen Umständen, in denen sich ihre Figuren befinden, zu verbinden. Zuvor aber sollten Sie sich dem 3. Kapitel zuwenden, in dem ein paar allgemeine Richtlinien besprochen werden, die über die Grundlagen hinausgehen.

»ÜBERRASCH' MICH!«

und andere literarische Appelle

*»Da Sex nun mal nicht außerhalb unserer
Möglichkeiten liegt, besteht der Trick darin,
die Szene nicht ins Langweilige abdriften
zu lassen und sie mit der Psychologie des
Buches und dem Symbolismus
anderer Szenen abzugleichen.«*

John Updike
(in einem Brief an die Autorin)

Viele der bisherigen Richtlinien sollten Sie darauf vorbereiten, sich auf die Persönlichkeiten Ihrer Figuren und die Beziehungen untereinander statt auf ihre Körperteile zu konzentrieren, wenn Sie sie in einer Liebesszene vereinigen.

Die Prinzipien, um die es in diesem Kapitel geht, konzentrieren sich auf den eher technischen Aspekt: Wie macht man diese Figuren und Beziehungen lebendig, und wie bringt man sie dazu, all das zu tun, was man für die Story braucht? Und vor allem: Wie schafft man es, nicht zu langweilen? Dies sind die Richtlinien, die wir untersuchen und anzuwenden lernen werden:

1. Schreiben Sie in 3D.
2. Engagieren Sie einen Raumausstatter.
3. Ihre Figuren müssen nicht miteinander reden, aber vergessen Sie nicht, dass sie es können.
4. Sie müssen nicht eindeutig sein, wohl aber spezifisch.
5. Überrasch mich.

1. Schreiben Sie in 3D

Erzählen Sie aus dem Inneren Ihrer Personen heraus, nicht aus der Perspektive einer Kamera, die die Transaktion aufnehmen soll. Wenn Sie von einem Voyeur erzählen, ist seine Erfahrung mit dem Erleben von Sex-aus-der-Ferne genau das, was Sie beschreiben sollten. Aber wenn eine Figur mit einer oder zwei anderen im Bett ist, sollten Sie uns durch mindestens eine dieser Personen direkt daran teilhaben lassen. Was immer Sex noch ist – es ist eine körperliche Erfahrung, und Ihre Arbeit besteht zum Teil darin, dem Leser die entsprechenden Wahrnehmungen fassbar und fühlbar zu machen.

Das bedeutet nicht, dass Sie über jede Zuckung Rechenschaft ablegen sollen. Das bedeutet ebenso wenig, dass Sie Ihre Beobachtungen auf das Gefühl von Haut auf Haut beschränken sollen.

Abgesehen von wilden Erinnerungen und verbotenen Gedanken haben Menschen auch Augen, Ohren und Nasen, überaus sensible Organe mit einem hochspezialisierten Job. Anaïs Nin beschreibt dieses Orchester der Sinne in ihrem Tagebuch: »Es gibt so viele untergeordnete Sinne, die allesamt wie Nebenflüsse in den großen Strom der körperlichen Liebe fließen und ihn nähren.«

Um die Wahrnehmung Ihrer Sinne zu schärfen und eine Sprache zu finden, in der Sie darüber schreiben können, sollten Sie Diane Ackermans sinnliche und erfahrene Studie *Die schöne Welt der Sinne* lesen. In ihrer Eigenschaft als Poetin und hingebungsvolle Sensualistin schreibt sie so opulent über die Geschichte und die Bedeutung der Sinne, dass Sie am Schluss der Meinung sind, Ihre Nase sei der wichtigste Teil Ihres Körpers ... abgesehen von Ihren Augen und Ohren.

2. Engagieren Sie einen Raumausstatter

Die meisten Punkte, die wir bislang besprochen haben, konzentrieren sich auf den Aufbau eines emotionalen Zustands, auf die Erschaffung von Figuren, die ausreichend entwickelt sind, um uns für ihr Liebesleben im Zusammenhang mit ihrem sonstigen Leben interessieren zu können und damit die Sex-Szenen sich in die allgemeine Geschichte einfügen. Aber um den Augenblick wirklich zu vermitteln, müssen wir sie auch, wie Jerome Badanes es ausdrückt, in ihrer konkreten Umgebung betrachten, weil es nicht unwesentlich ist, ob sie sich in einer Hängematte oder im Lincoln Room im Weißen Haus befinden. Was Ihre Figuren um sich herum wahrnehmen, ist so wichtig wie das, was sie fühlen und denken.

Sobald sie beginnen, sich auszuziehen, sollten sie sich ihrer Umgebung ebenso bewusst sein, wie sie es sind, wenn sie nicht gerade Liebe machen. Schaffen Sie eine Verbindung zwischen der Umgebung, ihrer Beziehung und dem größeren Zusammenhang der Geschichte. John Casey gelingt das auf wunderbare Weise in seinem Roman *Der Traum des Dick Pierce*. Darin geht es um einen Rhode-Island-Fischer, der nicht nur seine Frau und seine Geliebte Elsie liebt, sondern auch das Fischerboot mit dem Namen Spartina, das er bauen will und später heldenhaft retten muss, als ein Hurrikan es zu zerstören droht. In einer Szene, in der er und Elsie nachts am Rand eines Salzsumpfs miteinander schlafen, verschmelzen die physischen Details ihrer Körper beinahe vollkommen mit denen ihrer Umgebung, da die Szene aus Dicks Perspektive geschrieben ist, der in einer engen Verbindung zur Natur lebt. Er vergleicht Elsie beim Orgasmus sogar mit einem Fisch ...

> Er drehte den Kopf, so dass seine Wange an ihrer lag. Er konnte spüren, wie sich ihre Muskeln sanft bewegten – ihr Höhepunkt baute sich noch hauptsächlich in ihrem Geist auf. Wenn sie sich ihm näherte, würde sie, wie ein Fisch, zu einem einzigen Muskelstrang werden – alles würde sich gleichzeitig bewegen, würde zucken und sich winden, würde eins sein vom Kiefer bis zur Schwanzflosse ... Nach einer Weile rutschten sie das Ufer hinauf, als müssten sie der Flut ausweichen. Sie kletterten in höhere Bereiche, auf das Gras ... Er befreite seine Füße aus der Hose und machte daraus auf den langen, abgeflachten Halmen ein Bett für sie.

Ob Ihre Protagonisten sich in einer Salzmarsch oder zwischen rosafarbenen Seidenlaken in einer Honeymoon-Suite lieben – benutzen Sie ihre Umgebung wie ein Bühnenausstatter es tun würde: nämlich um eine Stimmung zu kreieren, um Informationen über die Figuren zu vermitteln und um den Eindruck zu erwecken, dass die Darsteller sich so real über die Bühne bewegen, wie Leute in unserem Wohnzimmer es täten.

3. Ihre Figuren müssen nicht miteinander reden, aber vergessen Sie nicht, dass sie es können

Der Untertitel dieses Absatzes lautet nicht: *Talk dirty to me!* Es gibt zwischen fiktiven Liebhabern weit mehr zu bereden – oder so sollte es zumindest sein. Worte, so Anaïs Nin in ihrem Tagebuch, lassen »Farben und Laute ins Fleisch« dringen. Wenn Sie ihren Figuren erlauben, miteinander zu reden, können Sie eine Menge dieser erotischen Kraft konservieren und Konflikte, Intrigen, Zärtlichkeit und beinahe jede Emotion, die Sie wollen, in ihre Liebesszene einfügen. Nichts ist geeigneter als ein guter Dialog, um uns in die Welt des Buches hineinzuziehen – direkt ins Bett mit den Protagonisten, genau da, wo Sie den Leser hinhaben wollen.

Der Dialog in Liebesszenen kann vier wichtige Funktionen haben:
1. Er enthüllt einiges über die Personen und wer sie sind.
2. Die Informationen, die uns ein Dialog vermittelt, kann einen Kon-

flikt zwischen den Protagonisten aufbauen oder uns einen Hinweis auf einen Konflikt zwischen den Liebenden und der Außenwelt geben – ein Konflikt, wie er zum Beispiel bei Ehebruch oder anderen verbotenen Liebesbeziehungen entsteht.

3. Durch den Dialog können die Figuren Konflikte erkennen, analysieren oder lösen – oder aber feststellen, dass sie sie *nicht* lösen können.

4. Dialoge können die Haltung Ihrer Figur gegenüber Sex und Sexualität verdeutlichen, was sich auf den Verlauf und das Ergebnis einer Liebesszene auswirken kann.

Alle vier Funktionen sind wirksam in der folgenden Passage aus dem Roman des Briten David Lodge, *Neueste Paradies-Nachrichten*, einem ernsthaft komischen Stück über sexuelles Erwachen, religiösen Glauben und die Touristik-Industrie auf Hawaii. Bernard, ein einundvierzig Jahre alter, noch unschuldiger Exgeistlicher, der auf Hawaii seine sterbende Tante besucht, bekommt seine ersten Liebeslektionen von Yolande, einer lebenslustigen Geschiedenen, die als Beraterin für Psychohygiene arbeitet. Sie haben sich schon ein paar Nachmittage in seinem Hotel getroffen, und weil er solche Angst vor Sex hat, führt sie ihn Stück für Stück näher heran – jeden Tag ein bisschen mehr.

Am nächsten Tag war mehr Licht im Raum, und sie teilten sich eine halbe Flasche Wein aus der Mini-Bar, bevor sie begannen. Yolande war forscher und weit redseliger. »Heute geht es immer noch nur ums Anfassen, aber es gibt keine Grenzen, wir können anfassen, wo wir wollen und wie wir wollen, okay? Und es muss nicht nur mit der Hand sein, du kannst auch Mund und Zunge benutzen. Möchtest du an meinen Brüsten nuckeln? Dann los. Ist das schön? Gut, für mich ist es schön. Kann ich dich lutschen? Keine Angst, ich drück ihn dann fest – so ungefähr –, und dann wirst du nicht kommen. Okay. Entspann dich. War das schön? Gut. Ich tu's auf jeden Fall gerne. Saugen und lecken sind sehr ursprüngliche Vergnügungen. Natürlich ist es leicht, festzustellen, was einem Mann gefällt, aber bei Frauen ist es anders, da ist alles im Inneren verborgen, und man muss ungefähr wissen, wo's langgeht, also leck deinen Finger an, und du bekommst eine Führung.«

Er war schockiert, verwirrt, beinahe körperlich erschöpft von der plötzlichen Beschleunigung in diese tabulose Freimütigkeit der Worte und Taten. Aber er war auch entzückt. Er hätte um nichts in der Welt einen Rückzieher gemacht. »Lieben wir uns heute?«, fragte er flehend.

»Wir lieben uns doch schon, Bernard«, antwortete sie. »Ich amüsiere mich prächtig, du nicht?«

»Doch, aber du weißt, was ich meine.«

Was bewirkt dieser Dialog in der Szene? Er ist witzig und es macht Spaß, ihn zu lesen. Er zieht den Leser genauso tief in die Handlung, wie die Figuren es sind. Er unterstreicht den Unterschied zwischen den beiden Figuren und schafft dadurch einen mäßigen Konflikt, der gerade spürbar genug ist, um unser Interesse zu wecken und uns in das sanfte Gerangel der beiden einzubeziehen. Es ist eine Umkehr der klassischen Rollenverteilung, dass Yolande die Erfahrene ist, die sich mit einer solchen Situation auskennt – sie ist der Aggressor. Bernard, überwältigt von ihrer Direktheit und ihrem Know-How, kann nur ein paar Worte hervorstammeln. Ihre Sprache enthüllt, wer sie sind und dass sie mit grundsätzlich verschiedenen Erfahrungen und Erwartungen an diese Sache herangehen.

Besonders clever ist es, dass der Dialog – und insbesondere Yolandes Monolog – es ermöglicht, plumpe sexuelle Bühnenanweisungen zu unterdrücken und es so dem Leser, den Figuren und dem Autor erspart, sich mit der unangenehmen Frage »Wie sollen wir *es* nennen?« zu beschäftigen. Hätte Lodge ein Schritt-für-Schritt-Format angewandt, den Dialog in eine Beschreibung eingearbeitet – z.B.: »Sie hielt seinen Penis in der Hand, sagte, ‚Manchmal lutscht man auch dran‘ und beugte sich hinunter ...« –, dann wäre das Ergebnis unerträglich geworden. Doch so sind wir von der ungenierten Sprache Yolandes bezaubert, amüsiert und vielleicht ein bisschen angeturnt. Wahrscheinlich können wir mit Bernard mitfühlen und empfinden vielleicht sogar ein bisschen Neid darauf, dass er keine Ahnung hat, was geschehen und wie viel Spaß er noch haben wird.

Dialoge sollten Aspekte des Charakters enthüllen, zumal sie davon berichten können, wie die Figuren ihr Sexualität verbal ausdrücken oder ob sie Probleme damit haben. Die Gespräche, die zum Sex führen, sind oft interessanter zu entwerfen und zu lesen als die Sache selbst, da sie viel mehr Möglichkeiten für Intrige und Unerwartetes bergen. Dies ist zum Beispiel der Fall in einer Szene aus Don DeLillo's *Weißes Rauschen*, eine schwarze Komödie über den amerikanischen »Zauber und Schrecken«. In dieser Szene machen Ehefrau und Ehemann sich ‚bettfertig‘, indem sie darüber sprechen, welche Art von erotischer Literatur sie heute Abend lesen werden. Der Dialog nimmt sowohl den ehelichen Sex als auch die klassische »Er-drang-in-sie-ein«-Schule des erotischen Schreibens aufs Korn. Der Mann, Jack, Professor an einer Universität im Mittelwesten, ist der Ich-Erzähler:

»Such dir ein Jahrhundert aus«, sagte ich. »Willst du über blutjunge etruskische Sklavinnen lesen, über georgianische Lebemänner? Ich glaube, wir haben Literatur über Flagellationsbordelle. Wie wäre es mit dem Mittelalter? Wir haben Inkubi und Sukkubi. Nonnen in Hülle und Fülle.«

»Was dir am liebsten ist.«

»Ich möchte, dass du dir was aussuchst. Das ist erregender ...«

»Ich lese vor«, sagte sie. »Aber ich lese nichts, bei dem, in Anführungszeichen, Männer in Frauen stecken oder Männer in Frauen eindringen. ‚Ich drang in sie ein‘. ‚Er drang in mich ein.‘ Wir sind doch keine feindlichen Länder oder besetzte Häuser. ‚Ich wollte ihn in mir spüren‘, als ob er ganz hineinkriechen, sich ins Buch eintragen, schlafen, essen und so weiter wollte. Können wir uns darauf einigen? Es ist mir egal, was die Leute machen, solange sie nicht eindringen oder in sie eingedrungen wird.«

»Einverstanden.«

»Ich drang ein und begann in sie zu stoßen.«

»Ich bin absolut deiner Meinung.«

»Dring in mich ein, dring in mich ein, ja, ja.«

»Alberne Ausdrücke, wirklich.«

»Nimm mich, Rex. Ich will dich in mir spüren, fest, fester, ja, jetzt, oh!«

Ich spürte, wie sich eine Erektion anbahnte. Wie dämlich und völlig unpassend. Babette lachte über ihre Sätze ...

In diesem Absatz wird der Dialog dazu benutzt, einen Konflikt zwischen den beiden Figuren zu schaffen und wieder zu lösen. Babette weigert sich, irgendetwas zu lesen, bei dem »Männer in Frauen stecken«. Obwohl Jack einwilligt, entwickelt sich der Konflikt, als Babette ihre Weigerung zum Scherz immer weiter ausführt, während Jack immer wieder zustimmt. Das Resultat: Babette erfindet eine Menge dumpf-erotischer Phrasen, die sie abstoßen, die aber ironischerweise den Effekt haben, ihren Mann zu erregen – der Zweck, den das Lesen von Erotik im allgemeinen haben sollte. Der Konflikt wird im letzten Satz durch den erregten Jack und die lachende Babette aufgelöst.

Dialoge zwischen Liebhabern müssen nicht im Bett stattfinden. Der Auftakt zu einer Liebesszene kann uns mehr über die sexuelle Beziehung der Personen verraten als ein Home Video.

Der Dialog muss auch nicht besonders ausgedehnt sein, um etwas über die Einstellung und die Leidenschaft der Figur zu verraten. In diesem kurzen Abschnitt aus Alice Walkers *Die Farbe Lila* hat Celie, eine arme, ungebildete und misshandelte junge Frau, Mutter und Stiefmutter, ihr erstes liebevoll- sexuelles Erlebnis mit der selbstbewussten Shug. Das Buch ist in Briefform geschrieben – Briefe, die Celie an Gott richtet, da sie niemanden sonst hat, dem sie sich anvertrauen kann.

Shug wohnt seit einer Weile bei Celie und ihrem gleichgültigen, brutalen Mann Albert, der gleichzeitig Shugs Geliebter ist. Eines Nachts, als Albert nicht zu Hause ist und Shug und Celie im selben Bett liegen, erzählt Celie der anderen von ihrem Leben voller Kummer. Der Bericht endet so:

> Niemand hat mich je geliebt, sag ich.
>
> Sie sagt, Ich lieb dich, Miss Celie. Und dann rollt sie sich rum und küsst mich auf den Mund.
>
> Um, sagt sie, als ob sie ganz erstaunt ist. Ich küss sie wieder, sag auch, um. Wir küssen und küssen, bis wir gar nich mehr küssen können. Dann fassen wir uns an.
>
> Ich weiß gar nich, wie das geht, sag ich zu Shug.
>
> Ich weiß auch nich viel, sagt sie.
>
> Dann spür ich was ganz Weiches und Nasses auf meiner Brust, fühlt sich an wie der Mund von einem meiner kleinen verlorenen Babies.
>
> Und viel später tu ich auch wie ein kleines, verlorenes Baby.

Zuvor hat Celie Shug gestanden, dass sie es verabscheut, mit ihrem Mann zu schlafen, dass er nie versucht, sie zu befriedigen – und natürlich haben sie auch nie darüber gesprochen. Die Tatsache, das Celie das Vertrauen aufbringt, sich Shug mitzuteilen, bedeutet einen Durchbruch für sie. Der knappe Dialog dieser Szene richtet die Aufmerksamkeit auf die Intimität zwischen den beiden Frauen und das gemeinsame Erleben dieser für beide neuen Erfahrung. Durch Celies Worte, »Dann fassen wir uns an« und »Ich weiß gar nich, wie das geht« bekommen wir eine sehr lebhafte Vorstellung der Stimmung des Augenblicks, von Celias Nervosität und angstvoller Erwartung und von der Sicherheit und Geborgenheit, die sie zu ersten Mal in ihrem Leben erfährt.

4. Sie müssen nicht eindeutig sein, wohl aber spezifisch

»Sex in Romanen enttäuscht mich fast immer«, gestand ein belesener Psychiater dem inzwischen verstorbenen Kritiker Anatole Broyard in einer Kolumne der *New York Times*. »Heutzutage darf alles gesagt und getan werden, und genau das ist es, was ich oft vorfinde: *alles*, ein Eindruck der Masse statt Klasse oder der Streuung. Aber meiner Erfahrung nach ist echter Sex so einzigartig, so spezifisch für den, der sich danach sehnt. Nur er oder sie – und niemand anderes – kann diese besondere Person derart intensiv unter diesen bestimmten Umständen begehren. Ich vermisse in der literarischen Fiktion diesen Sinn für Einzigartigkeit.«

Scott Turow drückt diesen Gedanken in seinem letzten Roman, *Die Gierigen und die Gerechten*, etwas unkomplizierter aus. »Sex ist immer seltsam«, versucht der Protagonist eine jüngere Frau zu beruhigen, die in ihrer Sexualität gehemmt ist. »Ich meine, das ist doch das Privateste, Innerste, was wir im Leben haben, oder? ... Es kommt bloß bei jedem von uns ein bisschen anders durch, so wie ein Fingerabdruck. Wer macht was mit wem. Und dann deine Fantasien. Was gefällt dir am besten. Was denkst du dabei. Deswegen ist es so intim. Und deswegen ist es so toll.«

Das Besondere ist es, das eine Person dazu bringt, sich in den einen, statt einen anderen zu verlieben. Das Spezifische ist es, was den Unterschied ausmacht, ob man nun durch den Regenwald des Amazonas wandert oder durch die kalifornischen Redwoods, obwohl in beiden hohe

Bäume stehen. Es ist das, was ein Vier-Sterne-Restaurant von dem Pub nebenan unterscheidet und William Faulkner von Eudora Welty, obwohl beide aus Mississippi stammen.

Sie erschaffen das Besondere durch Einzelheiten, durch Details, die die Sprache der einen Figur von der der anderen unterscheidet, oder durch Emotionen, Taten, Landschaftsbeschreibungen. Oder Sie schildern, wie es sich anfühlte, als die Mücken in jener Augustnacht im Yellowstonepark um das frisch durchstochene Ohr Ihres Hauptdarstellers herumsummten, während er im Schein des Vollmonds seine Jungfräulichkeit verlor.

Obwohl die beiden Begriffe beim Schreiben von Erotik immer wieder gerne vertauscht werden, unterscheidet sich Eindeutigkeit ganz entschieden von Spezifischem. Pornographie ist in den meisten Fällen ein extremes Beispiel für Eindeutigkeit ohne Spezifischem. Sie versorgt uns mit einem genauen Bericht darüber, wer was wohin steckt und konzentriert sich vor allem auf das Wohlergehen und den Verbleib diverser Organe. Pornographie enthüllt uns fast nie etwas darüber, was das ein Pärchen von dem anderen unterscheidet, außer vielleicht in Bezug auf Körpermaße und physische Empfindungen.

Spezifisches – im Zusammenhang mit Zeit, Ort und gesellschaftlichen und geographischen Umständen – ist in der folgenden Szene aus *Die Mambo Kings spielen Songs der Liebe*, Oscar Hijuelos' melodiösem Roman über zwei kubanische Einwanderer, die in den 50er Jahren in New Yorks Latino-Tanzpalästen zu Stars wurden, in Hülle und Fülle zu finden.

In der Szene handelt es sich um einen Rückblick auf die Zeit, als Cesar Castillo, aus dessen Perspektive erzählt wird, und sein Bruder sich zu Ehren der Musik, die sie spielten, Mambo Kings nannten. Achten Sie darauf, wie Hijuelos sowohl die Musik als auch die Geographie (für Immigranten von besonderer Bedeutung) in seine Liebesszene zwischen Castillo und Vanna Vane, ein Zigaretten-Mädchen aus einem Club, einarbeitet.

Die beiden haben gerade miteinander geschlafen, wobei er sie »so gebumst hatte, dass das Gummi gerissen war und er einfach weitergemacht hatte.« Etwas später in derselben Nacht:

Spitzbübisch zeigte er ihr seine *pinga*, wie es in seiner Jugend wenig schmeichelhaft genannt wurde. Er saß auf dem Bett im Hotel Splendour und lehnte sich zurück, während sie an der Badezimmertür stand. Und allein der Anblick ihres schönen, nackten Körpers, der noch feucht von Schweiß und Zufriedenheit war, ließ sein großes Ding gleich wieder hart werden. Dieses Ding, das im Licht vom Fenster glomm, war dick und dunkel wie ein Ast. Damals wuchs es wie ein Ranke zwischen seinen Beinen hervor, nach oben getragen durch eine kräftige Vene, die seinen Körper exakt in der Mitte teilte und aufwärts gerichtet war wie die erblühenden Zweige in einem Baumwipfel oder, wie er einmal dachte, als er eine Karte der USA betrachtet hatte, wie der Verlauf des Mississippis und seiner Zuflüsse.

»Komm her«, sagte er.

In jener Nacht, wie in so vielen anderen Nächten, zog er die zerknitterten Laken hoch, so dass sie wieder zu ihm kommen konnte. Und bald darauf schmiegte Vanna Vane ihren feuchten Hintern an seine Brust. Als sie sich küssten, verfingen sich Strähnen ihres gefärbten blonden Haars zwischen ihren Lippen. Dann bestieg sie ihn und bewegte sich vor und zurück, bis alles verschlungen und hitzig wurde und ihre Herzen barsten – hämmerten wie Conga-Drums –, bis sie erschöpft zurückfielen und sich ausruhten, bis sie für mehr bereit waren. Und ihr Liebesspiel erklang wie die Melodie eines Liebesliedes wieder und wieder im Kopf des Mambo Kings.

Wie erreicht Hijuelos in dieser Szene das Besondere?

▶ Er verwendet eine Fülle unterschiedlicher Einzelheiten, um Cesar innerhalb dieser jugendlichen, fruchtbaren und aufregenden Zeit einzuordnen. Indem er zweimal darauf hinweist, dass all dies »damals« geschah, macht er dem Leser klar, dass Cesar heute nicht mehr jung, stark und sexuell aktiv ist.

▶ Es gibt nur eine einzige Erzählperspektive, aus der beobachtet, gefühlt und erinnert wird: Cesars!

▶ Dieser gefeierte Star des Mambo erlebt Sex durch musikalische Metaphern. Ihre Herzen hämmern nicht einfach wie irgendwelche Trommeln sondern wie »Conga-Drums«. Der Rhythmus der Sätze, insbesondere des letzten Satzes, ist ausgelassen und überschwenglich und deutet auf eine Offenheit gegenüber Empfindungen und Emotionen hin, die auch für Mambo charakteristisch ist.

▶ Cesars Status als relativ frisch Eingewanderter wird betont durch den Vergleich Penis-Vene mit Mississippi. Obwohl sich natürlich jeder eine Karte ansehen kann, wird ein Newcomer mit unbelastetem Blick und unbedarftem Staunen vermutlich eher auf solche Vergleiche kommen als jemand, der mit der Geographie seines Landes vertraut ist.

▶ Das Detail von Vanna Vanes gefärbtem Haar, das hier nur ganz beiläufig erwähnt wird, bekommt ein paar Absätze weiter eine wichtige Bedeutung. Cesar erinnert sich, dass es damals »prestigeträchtig wie ein Pass, ein High-School-Diplom, eine Ganztagesstelle, ein Plattenvertrag oder ein 1951er DeSoto war, mit einer Frau wie Vanna gesehen zu werden.« Immigranten, die wild auf diese Art von Prestige sind, werden sich eine gefärbte Blonde, keine echte, angeln ... oder angeln müssen. Genau wie Cesar weiß, dass er kein »echter Amerikaner« ist, ist Vanna keine echte Blondine.

In einer sexuell weit weniger eindeutigen Szene einer Kurzgeschichte des Autors und Arztes Ethan Caine, *We Are Nighttime Travelers*, geht es um einen älteren Mann und eine Frau, die seit Jahren entfremdet nebeneinanderher leben (»Seit ich sie das letzte Mal in meinen Armen gehalten habe, hat es drei Präsidenten gegeben«). In der folgenden Szene entdecken sie einander neu. Der Ehemann erzählt:

> Ich sage nichts. Stattdessen rolle ich mich ins Bett, strecke den Arm aus und berühre sie, und weil sie überrascht ist, wendet sie sich mir zu.
>
> Als ich sie küsse, sind ihre Lippen trocken, sie kratzen an meinen und sind mir so unvertraut wie der Meeresboden. Aber dann geben die Lippen plötzlich nach. Teilen sich. Ich bin in ihrem Mund, und dort, noch versteckt vor der Welt, als ob der Verfall diesen Teil vergessen hat, ist es nass – Himmel! Es kommt mir wie ein Wunder vor. Ihre Zunge kommt hervor. Und dann kenne ich mich nicht mehr, weiß nicht mehr, wer ich bin, in wessen Umarmung ich liege. Ich kann mich kaum an ihre Schönheit erinnern. Sie berührt meine Brust, und ich beiße sie sanft in die Lippe, verteile Feuchtigkeit auf ihre Wange und küsse sie dann dort. Sie gibt einen Laut wie einen Seufzer von sich. »Frank«, sagt sie. »Frank.« Nun sind wir verloren in Meeren und Wüsten. Meine Hand findet ihre Finger und umklammert sie, Knochen und Sehnen, zerbrechliche Glieder.

Ohne viel mehr über diese beiden Figuren zu wissen, sagt uns diese kurze, vollständige und sehr spezifische Beschreibung aus der ausschließlichen Sicht des Ehemanns sehr viel über das, was sie sind: älter, zerbrechlich, einst intim gewesen, nun erregter und zärtlicher gestimmt, als sie vielleicht erwartet haben. Das Gefühl des Überschwangs, das den Ehemann überkommt, wird zum Teil durch Metaphern vermittelt: Der Meeresboden, Meere und Wüsten – Orte, die so weit, unendlich und elemantar sind, dass sie auf eine unermessliche Tiefe und Vergangenheit hinweisen, welche wiederum eine Parallele zur Historie ihrer Ehe bilden könnten. Besonders anrührend ist die Bereitwilligkeit der Frau und die freudige, wenn auch stumme Überraschung des Mannes, als er diese Bereitwilligkeit erkennt.

Ob Ihre Liebenden nun jung und scharf oder alt und krank sind – ihre gemeinsame Reise zur sexuellen Begegnung sollte alles andere als vorhersehbar sein, weil Sie sie mit Details und einer Stimme erschaffen, die spezifisch für *diese* Figuren und *diesen* besonderen Moment ihres Lebens und ihrer Geschichte sind.

5. Überrasch mich!

Im wahren Leben genießen wir im Allgemeinen die Gesellschaft von Menschen, die auf einer Wellenlänge mit uns liegen, doch in der Literatur ziehen wir meistens Charaktere vor, die schwierig, egoistisch, egozentriert, diabolisch, ehrgeizig oder eitel sind – komplexe Gestalten, die sich selbst und ihrer Umgebung Probleme bereiten. Das Problem kann so weitreichend und destruktiv sein wie Captain Ahabs Besessenheit, Moby Dick zu erlegen, oder so enervierend leise wie Bartlebys Weigerung, etwas anderes zu sagen als »Ich möchte lieber nicht« in Melvilles bedrückender Kurzgeschichte, »Bartleby der Schreiber«.

Aber ob die Dämonen Ihrer Figuren nun intern oder extern wüten, ob diese Figuren nun außergewöhnliche Menschen sind oder ganz gewöhnliche, die sich außergewöhnlichen Herausforderungen gegenüber sehen – so oder so werden wir wie in einem Wirbelsturm in ihre Konflikte hineingezogen. Auf emotionaler Ebene weckt er unsere Neugier und wahrscheinlich unser Mitgefühl, wenn nicht für die allzu schwierigen Gestalten, dann für ihre Opfer. Auf technischer Ebene treibt der Konflikt, der durch die Figuren geschaffen wurde, die Geschichte voran: Was wird die Person als nächstes tun? Wie will sie bloß wieder aus der Sache wieder herauskommen? Und während wir uns diese Fragen stellen, blättern wir weiter. Die faszinierendsten Gestalten in der Literatur sind oft die, die sich selbst der ärgste Feind sind: Sie bringen andere gegen sich auf, befremden, werfen metaphorische Steine durch metaphorische Fensterscheiben ... oder reale Schneebälle, die eine ganze Lawine von Unfällen, Geburten und Todesfällen auslösen, wie es in Robertson Davies bekanntestem Werk, *The Deptford Trilogy*, der Fall ist.

Es spielt keine Rolle, ob die Gesten klein oder groß sind, ob die Personen Opfer oder Täter sind, ob sie – wie T. S. Eliot es ausdrückt – »töten oder erschaffen« – die besten Romanfiguren überraschen uns unentwegt, und wenn es nur durch ihre Sturheit ist. Sie verursachen unentwegt Konflikte, die nicht nur sie selbst in Bewegung halten, sondern auch jeden, der ihnen begegnet, berührt.

Wenn Sie Ihre Protagonisten im Bett zusammenführen, müssen genau diese treibenden Kräfte *en miniature* wirksam werden. Wenn Sie über diese wenigen intimen Momente schreiben, die nicht generell durch Konflikte charakterisiert werden, müssen Sie dennoch eine Art von Konflikt, Spannung oder Überraschungseffekt kreieren, sei es nun in der Sprache, in der Beziehung der Figuren zueinander, in der Beziehung der beiden Liebenden zu der feindlichen Außenwelt oder zwischen der Erzählperson und den Liebenden, deren Geschichte sie wiedergibt, wie es in James Salters hocherotischem Roman *Ein Sport und ein Zeitvertreib* (siehe Kapitel 8) geschieht.

In der Pornographie gibt es selten oder gar keine Überraschungen: Alles bewegt sich unabänderlich auf den Orgasmus zu. Einer gut geschriebenen Liebesszene gelingt es, die Pointe ohne Pornographie zu umschreiben, so dass wir uns nicht an die Heftigkeit des Orgasmus' erinnern, sondern an etwas im Verlauf des Geschehens, das wir nicht erwartet haben: Ich nenne es die Überraschung. Dennoch ist die Überraschung kein einzelne, klar zu bezeichnende Sache. Gute Texte bieten alle Arten von Überraschungen – Szenen, Handlungsstränge, Charaktere und Sprache –, und gute Texte über Erotik sollten das auch tun.

Die meisten Leser waren vermutlich verblüfft, als sie diese kurze Szene aus dem dänischen Thriller *Fräulein Smillas Gespür für Schnee* von Peter Hoeg lasen. Der Roman wird aus Smillas Perspektive erzählt:

> Wir stehen mitten im Schlafzimmer und ziehen uns gegenseitig aus. Er hat eine leichte, ungeschickte Brutalität, die mich ein paarmal denken lässt, dass es mich gleich den Verstand kosten wird. In unserer erwachenden gegenseitigen Vertrautheit bewege ich ihn dazu, den kleinen Schlitz an der Eichel zu öffnen, so dass ich meine Klitoris hineinstecken und ihn vögeln kann.

Mit diesem mehr als seltsamen, multiplen Rollentausch (der Autor ist ein Mann), endet das Kapitel. Die ungewöhnliche körperliche Vereinigung überrascht uns tatsächlich, aber diese Überraschung ist keine aus dem Nichts geholte, weil sie zu Smillas Charakter passt: Sie hat sich von der traditionell passiven Rolle der Frau verabschiedet, ob sie nun einem Verbrechen auf der Spur ist oder mit jemandem ins Bett geht.

Eine weitere kurze, erstaunlich erotische Überraschung ist in Raj Kamal Jhas quälenden und traurigem Erstling, *The Blue Bedspread*, aus dem Jahr 1999, zu finden. Junge Liebende in Kalkutta, die sich nirgendwohin zurückziehen können, gehen ins Kino, um miteinander intim zu werden. Die Frau trägt einen Rock; sie sitzen in der hintersten Reihe.

> Als der Vorspann zu laufen beginnt, bewegen sich meine Finger ihr Bein hinauf. Ihre Haut ist glatt bis dorthin, wo sie nach ihrem Bad die Creme verteilt hat. Als der Name des Musik-Direktors auf der Leinwand erscheint, spüre ich, wie sich ihre Beine zusammenpressen, wie ihre Beine nachgeben.
>
> Ich schiebe meine Finger tief hinein, durch die Wärme, durch die Nässe. Und als sie hineingleiten, schreibe ich I L-O-V-E Y-O-U an die Innenwand in ihr, Buchstabe für Buchstabe. Als ich zum zweiten O komme, zittert sie.

Eine der erotischsten sexuellen Begegnungen der gesamten Literatur, eine Szene aus *Madame Bovary*, hat seine ganz eigene, einzigartige Überraschung: In dieser Szene sehen wir überhaupt nichts von den sich leidenschaftlich Liebenden, sondern nur eine von Pferden gezogene Kutsche, die schwankend und ächzend durch die Straßen der Stadt Rouen des neunzehnten Jahrhunderts donnert – vorangetrieben von der Heftigkeit der sexuellen Vereinigung, die im Inneren stattfindet.

Betrachten wir etwas gewöhnlichere Überraschungen, die sich gute Autoren haben einfallen lassen, um ihren Liebesszenen mehr Tiefe und Substanz zu verleihen. Manchmal sind die Überraschungen so subtil, dass wir uns ihrer gar nicht bewusst sind. Die Liste besteht aus einer breiten Vielfalt an Kategorien und manche Beispiele lassen sich eindeutig in mehrere Kategorien einordnen. Wenn Sie selbst lesen und schreiben, werden Sie sicher auf eine Menge anderer Überraschungen stoßen.

ÜBERRASCHUNG DER HANDLUNG: Es geschieht etwas, das unsere Aufmerksamkeit vom Orgasmus oder dem technischen Aspekt des Aktes ablenkt. Das Ereignis kann überaus dramatisch sein (wenn zum Beispiel der gehörnte Ehemann im Moment der Wahrheit aus dem Schlafzimmerschrank springt) oder ganz unspektakulär wie in der Szene aus Updikes *Bessere Verhältnisse*, in der die Frau während des Aktes mit ihrem Mann einschläft.

ÜBERRASCHUNG DER REDE: Die Figuren sprechen während des Liebesspiels, was ebenfalls die Aufmerksamkeit von den vorhersehbaren Techniken des Aktes ablenken kann. Wie jeder guter Dialog sollten auch Gespräche in diesem Szenario einem Zweck dienen, der unmittelbar mit den Figuren und der gesamten Geschichte verknüpft ist. Aus dem, was die Protagonisten während der Liebe zueinander sagen, sollte man etwas über sie selbst oder über die Gegebenheiten, die sie ins Bett geführt haben, erfahren. In Scott Turows *Aus Mangel an Beweisen*, erinnert sich die Hauptfigur Rusty Sabitch an seine stürmische, verbotene Affäre mit Carolyn Polhemus, die er ermordet haben soll. Er erzählt uns an einer Stelle seiner Erinnerungen, dass sie immer »umherschweifte, meinen Penis in den Mund nahm, von ihm abließ und ihre Hand über mein Skrotum gleiten ließ, um mit dem Finger in das Loch da einzudringen.« Dann fragte sie: »Macht Barbara [seine Frau] so was für dich?« Rusty begreift diese Frage als einen geschickten und entwaffnenden Zug in ihrem Machtkampf, der ihn demütigt und bloßstellt. Carolyn »konnte meine Frau in unser Bett holen und zu einer weiteren Zeugin dafür machen, wie sehr ich gewillt war, mich aufzugeben«, erzählt Rusty. Später, als Carolyn Rusty dazu auffordert, mit ihr Analsex zu machen, wiederholt sie die Frage, was sehr viel über ihr Geschick, ihn zu manipulieren und sein schlechtes Gewissen über den Betrug an seiner Ehefrau auszunutzen, verrät.

ÜBERRASCHUNG DER ABLENKUNG: Eine Figur wird durch jemanden oder etwas abgelenkt. Ein Geräusch, das ein Kind im Zimmer über ihr macht, die Tränen des Partners, ein Gegenstand, der sich in der Nähe befindet, ein störender Gedanke.

ÜBERRASCHUNG DER EINSICHT: Die Beschreibung einer sexuellen Vereinigung beinhaltet eine Einsicht oder eine wichtige Beobachtung. Noch einmal Rusty Sabitch, der zugibt, dass er »nach siebzehn Jahren Treue in der Ehe und, um des Friedens im häuslichen Leben willen, unterdrückten Regungen, konnte ich nicht fassen, dass ich nun hier war, dass meine Fantasien wahr geworden waren ... hier im Land jenseits der Zurückhaltung, gerettet vor den gleichförmigen, sich langsam drehenden Rädern meines Lebens. Jedes Mal, wenn ich [in Carolyn eindrang], fühlte ich mich, als würde ich die Welt zerteilen.«

ÜBERRASCHUNG DER SPRACHE: Da wir über die Sprache erschaffen, nicht mit Öl oder Wasserfarbe, muss die notwendige Überraschung nicht unbedingt durch eine unerwartete Wendung der Ereignisse herbeigeführt werden, sondern kann in einer unerwarteten Wende im Ausdruck bestehen. Dabei sollte das Ziel nicht darin liegen, verbale Kunstgriff anzuwenden oder besonders clever zu schreiben, sondern eine Originalität in Sprache und Metaphern zu erreichen, die die Aufmerksamkeit fesselt – und Wörter zu finden, die besonders eloquent ausdrücken, was wir sagen wollen. Bringen Sie Ihre Leser dazu, das zu fühlen, was die Figur im gegebenen Augenblick fühlt, ob es sich um Erregung, Aufregung, Melancholie, Angst oder Widerwillen handelt. Die Überraschung der Sprache in ihrer treffendsten, einfallsreichsten, metaphorischsten Form zwingt den Leser dazu, über Sex auf eine Weise nachzudenken, die er noch nie in Betracht gezogen hat. Wie zum Beispiel, wenn James Salter in *Ein Sport und ein Zeitvertreib* von seinen Liebenden, Dean und Anne-Marie, sagt: »Er küsst ihre Seite und beginnt dann, ohne Druck, wie man seine Lieblingsstute ermuntern würde, von neuem. Sie erwacht mit einem leisen, erschöpften Laut zum Leben, wie jemand, der vor dem Ertrinken gerettet wurde.« Später, als sie sich lieben, heißt es: »Sie beginnt, mit den Hüften zu kreisen, aufzuschreien. Es ist, als würde man einer Verrückten dienen.«

In der folgenden Beschreibung aus *Auf den Körper geschrieben* der englischen Romanschreiberin Jeanette Winston, sind wir uns der Gegenwart der Autorin – die diese Vielzahl der Metaphern erschaffen hat – sehr bewusst, doch anstatt den Leser zu distanzieren, wird er durch Lebendigkeit und Treffsicherheit der Bilder sowie durch die aktive Beteiligung des »Ich« in das reiche und sinnesfreudige Liebesleben des Protagonisten gelockt. Achten Sie auf die Steigerung der Metaphern, in denen zuerst von Tieren (Katzen und Pferde) die Rede ist, dann vom Unterwasserleben und die schließlich in die Gezeiten münden, wobei letztere auf die sinnlichen, rollenden Bewegungen und das vorhersehbare Ansteigen und Abebben anspielt – auf den Kreislauf, den wir sowohl in der Natur als auch in der Lust finden können.

> Sie biegt ihren Körper durch wie eine Katze, die sich streckt. Sie wühlt ihre Möse in mein Gesicht wie ein Fohlen, das seine Nase am Tor schubbert. Sie riecht nach Meer. Sie riecht wie die kleinen Teiche zwischen den Felsen, als ich ein Kind war. Ich beuge mich herunter, um das Salz zu schmecken, um mit den Fingern den Rand entlangzufahren. Sie öffnet und schließt sich wie eine Seeanemone. Sie ist jeden Tag aufs neue erfüllt mit Fluten des Verlangens.

In einem Beispiel, das sich stark von dem vorherigen unterscheidet, ist die Sprache so karg und aufs Wesentliche beschränkt, dass es einem so vorkommt, als würde man einen Erlebnisbericht lesen. In dieser Szene aus *Home*, einer frühen Kurzgeschichte der Autorin Jayne Anne Phillips fühle ich mich der erzählenden Person und dem Traum, über den sie spricht, so nah, dass sich in mir jedesmal alles zusammenzieht, wenn ich die Story lese. Es handelt sich um eine junge Frau, die gerade ihren College-Abschluss hinter sich gebracht hat und nun zwangsweise bei ihrer geschiedenen, schon ziemlich betagten Mutter lebt. Obwohl die junge Frau schon verschiedene Liebhaber gehabt hat, ist sie noch nie zum Orgasmus gekommen. Sie erinnert sich an einen Traum:

> In einem Traum kommt mein Vater zu mir. Er kniet sich neben mich, berührt meinen Mund. Er dreht mein Gesicht sanft zu sich.
> Lass mich sehen, sagt er. Lass es mich sehen.

Er sucht nach einer Narbe, nach einem Mal. Er trägt nichts als ein Handtuch um die Hüften. Er presst sich gegen meinen Schenkel, gibt vor, besorgt zu sein. Aber ich weiß, was er tut; ich drehe angewidert meinen Kopf weg und versteife mich. Er riecht nach säuerlichem Moschus und seine Unterarme sind schwarz von Haaren. Es ist Jahre her, dass er eine Erektion gehabt hat, denke ich.

Endlich steht er auf. Bedeck dich, sage ich zu ihm. Ich kann nicht, sagt er, ich bin hart.

Dort endet die Szene, quasi mit einem weißen Fleck, in dem die Worte »Ich bin hart« unheilverkündend in der Luft hängen und uns so verstört zurücklassen wie die Ich-Erzählerin, die den Traum hatte. Obwohl sie uns nicht verrät, ob dieser Traum ein wahres Missbrauchserlebnis widerspiegelt, spüren wir eine sexuelle Störung in dieser Familie, auf die ihr Unvermögen, eine befriedigende sexuelle Beziehung zu erleben, zurückzuführen sein könnte. Die Sprache in dieser Szene ist so direkt und unausgeschmückt, dass es sich beinahe so anfühlt, als würden wir diesen Vorfall selbst erleben, diesen Traum selbst träumen.

Was interessant ist an diesem Traum, ist die Tatsache, dass es sich nicht um eine simple Darstellung von Täter und Opfer handelt. Es ist weder die Annäherung des Vaters, die einem den Atem nimmt, noch ihre Ablehnung, sondern das, was *danach* passiert. Denn anstatt ihren Abscheu vor dem, was passiert, auszudrücken – obwohl sie, wie wir wissen, Abscheu empfindet –, wirkt sie plötzlich eher wie ein erwachsener Sex-Partner, weniger wie ein Opfer, als sie denkt: »Es ist Jahre her, dass er eine Erektion gehabt hat.« Statt ihm zu sagen, dass er aus ihrem Zimmer und am besten gleich aus ihrem Leben verschwinden soll – was eine erstklassige Zurückweisung wäre –, wählt sie die auslegungsfähigen Worte: »Bedeck dich.« Als wollte sie damit eigentlich ausdrücken, »Ich will, dass du bleibst, aber ich will keinen Beweis für dein Verlangen nach mir sehen.« Indem sie ihm keinen direkten Korb gibt, akzeptiert sie in gewisser Hinsicht ihr eigenes Verlangen, ihre eigene Erregung. Und das verstört sie und uns genauso wie der Missbrauch des Vaters.

Überraschungsmenü: Philip Roths Skandalerfolg *Portnoys Beschwerden* enthält eine Szene, die so gut wie jede Überraschung anspricht, die man sich als Heranwachsender und Autor vorstellen kann. Teenie Alex Portnoy, der ein fanatischer Onanist ist, geht mit ein paar Freunden zu einer Prostituierten, nachdem ihm der Kumpel, der den Ausflug organisiert, gesagt hat, dass sie da alle eine Nummer schieben können.

Doch weit entfernt davon, seine Jungfräulichkeit zu verlieren, landet der junge Portnoy bei einer müden Nutte namens Bubbles, die eigentlich nach Hause will. Sie weigert sich, für ihn noch etwas anderes zu tun, als ihm einen runterzuholen. Als sie einmal angefangen hat und feststellen muss, dass es eine Weile dauern kann – »Es ist, als würde sie eine Qualle wichsen«, gibt er zu –, verschärft sie die Bedingungen, indem sie sagt, dass er nur fünfzig Sekunden Zeit hat, fertig zu werden. Die einzige Methode, mit der er sich selbst scharf machen kann, ist, an Masturbation zu denken. Aber als er endlich kurz vor dem Orgasmus steht, sagt sie: ‚Okay, das war's ... fünfzig‘, und *hört auf*!« Er bettelt um ein paar zusätzliche Sekunden. »Hör mal, ich hab schon zwei Stunden geschuftet, bevor ihr Jungs überhaupt hergekommen seid...« Sie gibt nicht nach. »Woraufhin ich, unfähig (wie immer), den Frust – den Fehlschlag und die Enttäuschung – zu ertragen, nach unten greife, zupacke, und BUMM!« Er ist nicht nur gezwungen, es selbst zu machen – »Ich frage Sie, wer holt mir so gut einen runter wie ich es selbst tue?« –, sondern erlebt auch noch eine unwürdige Peinlichkeit, als »der Strahl ... mit einem dicken, feuchten, brennenden Platsch direkt in meinem Auge landet.«

Beinahe jede Zeile in dieser Szene bietet etwas Unerwartetes, und es wird immer abstruser. »Du verdammter Itzig«, kreischt Bubbles. »Du hast die Suppe auf die ganze Couch gespritzt! Und an die Wände! Und an die Lampe!« Portnoy ist momentan nicht nur besorgt darüber, blind zu werden, sondern hadert auch mit der Tatsache, als Itzig bezeichnet worden zu sein. Und so geht es weiter und weiter. Roth gelingt es, das Klischee des heranwachsenden Jungen, der seine ersten Erfahrungen bei einer Hure sammeln will, in eine vielfältige, zum Brüllen komische Szene zu verwandeln, die uns wieder zum Hauptthema des Buches zurückführt: Nämlich zu seinem ganz persönlichen Ringkampf zwischen der Verpflichtung, ein guter Jude und ein guter jüdischer Sohn zu sein, und dem Wunsch, sich so unartig zu benehmen, wie die erwachende Libido es verlangt.

4

AIDS IN DER LITERATUR
Was hat sich seit 1995 verändert?

»Seit dem 5. Juni 1981 hat AIDS 438.000
Amerikaner und beinahe 22 Millionen Menschen
weltweit ... getötet. In diesem Land sind laut
offiziellen Schätzungen 900.000 Menschen
H.I.V.-positiv ... Jedes Jahr werden ... 40.000
Amerikaner mit dem Virus infiziert. Weltweit
waren es im letzten Jahr 5,3 Millionen.«

New York Times
20 Jahre AIDS, 3. Juni 2001

I n dieser Diskussion sind Zahlen von großer Bedeutung. Als ich dieses Kapitel für die zweite Auflage des Buches noch einmal durchging, war es auf die Woche genau zwanzig Jahre her, seit die ersten offiziellen Nachrichten über die Krankheit, die bald darauf AIDS genannt wurde, herausgegeben wurden. In jener Woche waren die Zeitungen und Radiosendungen voll mit Zahlen, Interviews, Zukunftsaussichten, geschichtlichen Abrissen, Zusammenfassungen der schlechten Nachrichten ... und mit der bitteren Erkenntnis, wie wenig gute Neuigkeiten es zu berichten gibt. Aber die wichtigste Nachricht im Jahr 2001 war die Feststellung, dass AIDS zu einer unausweichlichen Tatsache unseres Lebens geworden ist, ohne – wie vor einigen Jahren noch – das Todesurteil zu bedeuten. »AIDS hat in Amerika alles verändert«, so stand es vor einiger Zeit in der *New York Times*. Und selbst diejenigen von uns, die nicht infiziert sind und nicht zu einer »Risikogruppe« gehören, können recht gut zusammenfassen, *was* sich geändert hat. Als ich vor sechs Jahren die erste Version dieses Kapitels schrieb, hätte ich den Ausdruck »Risikogruppe« vermutlich nicht in Anführungszeichen gesetzt, da es damals noch eine ziemlich deutliche Trennung zwischen den Menschen, die gefährdet waren, und denen, die nichts zu befürchten hatten, gab. Heute wissen wir, dass alle Bevölkerungsgruppen gefährdet sind, dass jeder von uns gefährdet ist; vielleicht sind wir nicht durch direkte Ansteckung betroffen, wohl aber dadurch, dass viele von uns jemanden – ein Geschwister, ein Kind, ein Elternteil oder einen Freund – kennen, der infiziert ist.

Als ich mich darauf vorbereitete, die erste Ausgabe dieses Buches zu verfassen, war die Literatur, die im Bewusstsein der Existenz von AIDS geschrieben wurde, vor allem voller Kummer, Wut und fassungslosem Erstaunen über den Schrecken und die Ausmaße dieser Krankheit – über die Tatsache dieser Krankheit selbst. Obwohl die neueren Texte nicht weniger Elend ausdrücken, sind die Obertöne durch eine Kombination von Fakten, Resignation und den bahnbrechenden Erfolgen in der Medizin abgemildert worden; diese Aspekte haben den Tenor der Geschichten verändert und Raum geschaffen, neben der Beschreibung des unvermeidlichen Krankheitsverlaufs auch andere Themen anzusprechen.

Obwohl AIDS Millionen von Menschen der unterschiedlichsten Bevölkerungsgruppen betroffen haben, sind die Leiden der Krankheit und der Kampf ums Leben in der Literatur hauptsächlich von homosexuellen Weißen aufgezeichnet worden. (Aus diesem Grund habe ich in diesem Kapitel die Trennung zwischen Schwulen- und Hetero-Prosa gemacht.) Und dies nicht allein deshalb, weil sich AIDS anfänglich scheinbar auf die Schwulengemeinde konzentrierte und dort besonders grausam wütete, sondern auch, weil homosexuelle Weiße im Gegensatz zu anderen besonders stark betroffen Gruppen (Drogenabhängige, Minderheiten und Arme) sehr oft wohlhabend und gebildet sind: Intellektuelle unserer Gesellschaft, unter denen sich auch sehr viele Schriftsteller befinden. Ihre Arbeit hat ein spezielles Genre geschaffen – die AIDS-Literatur – die untrennbar mit der Gesamtheit der Schwulenliteratur verbunden ist, wie die Holocaustliteratur untrennbar mit der Geschichte und Literatur der Juden im zwanzigsten Jahrhundert verbunden ist.

Das Sexualverhalten ist immer schon ein wesentlicher Bestandteil der Schwulenliteratur gewesen – ein Ausdruck der Befreiung, die durch den Stonewall-Aufruhr und die sexuellen und politischen Revolutionen der 60er und 70er Jahre ermöglicht wurde. AIDS hat das aufrichtige Schreiben über Sex sogar noch notwendiger gemacht, als es damals zur Feier der neuen Freiheiten und als Akt der Rebellion gewesen ist.

Da AIDS eine Krankheit ist, die durch sexuellen Kontakt übertragen werden kann, sind die Ansichten und Animositäten, die das Thema erzeugt, explosiv – und zwar im wahren Leben wie in der Fiktion und innerhalb und außerhalb der Schwulen-Gemeinde.

Einen hitzigen Disput löste das Erscheinen von Saul Bellows *Ravelstein* aus, eine fiktionale Hommage an seinen Freund Allan Bloom, den Gelehrten der University of Chicago und Autor von *Der Niedergang des amerikanischen Geistes*, der 1992 starb – wahrscheinlich an AIDS. In Bellows Buch wurde Blooms Homosexualität erstmals öffentlich. Die Figur des Ravelstein drängt die Erzähl-Person des Romans, seine Geschichte zu erzählen, sobald er tot ist; aber selbst Blooms vermeintliche Komplizenschaft beim »Outen« seiner Person verhinderte nicht, dass sich Konservative ausgesprochen unwohl fühlten, als sie hörten, dass eins ihrer Vorbilder nicht nur schwul, sondern auch ein AIDS-Opfer war. Und nicht wenige fanden, dass Bellow Blooms Privatsphäre verletzt hatte, indem er die Tatsachen öffentlich gemacht hatte, obwohl Bloom augenscheinlich seinen Segen dazu gegeben hatte.

Böses Blut gab es in der Schwulengemeinde, als Larry Kramer, Autor, Drehbuchschreiber und Aktivist, in *Sex and Sensibility*, einem langen Essay, der in *The Advocate* (27. Mai 1997) erschien, schwule Autoren und Künstler dazu aufforderte, »eine neue Gesellschaft zu kreieren, die sich nicht so jämmerlich auf unsere Besessenheit in Bezug auf unsere Penisse und ihre Verwendung beschränkt und konzentriert.« Im Wissen, dass das, was er da schrieb, politisch unkorrekt war, sagte Kramer, er habe »die Sex-Literatur satt«, und bezeichnete Edmund Whites gerade erst erschienenen Roman *Abschiedssymphony* als »unverantwortlich«, wegen der »gesichtslosen, nicht zu unterscheidenden Stücke Fleisch, die diese fünfhundert Seiten beschmutzen«. Er fuhr fort mit den Worten: »Es ist mir unmöglich zu glauben, dass dieses Buch wirklich das darstellt, was AIDS für Edmund repräsentiert, dass dies die Art von Tribut ist, die er seinen verstorbenen Freunden und Liebhabern hinterlassen möchte, oder dass dies tatsächlich alles ist, was ihm jene Autoren, die wir am meisten geschätzt und respektiert haben, bedeutet haben sollen.«

Edmund White erzählte mir später in unserem Interview, dass er sich von Kramer verraten und falsch dargestellt fand. Auf die Gefahr hin, dass ich mich selbst Angriffen aussetze, würde ich argumentieren, dass in *The Farewell Symphony* mehr steckt als nur die sexuellen Großtaten des Protagonisten, denn dieser verfügt über eine brillante Intelligenz, Witz und einen Proust'schen Scharfblick.

Die Story spielt im New York der 70er, also im Prä-AIDS-Zeitalter und gibt, so wie ich es sehe, keinesfalls vor, entweder ein Tribut an Whites tote Freunde und Geliebte zu sein, noch umfassend darzustellen, was AIDS für White repräsentiert. Ein paar Jahre später veröffentliche er *The Married Man,* eine Geschichte über das langsame Sterben eines an AIDS erkrankten Franzosen, die aus der Sicht seines Geliebten, der ihn pflegt, erzählt wird. Die Story enthält sehr wenig Sex – und sehr viele Gespräche zum Thema Enthaltsamkeit unter den gegebenen Umständen. Ist dies vielleicht das politisch korrekte Buch, das White in Kramers Augen hätte schreiben sollen?

Eine Bemerkung Edmund Whites beleuchtet andere Dimensionen des alltäglichen persönlichen Konfliktes innerhalb unserer Gesellschaft:

> Ich wette, dass es wenig schwulen Sex gibt, der nicht von Scham überschattet wird. Ich denke, dass AIDS in dieser Hinsicht eine gewisse Erleichterung ausgelöst hat, denn für jene Menschen, die sich endlich an den Gedanken zu gewöhnen begannen, dass es doch ganz in Ordnung ist, schwul zu sein, war es, als ob das Auftauchen von AIDS ihnen sagte: »Nein, du hattest ursprünglich Recht. Sex ist schmutzig, Sex ist eine Seuche, du bist im Unrecht, es geht wider die Natur.« AIDS hat den erwachsenen Homosexuellen wieder in einen verunsicherten Heranwachsenden zurückverwandelt. Die Krankheit hat dafür gesorgt, dass man sich isoliert fühlt – als Ausgestoßener –, als ob man tatsächlich etwas Falsches tut.

Im größeren Zusammenhang betrachtet, scheint durch AIDS jeder Akt von schwulem Sex und jedes Textstück, das schwulen Sex enthält, eine politische und moralische Position abzustecken. Die Akzeptanz von Homosexualität steigt, wenn die Zahlen der H.I.V.-Positiven sinken. Einzelpersonen beurteilen und verurteilen andere wegen ihrer sexuellen Entscheidungen: Safer Sex kontra Unsafe; der feste Geliebte kontra Sauna.

Ironischerweise geben die politischen und moralischen Vielschichtigkeiten der Homosexualität dem Schreiber, wie ich es sehe, klarere Richtlinien für das, was er in einer Sex-Szene ausdrücken kann und sollte. »Bei Gay-Sex«, bemerkt David Bergman, Herausgeber von *Men on Men*, einer jährlich erscheinenden Sammlung kurzer Prosatexte, »ist es zwingender, über die Besonderheiten zu schreiben, weil es keine Möglichkeit der Enthaltung gibt. Man kann unmöglich schon vorher wissen, was die Figuren tun werden. Wie sie es tun, ist so stark beeinflusst durch die Art, wie wir leben, dass man es unbedingt erklären muss. Schwule Texte, die sich damit nicht auseinandersetzen, enthalten dem Leser Erfahrungen vor.«

▶ Die Tatsache, dass die Figuren H.I.V.-positiv sind, ist relevant, wenn nicht entscheidend. Diese Tatsache kann schon lange, bevor die Liebesszene stattfindet, angedeutet oder deutlich ausgesprochen worden sein.

▶ Wie die Figuren zu ihrem Status und AIDS selbst stehen ist relevant für die Liebesszene. Infiziert oder nicht infiziert? Sind sie unbekümmert, gehemmt, traurig – oder alles gleichzeitig?

▶ Welche emotionalen Faktoren sind ausschlaggebend für die Entscheidungen, die eine Figur im sexuellen Bereich trifft? Welche Gedanken und Taten werden ausgelöst, wenn die Figuren sich entschieden haben, wie sie Sex haben wollen, ihre Pläne jedoch mittendrin durchkreuzt werden oder sich ändern?

DIE SCHWULEN-GEMEINDE

Die folgenden beiden, sehr unterschiedlichen Beispiel demonstrieren, welche Bandbreite an Möglichkeiten Autoren haben, wenn sie über schwule sexuelle Begegnungen schreiben.

Der Charakter der Stories in Andre Hollerans Sammlung *In September, the Light Changes*, ist, wie der Titel vermuten lässt, nachdenklich, auf ruhige Art eindringlich und sehr scharfsichtig. Viele Geschichten streifen am Rande den Aufruhr, für den AIDS gesorgt hat, obwohl die Figuren hier offstage sterben und die Hinterbliebenen vor allem über zwei Fragen nachdenken: »Was mache ich, wenn ich krank werde?« und »Was mache ich mit sechzig, wenn nicht?« *(Sunday Morning in Key West)*. Die Geschichten beinhalten nicht viel Sex, obwohl sie mit Sehnsucht und dem Bedürfnis nach Trost durchsetzt sind. In *Petunias* ist es ein Kuss, der für Intimität sorgt.

Der vierundvierzig Jahre alte Morgan ist nach achtjähriger Abwesenheit, währenddessen er im Süden war, wieder zurück auf Fire Island und bekommt einen Job bei einem Freund, der ein Restaurant führt. Dort verliebt er sich in einen jungen Kellner. Auch wenn nichts von den Prämissen ungewöhnlich ist, so sind es doch die Details der Story, der Witz der Sprache und die Tiefe der beschriebenen Gefühle. Auch nicht gewöhnlich sind Morgans Lebensumstände – er ist unverheiratet und hat eine Entziehungskur hinter sich, nachdem er sein Geschäft in New Orleans durch das Trinken und durch Steuerprobleme verloren hat – sowie die Gewohnheiten des jungen Kellners, Ryan, der in seiner Freizeit entweder in der kargen Kellnerunterkunft Thomas Mann liest oder seine

Großmutter auf Long Island besucht. Während der Rest der Schwulengemeinde in Fire Island feiert, stellen die beiden fest, dass ihre Gespräche eine gegenseitige Bereicherung sind. Während sie sich unterhalten, zupft und schneidet Morgan die abgestorbenen Blätter von den Petunien in den Töpfen am Pool ab; die Blumen beginnen prächtig zu gedeihen und stehen stellvertretend für die Zuneigung, die sich zwischen den beiden Männern entwickelt.

Eines Abends sprechen sie es endlich aus. »Meine Gefühle für dich sind unangemessen geworden«, sagt Morgan zu dem Jüngeren – ein Satz, der auf dieser Insel des sexuellen Überflusses reichlich altmodisch wirkt. Aber Ryan empfindet dasselbe. Was sie anschließend tun, ist – nach den Maßstäben, die auf dieser Insel gelten – ebenfalls sehr ungewöhnlich:

Sie küssten sich und hielten einander drei Stunden fest. Er küsste Ryan mit all der aufgestauten Begierde und Sehnsucht, mit dem Gedanken an den Entzug, die erduldete Einsamkeit, die Angst, das Leiden der Freunde, den Verlust von fast jedem, den er geliebt hatte, mit der Freude, dass dies noch möglich war, dass es existierte, dass es immer noch da war... [Er] küsste ihn hungrig ... nach all den Jahren des Exils und der Krisen, des zerstörten Vertrauens, das nun wiederbelebt worden war.

Nicht lange danach erzählt Morgan seinem Freund Girard, dass Ryan und er jeden Abend hinter das Restaurant gehen, sich dort auf eine Matte legen und sich küssen. Ryan verlangt nicht mehr. Girards Antwort: »Willkommen in den Neunzigern.«

Die Story funktioniert durch die Konflikte, die durch Gegensätze geschaffen werden: Der ältere und der jüngere Mann; Nüchternheit und Enthaltsamkeit auf Fire Island; zwei Erwachsene, die nichts tun außer sich zu küssen.

Die Schönheit und Zartheit der Blumen spiegeln die Schönheit und Zartheit dieser Liebe wider. Der erste Kuss hat für Morgan eine echte Bedeutung: Es ist das erste Mal seit Jahren, dass er sich getröstet fühlt, dass er den Eindruck hat, die Last der immensen Verluste und Probleme würde von seinen Schultern genommen werden.

Die sexuell aufgeladenen Atmosphäre von William J. Manns Roman von 1997, *The Man from the Boys*, könnte sich nicht stärker von *Petunias* unterscheiden. Es ist eine Geschichte über Familien und über Generationen – über Familie im ursprünglichen Sinne und über die Familien, die schwule Männer in ihrem Bemühen um Abgrenzung ihres Lebens und ihrer Identität bilden. Die Story, die in Boston und Provincetown 1994 und 1995 spielt, handelt von dem zweiunddreißigjährigen Jeff O'Brien, den der Gedanke nicht mehr loslässt, mit zunehmendem Alter immer weniger begehrenswert zu sein. Er und sein Liebhaber Lloyd, der bei ihm wohnt, sind beide H.I.V.-negativ – den letzten Test haben sie allerdings vor Jahren machen lassen. Beide schlafen auch mit anderen: Jeff hat One-Night-Stands oder kurzfristige Affären, Lloyd dagegen zieht, wie er sagt, »bedeutungsvolle Begegnungen« vor. »Lloyd findet die Seele, ich finde den Schwanz.« Eines Abends bekommt Jeff von einem Fremden einen Korb, und nachdem ihn kein anderer anbaggert, verlässt er die Bar und macht sich im Stil von Provincetown auf die Suche nach Spiel und Spaß. Schließlich landet er an der letzten Zuflucht für Sex-Suchende, dem »Dick Dock«.

Es ist schwer, etwas durch den Dunst zu erkennen. Hier, am Rand der Bucht, ist er wie Dampf ... Ich kann nicht einmal das Wasser sehen ... Schließlich erkenne ich, keinen halben Meter entfernt, eine Ansammlung von Körpern, die, wie Rudelwichsen unter Jungs in ihrem Clubhaus, einen Kreis bilden. Doch in der Mitte des Kreises befindet sich ein Mann, der sich mühsam auf Knien über den nassen Sand bewegt, von Schwänzen umzingelt wie von den Speeren der Conquistadores. Der Traum jeder Schwuchtel, und lassen Sie sich ja nicht einreden, dass dem nicht so ist.

Ich spüre eine Hand in meinem Schritt. Ich drehe mich um und stehe einem Gesicht gegenüber. Es ist nicht unattraktiv, aber schwer einzuordnen. Alt, jung. Ich weiß nicht. Montreal, New York, Boston – wen interessiert's? Denn im nächsten Augenblick ist er auf den Knien, befreit mein Ding aus der Hose und lutscht daran so schnell, wie er kann. Er hat irgendwas genommen, da bin ich sicher ... Mein Schwanz schwillt jetzt an, bereit, abzuspritzen. Ich versuche, ihn rauszuziehen, aber er hält mich fest, und ich komme, obwohl ich nicht will, ejakuliere in seinen Rachen, so wie ich es vor über zehn Jahren oft getan habe ...

Ich brauche einen Moment, um mich zu sammeln, um das Herz in meinen Ohren zum Verstummen zu bringen. Er hat *geschluckt*. Das ist mir in zehn Jahren nicht mehr passiert. Ich war immer so verdammt gut, so ein verdammtes Vorbild, hab mich aus dem Mund der Jungs gezogen, kurz bevor ich kam. So habe ich's mit Javitz gemacht, auch mit Lloyd: Ich hab nie ihr Sperma probiert und sie nie meins. Seltsam, nicht wahr, dass ausgerechnet dieser gesichtslose Mann am Dick Dock etwas von mir bekommt, was die beiden nicht bekommen haben. Aber vielleicht ist das wieder so eine Generationsgeschichte ... Lloyd und ich: Wir hatten unser Come-out gleichzeitig mit dem Virus und sind sofort mit diesen höllischen Safer-Sex-Pamphleten bombardiert worden, die uns sagten: *Tu's und stirb!*

Ich denke über den Mann auf Knien nach. Es war *seine* Entscheidung, sage ich mir. Und außerdem bin ich negativ. Oder war's jedenfalls das letzte Mal, als ich den Test gemacht habe.

Diese Szene verrät uns, was vermutlich überall auf Fire Island passiert ist, während Morgan und Ryan sich am Pool in *Petunias* geküsst haben. Doch diese zweite Szene ist sprachlich eindeutig, direkt und beinahe im journalistischen Stil verfasst: Nichts wird der Fantasie überlassen, weder körperliche Vorgänge, noch die Gedanken der Hauptfigur. Sie beschreibt eine Gesellschaft, in der die Menschen jede Nacht Russisch Roulette spielen, in der Sex und Tod um den besten Platz auf der Bühne ringen. Hier, in dieser Szene, gewinnt der Sex – obwohl Jeff, als er schließlich nach Hause geht, sehr gut weiß, dass der Tod sich durchsetzen könnte.

DIE HETERO-GEMEINDE

Als ich 1996 die erste Ausgabe von *Erotik Schreiben* promotete, fragte mich eine Frau, wie es möglich sei, ohne dass es peinlich würde, über ein Paar zu schreiben – wobei sie ein Hetero-Paar meinte –, das gleich miteinander schlafen will und vorher noch *darüber* reden muss. Meine Antwort lautete damals, dass das *Darüber-Reden* selbst peinlich sei – man muss inmitten der anregenden Aktion innehalten, um sich über Geburtenkontrolle zu unterhalten, was die Stimmung empfindlich stören kann –, dass man die Peinlichkeit jedoch sehr gut in die Liebesszene einbauen könne, wie es Peter Carey so einfühlsam in dem Beispiel tut, das in der ersten Ausgabe meines Buches veröffentlicht wurde. Die Antwort im Jahr 2001 lautet, dass das peinliche Gespräch heutzutage weit weniger peinlich ist, da wir uns daran gewöhnt haben; wir alle haben weniger Hemmungen in Bezug auf das Thema, weil wir um die Gefahren von AIDS wissen.

Diese veränderte Einstellung hat sich auch in die Heteroprosa geschlichen, ob es sich bei den Figuren nun um College-Studenten handelt oder um gut situierte Verheiratete im mittleren Alter, die mit einem oder einer Ex ein bisschen harmlosen Ehebruch betreiben.

Wenn die Studentin in Francine Proses *Durchtrieben* mit ihrem Lehrer ins Bett geht, wird kein Wort über AIDS oder Kondome gesagt. Die junge Frau greift einfach ganz locker in die Nachttischschublade und zieht das kleine eingeschweißte Päckchen heraus, das der verheiratete, ältere Mann, dessen Generation mit etwas Derartigem wenig vertraut ist, zuerst für einen Teebeutel hält. »Das ist eben der Sex der Neunziger«, denkt er, »und wie gut, dass Angela so umsichtig ist. Nicht, dass sie bei Swenson irgendwas zu befürchten hätte. Aber wer weiß, was *sie* so getrieben hat?« Dann fragt er sich, ob das Kondom wohl seine Erektion beeinträchtigt und erinnert sich an die Zeit, als *er* derjenige war, der ein Kondom dabei hatte. »Müssen sich so nicht damals die Mädchen gefühlt haben, als Swenson noch auf der High School war und, inmitten spontanem leidenschaftlichen Geknutsche, der Freund plötzlich ein in kühler Berechnung vorher besorgtes Gummi hervorzauberte?«

Prose integriert das Kondom und seine – damalige wie heutige – Bedeutung, indem sie es Angela ganz selbstverständlich aus der Schublade holen und Swenson in Gedanken in seine Jugend abschweifen lässt.

In Alexandra Marshalls *Hochzeitsbilder*, landen ein Exmann und eine Exfrau, beide wieder verheiratet, zusammen in einem Hotelbett, nachdem sie sich auf der ein ganzes Wochenende dauernden Hochzeit eines ihrer Kinder wiedergetroffen haben. Obwohl die beiden im Plauderton über das Thema Safer Sex reden, versuchen sie doch, sich gegenseitig auszuhorchen, wie sicher ihr Sex denn nun wirklich sein wird. Er hat kein Kondom dabei, sie auch nicht. Doch durch ein paar direkte Fragen, erfahren sie, dass keiner von beiden vom jeweiligen Ehebett abgeschweift ist und alle Beteiligten davor ziemlich vorsichtig gewesen sind. Dennoch: »Gail würde ihm vertrauen müssen, wie sie es früher getan hatte.« Selbst in dieser etwas steifen, größtenteils monogamen Schicht der oberen Mittelklasse ist das Darüber-Reden zu einem festen Bestandteil des Vorspiels geworden.

Für Ava Johnson, Hauptfigur aus *Zwischenstop in Idlewild* von Pearl Cleage, ist AIDS allerdings keine nur diffuse Angst. Seit ich bei der Arbeit zur ersten Aussage dieses Buches auf Charlotte Watson Shermans *The Touch* gestoßen bin, ist dies der einzige andere Roman um eine infizierte Frau, den ich gefunden habe. In diesem Fall handelt es sich um eine Afro-Amerikanerin, die einen Schönheitssalon in Atlanta besitzt. Das Buch wurde für Oprah's Book Club ausgewählt und ist zu einem nationalen Bestseller geworden, wodurch es H.I.V.-positive Frauen ins Rampenlicht rückte, wie es nie zuvor der Fall gewesen ist.

Das Buch ist politisch – es nimmt die Heuchelei und die Kleingeistigkeit der Baptisten aufs Korn – und witzig; nicht gerade das, was man bei diesem Thema erwartet. Als Ava erfährt, dass sie infiziert ist, überlegt sie, bei wem sie sich angesteckt haben könnte und schreibt Briefe an alle Männer, mit denen sie in den letzten Jahren geschlafen hat, um sie zu informieren. Einer dieser Briefe wird ihr zum Verhängnis: Eine wütende Ehefrau bekommt ihn in die Finger, stürmt in Avas Salon und posaunt die Tatsache, dass Ava AIDS hat, in die Welt hinaus. In der Folge bleiben die Kunden weg. Ava verkauft den Laden für eine lächerliche Summe und beschließt, nach San Francisco zu ziehen, wo das AIDS-Klima etwas liberaler ist. Auf ihrem Weg quer durch das Land legt sie einen Zwischenstop in einer Kleinstadt in Michigan ein, um ihre Schwester zu besuchen. Doch aus dem kurzen Besuch wird ein Daueraufenthalt: Ava verliebt sich in Eddie, den Nachbarn ihrer Schwester – ein Mann, der selbst eine bewegte Vergangenheit hat – und hilft ihrer Schwester, junge Frauen, von denen viele bereits als Teenager Mütter geworden sind, in Sachen Safer Sex, Finanzen und Lebensbewältigung ganz allgemein zu unterrichten. Die Versammlungen werden in der Baptisten-Kirche in der Nähe abgehalten.

Auf einer dieser Versammlungen bringen Ava und ihre Schwester eine Broschüre über AIDS, ein Paket Würstchen und Kondome mit, um den Gebrauch von letzteren zu demonstrieren und die Frauen dazu anzuhalten, die Anwendung zu üben. Mittendrin marschiert die fromme Frau des Priesters herein, fegt die Utensilien vom Tisch und brüllt:»Das ist das letzte Mal, dass ihr eine Chance gehabt habt, das Haus Gottes mit solchem Teufelswerk zu entweihen.« Von da an trifft man sich im Haus von Avas Schwester – und das mit rekordverdächtigen Besucherzahlen!

In der Zwischenzeit kommt Ava dem sanftmütigem Eddie näher, der Gemüse anbaut, gerne gut isst und Tai Chi praktiziert. An dem Abend, an dem er ihr erzählt, dass er zehn Jahre im Gefängnis saß, weil er im Drogenrausch zwei Menschen getötet hat, beschließt sie, dass sie ihm auch ihr Geheimnis anvertrauen kann. Sie tut das in einer wunderschönen, empfindsamen Szene, und es kostet sie viel Kraft. Denn obwohl der Roman mit gut gelauntem Humor durchzogen ist, wissen wir, dass sie sehr viel verloren und sehr viel gelitten hat, bis sie zu diesem Augenblick gekommen ist.

Und als sie endlich den Mut aufgebracht hat, ihm zu sagen, dass sie H.I.V.-positiv ist, überrascht er sie vollkommen, indem er ihre Hand nimmt, die Innenfläche küsst und sagt:»Das bedeutet also, dass wir Kondome benutzen müssen, richtig?«

Bei ihm hörte es sich an, als wäre es das Einfachste der Welt. Ich war so erleichtert, dass ich ihm am liebsten in die Arme gefallen wäre und ihn gebeten hätte, doch bitte die nächsten drei Tage noch meine Handfläche zu küssen, aber wir mussten die Sache erst ganz klären. Ich holte tief Luft und versuchte, ruhig zu bleiben.

Ich sagte, ja, wir müssten immer ein Kondom benutzen, und es gäbe da auch noch ein paar andere Dinge. Die Ansprache, die man sich bei diesen »Leben mit AIDS«-Workshops anhören musste, kam mir wieder deutlich ins Bewusstsein, und ich begann die Regeln zu zitieren, als hätte ich gerade meinen ersten Tag im Safer-Sex-Summercamp hinter mir ...

»Wie wär's, wenn du mir nicht erzählst, was ich alles *nicht* tun darf, sondern *was* ich tun darf, damit ich mich darauf konzentrieren kann ... Ich werde nichts tun, das du mir nicht erlaubt hast ... Kann ich dein Gesicht berühren? ... Kann ich deine Augen berühren? ... Kann ich deinen Mund berühren?

Können wir unsere Sachen ausziehen? ... Kann ich deine Brüste berühren?«
Und er koste und kuschelte und neckte und nuckelte und fühlte und fingerte
und seufzte und schaute, als ob er genauso lange auf diesen Augenblick
gewartet hätte wie ich. Und als er sah, dass es mich an die Schwelle eines
Ortes brachte, an dem ich wirklich sein wollte, beugte er sich über mich und
fragte auf die süßeste Art und Weise, ob er mit mir kommen dürfte, also
nahm ich ihn in meine Hände.

Dies ist ein wunderschönes Beispiel für eine Liebesszene, die von Bedeutung ist, die sich natürlich aus den Lebensumständen der beiden Figuren heraus entwickelt und die fest mit dem Stoff des Buches verwoben
ist. Für die erzählende Person ist wichtig, ausdrücklich über körperliche
Einzelheiten zu sprechen, da es so viele Regeln zu beherzigen gibt, die
beide auch wirklich beherzigen wollen. Das Tempo der Szene ist langsam und genüsslich; die Erzählerin gibt sich viel Mühe, den Leser miter-
leben zu lassen, wie viel Vergnügen sie beide trotz den Einschränkungen
des Safer Sex an ihrem Liebesspiel haben.

Wenn wir diese Szene lesen, vergessen wir – zumindest für den Augenblick – die Standardfrage zu stellen, die aus der Angst entstanden ist:
»Wie kann es noch Spaß machen, wenn man auf so viele Dinge achten
muss?« Genau *so*, antwortet Pearl Cleage, und exakt an diesem Punkt
sind wir jetzt im Jahr 2001 und werden es wohl noch für eine ganze
Weile bleiben.

Bei dem AIDS-Kapitel, das ich 1995 schrieb, lag der Schwerpunkt eher
auf frischem Schmerz und stiller Trauer, was weit treffender die Zeit
charakterisierte, in der es verfasst wurde. Ich nannte das Kapitel »Das
Ende der Tollkühnheit« und fügte einige Zeilen von Susan Sontags Kurzgeschichte *So leben wir jetzt* hinzu: »Er sprach niemals die Wahrscheinlichkeit an, dass es aus war, selbst wenn er nicht starb ... dass es vorbei
war, was immer geschehen würde, das Leben, das wir bisher geführt hatten ... das Ende der Tollkühnheit, das Ende der Torheit, das Ende des
Lebens in Zuversicht [war gekommen].«

DAS ENDE DER TOLLKÜHNHEIT (1995)

Eine Belletristik-Redakteurin eines nationalen Magazins berichtet mit einigem Missfallen, sie entdecke eine Vorliebe für Kurzgeschichten, in denen Paare, ausschließlich Hetero-Paare, sich entscheiden, nicht miteinander zu schlafen, weil sie kein Kondom haben, und der Abend schließlich mit harschen Worten und Vorwürfen ende. Das Gummi als Ausrede für den Abbruch einer geplanten sexuellen Vereinigung klingt in den Ohren der Redakteurin falsch – genau wie all die Geschichten mit weiblichen Hauptfiguren, die nicht, wie es im wahren Leben inzwischen oft der Fall ist, ihre eigenen Kondome dabei haben. Im Kontrast dazu, schreibt die Redakteurin weiter, ist das Fehlen eines Kondoms in der Schwulenliteratur kein Grund, um sich zu zanken oder sogar ein Date abzubrechen: In einer Gruppe, die durch AIDS dezimiert wurde, sind Safer Sex zwingend und kreative Lösungen für den Lustgewinn daher essentiell.

Und was bedeutet das, wenn wir ein paar Regeln für das Schreiben über Sex im Zeitalter von AIDS aufstellen wollen? Nun, zu aller erst bedeutet es, dass es sehr stark von der eigenen Einstellung zu der Krankheit abhängt, wie Sie und Ihre Figuren das Thema Sex *und* Safersex angehen. Homosexuelle Figuren und die hauptsächlich homosexuellen Autoren, die sie erfinden, leben in einer Umgebung, die in vieler Hinsicht von den verheerenden Auswirkungen von AIDS geprägt ist. Krankheit und Tod besitzen eine unausweichliche Unmittelbarkeit und betreffen sowohl Infizierte als auch Nicht-Infizierte. Die fiktionalen Personen – und ihre realen Gegenstücke – leben oft in Extremen und sind ständig gezwungen die Fusion von Liebe, Sex, Sterben und Trauer auszuloten.

Für die meisten Protagonisten in der Heteroliteratur, die bis zu diesem Zeitpunkt veröffentlicht wurde, ist AIDS, falls die Krankheit überhaupt auftaucht, eine weit hypothetischere Bedrohung – etwas, dass ihnen nur selten in den Sinn kommt, wenn sie nicht gerade über Sex mit einem neuen Partner nachdenken. Sicheren Sex zu haben – oder darüber zu reden, und es dann so zu machen – ist oft der konkreteste Berührungspunkt mit der Krankheit, den diese Figuren haben.

Die AIDS-bewusste erzählende Literatur, hat mich davon überzeugt, dass es sinnvoll ist, dieses Kapitel wie die beiden unterschiedlichen Bevölkerungsgruppen zu strukturieren, so wie sie bis zum heutigen Tag in der Fiktion auftauchen.

Heterosexuelle Erwachsene, die mit AIDS infiziert sind, stellen nur eine winzige Untergruppe von fiktionalen Charakteren dar. Obwohl sogar AIDS-infizierte Kinder zur Sprache gekommen sind (und zwar in Alice Hoffmans *Wo bleiben Vögel im Regen* und einem kürzlich erschienenen Erstling *Rocking the Babies* von Linda Raymond), fand ich bei meinen Recherchen nur eine Short Story – *Pandora's Box* von Janice Eidus (erschienen in der *O. Henry Prize Short Story Collection* von 1991) – und einen Roman, *The Touch* von Charlotte Watson Sherman aus dem Jahr 1995, mit heterosexuellen, H.I.V.-positiven Erwachsenen. In beiden Fällen sind es Frauen, eine davon ist sexuell aktiv.

Bevor wir untersuchen, welche Anforderungen beide Kategorien an das Schreiben über Sex stellen, noch eine Bemerkung vorab: Da wir das Auftauchen von AIDS und die Folgen für die Gesellschaft recht gut datieren und belegen können, ist das Jahr, in dem Sie Ihre Geschichte spielen lassen, sehr wichtig dafür, ob und wie AIDS im Verhalten und in den Angewohnheiten Ihrer Protagonisten verankert ist. Weiteren Einfluss haben der Staat und sogar die Stadt, in dem Sie Ihre Handlung spielen lassen. Allan Hollinghurst lässt seinen Erzähler in *Die Schwimmbad-Bibliothek* über den Sommer 1983 in England schreiben – »der letzte Sommer dieser Art, den es je geben würde.« AIDS wird kein einziges Mal erwähnt, aber unser Wissen darüber, was kommen wird, verleiht seiner Sex-Szene eine Andeutung von Tod und zusätzliche Schärfe. Wie die heutigen Leser von Christopher Isherwoods *Berlin Stories*, die auf seinen Erlebnissen in Berlin in den Jahren von 1929 bis 1933 basieren und 1939 veröffentlicht wurden, wissen wir, was geschehen wird, während die Figur – in Isherwoods Fall sogar der Autor – keine Ahnung hat.

DIE SCHWULEN-GEMEINDE

AIDS ist von Autoren wie Reynold Price und Edmund White bis zu Allan Barnett und Christopher Coe – zwei von vielen jungen, talentierten Autoren, die an AIDS gestorben sind – so aussagekräftig dargestellt worden, dass ich, wenn ich an meine Aufgabe denke, zu dem Thema einen schriftstellerischen Rat zu geben, nur nachdenklich an meinem Stift kauen kann. Meine Vermutung ist, dass schwule Autoren für gewisse Aspekte des Schreibens weniger Anleitung brauchen als andere, weil sie ein Übermaß an explosivem Material besitzen: nämlich einen verschärften sexuellen Verhaltenskodex, in dem Begierde und Trauer inzwischen dauerhaft verbunden sind. Unter diesen Umständen ist es nicht besonders schwer, eine Sex-Szene so zu gestalten, dass sie für den Protagonisten und die gesamte Story von Bedeutung ist. Sex spielt eine unbarmherzige Rolle. Wie auch für den Protagonisten in Edmund Whites Story *Running on Empty*: »Aber in dieser Zeit zog das Verlangen Hoffnungslosigkeit nach sich – er hatte gelernt, jedem Keuchen der Begierde mit einem Seufzer des Bedauerns zu begegnen.«

Wenn sie die Beispiele neuerer Werke in diesem Kapitel lesen, beachten Sie zusätzlich zu den Grundlagen, wie man eine gute Liebesszene schreibt aus Kapitel 2 und 3, folgende Punkte:

1. Safer Sex zu praktizieren, scheint unter schwulen Protagonisten selbstverständlich zu sein. Zwischen den Partnern wird sich in diesem Bereich kaum ein Konflikt entwickeln, es sei denn es handelt sich bei einer der Figuren um einen tollkühnen Draufgänger, der unbedingt ungeschützten Sex haben möchte. Aber da Safer Sex in dieser Bevölkerungsgruppe zu einer fest verankerten Bedingung geworden ist, müssen die Leser eine Ahnung davon bekommen, warum die betreffende Figur ihn ablehnt. Manchmal versuchen die Charaktere auch vorher darüber zu verhandeln, was Safer Sex bedeutet.

2. Wenn Sie sich an die physischen Details machen, sollten diese – genau wie in jeder guten Sex-Szene, ob sie sich jetzt explizit auf Safer Sex oder nicht beziehen – die Story vorantreiben: Indem sie dazu beitragen, dramatische Spannung aufzubauen oder etwas über die Beziehung, das Milieu oder die Charaktere verraten.

3. Wie in jedem guten Text, der Sex mit einbezieht, sollte die Welt jenseits des Schlafzimmers mit Tiefe und Substanz ausgestattet sein, damit Sie mehr Material haben, mit dem Sie arbeiten können, sobald die Figuren hinter geschlossener Tür zusammenfinden.

4. In vielen schwulen Texten schließen die Liebesszenen konkrete

Hinweise auf Krankheit oder Tod ein, aber es ist sicherlich nicht notwendig, zu deutlich zu werden, um darzustellen, wie sich diese Elemente auf das sexuelle Ich ihrer Figuren auswirken.

Wenn ich die folgenden Auszüge aus neueren Kurzgeschichten betrachte, stelle ich fest, dass beide sich sehr stark auf ihre Charaktere konzentrieren und dass dem Leser in beiden Szenen die Existenz von AIDS sehr bewusst ist. So bewusst, dass nichts mehr hinzugefügt werden muss. Die Rolle der Figuren in der betreffenden Szene entwickelt sich aus allem, was vorher geschehen ist, so dass das Gefühl einer Unvermeidlichkeit entsteht, die wahrhaft gute literarische Fiktion ausmacht.

Trauer, Lust, Entsetzen und die selbstironische Suche nach Unschuld sind der Kern von Wesley Gibsons launig-deprimierender Story *Out There*. Billy, der zurückhaltende, spöttische Protagonist, der Möbel entwirft, die *nicht* für die Ewigkeit gedacht sind, stellt fest, dass seine Haltung sich in den letzten Jahren durch das Näherrücken des Todes von »fröhlichem Pessimismus zu diesem hier, was immer es war« verändert hat. Nachdem er in einem Pancake-House seinem letzten Liebhaber den Laufpass gegeben hat, will er jetzt »echte Verabredungen«, die für ihn, wie er seiner Freundin Clare erklärt, aus »ins Kino gehen und Gute-Nacht-Küssen und kein Sex« bestehen. Bei einem Date mit einem Mann, den er John Day nennt:

> Sie schafften es nicht ins Kino. Billy versuchte es: »Ich glaube nicht, dass wir bei der erste Verabredung schon miteinander schlafen sollten«, und fühlte sich dabei wie Linda Lovelace, die sich als Sandra Dee verkleidet hatte. John ließ sich jedoch durch Billys Verkleidung nicht täuschen. »Warum nicht?«, fragte er, wobei er lächelte und Billy sacht an seinem Kragen zu sich heran zog. John Day hatte ein spitzbübisches, ansteckendes Lächeln, das alle Sandra Dees dieser Welt schon seit undenklichen Zeiten entwaffnen konnte. Er küsste warm und herb. Er war negativ. Goodbye Troy Donahue und Beach-Volleyball. Hello Deep Throat. Hello Darkness.
>
> Immer wieder verloren sie ihre Erektion.

Der anfängliche Widerstand und das schrittweise Nachgeben des Protagonisten ist ein schöner Rahmen für die Pointe, die darin besteht, dass beide doch zu ängstlich sind, um weiter zu gehen, selbst mit größtmöglichem Schutz. Wenn Sex einst eine flüchtige Erleichterung war, die die Liebenden von ihren Sorgen und Problemen ablenken konnte, so hält er für Schwule stattdessen die Erinnerung an Verluste und potentielle Verluste wach.

Als sich Billy und John wiedertreffen, hat sich nichts verändert: »Sie konnten auch jetzt nicht kommen. Nach ungefähr einer Stunde gingen sie zu Liebkosungen über, Billy zeichnete kleine Kreise auf John Days Bauch, John massierte Billys Nacken.« Außerdem trifft sich Billy inzwischen mit einem weiteren John, (»John Two«), der, wie er sehr schnell erfährt, positiv ist. Als John ihn fragt, ob es ihm etwas ausmacht, sagt Billy nein. »Er hätte ja lügen können. [Behaupten] er hätte nichts gewusst.« Dies führt Billy zu folgenden Gedanken:

> Liebe. Selbst als Scherz wirbelte es eine Menge Staub der Verwirrung auf. Es hatte eine Zeit gegeben, in der Billy hätte sagen können: »Das ist Liebe. Das ist Trauer. Und jetzt hab´ ich Spaß.« Aber nun waren all seine Lieben mit Schmerz durchzogen, und all seine Sorgen durchdrungen von einer schrecklichen Liebe. Dieses grenzenlose Land, in das man ihn gestoßen hatte, war dasselbe wie zuvor, doch die alten Karten waren nutzlos, die Sprache hatte sich auf subtile Art verändert. Und er stolperte über die Zukunftsform ihrer Verben.

In einer verblüffenden Szene aus *The Times As It Knows Us* des inzwischen verstorbenen Allan Barnett, über eine Gruppe von schwulen Freunden, die kurz zuvor in der *New York Times* – unzureichend, wie sie finden – portraitiert worden sind, erinnert sich der Protagonist an seinen geliebten Partner Samuel, der an AIDS gestorben ist, und stellt sich die Frage, wie er und alle anderen die Verluste adäquat betrauern können. »Unsere Beileidsbekundungen sind trocken wie Blätter«, denkt er. »Wir sind Schauspieler, die den Text zu oft geprobt haben.« Er erinnert sich an einen Freund, der ihn gedrängt hat, dem Begräbnis eines Mannes, den er nicht besonders gut kannte, fernzubleiben, doch er weiß, dass es gefährlich ist, seine Trauer vor sich selbst zu verleugnen. Um zu überleben – wie er begreift – muss man

> seinem Kummer eine Chance geben und ihn loslassen, sonst wird dein Herz dich in einem Dauer-Februar gefangen halten, ein Zaun aus Ketten um

gefrorenen Boden, wo deine Toten sich stapeln, bis du über die Trauer hinaus bist.

Lass deine Tränen für die Toten laufen und beginn zu klagen und zu jammern, wie einer, der leidet ... vergiss sein Begräbnis nicht. Denk an ihn, an den einen, den du geliebt hast, an ihn auf den Knien, auf den Ellenbogen, seinen Kopf zurückgedreht, so dass er dich ansehen kann, sein Mund dunkel in seinem schwarzen Bart. Das hast einen weichen Strick um seine Handgelenke gebunden, um seinen Schwanz, seine Hoden; sein Anus ist für dich erhoben. Wenn du deine Lippen darauf legst, hörst du auf zu existieren. Du hast ihn – und er dich – an den Punkt gebracht, an dem du am stärksten Geist und am stärksten Körper bist. Seine Prostata pulsiert unter deinen Fingern wie ein Herz in einer Höhle, Geist, Körper, Körper, Geist, wieder und wieder. Wenn du auf ihn herabschaust, er, der tot und begraben ist, und dich dann über den gebrochenen Steg seines Rückgrats, der Basis seines Rückens, legst, würdest du nur zu gerne mit ihm tauschen. *Lass dein Jammern bitter, dein Klagen inbrünstig sein; dann nimm den Trost für deinen Kummer an.* Finde in deinem Kummer die Hingabe, die du früher in der Liebe gefunden hast; trauere so, wie du früher gevögelt hast.

Genau so wie AIDS viele gezwungen hat, die Sexualität neu zu erfinden, zeigt dieser Absatz eine neue literarische Form, die es möglich macht, den Schrecken von AIDS gerecht zu werden: Eine Sex-Szene die teils Klagelied, teils Safersex, teils Gebet für die Toten ist und am Schluss eine Art praktischen, wenn auch etwas derben Rat zur Selbsthilfe bietet, wie man mit seiner Trauer umgehen kann.

DIE WELT DER HETEROS

In Gesprächen, die ich mit Autoren über dieses Kapitel geführt habe, hörte ich oft von Heterosexuellen, dass sie keine Ahnung haben, wie sie mit dem Thema Safer Sex in ihren Texten umgehen sollen, da Sex der einzige Punkt ist, der das Leben der meisten ihrer Figuren mit AIDS in Berührung bringt. Ich denke allerdings, dass sie in Wahrheit wissen wollten, wie sie das Plumpe, die Peinlichkeit und das Unspontane, das Safer Sex mit sich bringt, überwinden können, und wie man es anstellt, dass nicht zu viel Aufmerksamkeit auf das Kondom und den Ernst der Lage gelenkt wird, der jedem Beteiligten den Spaß an der Sache nimmt.

Obwohl sich Jugendliche und Erwachsene im wahren Leben bei neuen Partnern oft um Safer Sex bemühen, ist es längst keine solche Selbstverständlichkeit wie in der Schwulengemeinde. Und so findet, wie es scheint, bei jeder Begegnung mit einem neuen Partner eine Diskussion darüber statt, bei wem Schutz nötig ist und bei wem nicht und wie genau dieser aussehen sollte. In Charlotte Watson Shermans *The Touch* führt ihre Protagonistin Rayna, eine afro-amerikanische Malerin von Mitte dreißig das, was sie »das Gespräch« nennt, mit jedem neuen Liebhaber: Sie sagt ihm, dass es keinen Sex gibt, wenn er kein Kondom benutzt. Als ein potentieller Lover im »Gespräch« versagt – er weigert sich, ein Gummi zu benutzen – geht Rayna einfach weg. Doch als sich eine neue Beziehung anbahnt, scheint sie die letzte schmerzliche Zurückweisung noch zu spüren, denn: »Sie konnte sich nicht dazu durchringen, die Worte zu sagen.« Auch er spricht das Thema nicht an.

Abschließend lässt sich sagen, dass es deswegen problematisch ist, gewisse Richtlinien für das Schreiben über AIDS und die Bedrohung von AIDS in einer größtenteils nicht infizierten Bevölkerungsgruppe zu erstellen, weil dieses Thema in literarischer Fiktion noch keine so große Bedeutung besitzt. Im Augenblick kann ich Ihnen nur die folgenden Anregungen geben:

1. Wenn Sie momentan nicht an der Sex-Front mitmischen, dann betreiben Sie ein wenig Recherche: Reden Sie mit Leuten, die es tun. Fragen Sie sie, was bezüglich dieser Sache während des Austauschs von Intimitäten denn so stattfindet. Selbstverständlich gibt es nicht nur das eine Szenario, aber wenn Sie eine Ahnung von der Atmosphäre und den Möglichkeiten bekommen, kann Ihnen das helfen, eine für Ihre Figuren passende Szene zu erstellen.

2. Ob Sie nun recherchieren oder nicht – horchen Sie in sich hinein und erforschen Sie Ihre *eigenen* Gefühle in Bezug auf dieses Thema. Benutzen Sie sie, um die Reaktionen und Handlungen Ihrer Figuren herauszubilden.

Wenn Sie in dieser Hinsicht zum Beispiel befangen und peinlich berührt sind oder sich entsetzt fragen, wie sich der Sex so entwickeln konnte, dann denken Sie daran: Ihre Protagonisten können durchaus genauso denken.

3. Seien Sie weder politisch korrekt noch künstlerisch schwach. Es reicht nicht, wenn Ihre Figuren Kondome bei sich haben und sie im richtigen Moment hervorzuzaubern. Benutzen Sie Latex und Thema, um Ihr Werk anzureichern, um uns den Gestalten und dem Augenblick näher zu bringen.

4. Wenn Sie über Figuren schreiben, die infiziert sind, sind vielleicht Angst, Auswirkungen der Krankheit und die Furcht vor Verlust unmittelbarer.

5. Wenn das Schreiben über Safer Sex Ihnen so spaßtötend vorkommt wie das Praktizieren es vielleicht ja auch ist, dann überraschen Sie uns – und sich selbst! – und sehen Sie zu, dass Sie Ihren Spaß bekommen, wie es der australische Schriftsteller Peter Carey in dieser Szene aus seinem Roman *Die Steuerfahnderin* tut. Jack, ein aalglatter, erfolgreicher Immobilienhändler ist verwandt mit der durchgeknallten, exzentrischen Catchprice-Familie, die einen kränkelnden Autohandel betreibt und dabei ein wenig die Bücher manipuliert hat. Die Steuerfahndung tritt in Gestalt der zur politischen Linken tendierenden Maria Takis auf den Plan, die von einem verheirateten Mann, mit dem sie nichts mehr zu tun hat, im achten Monat schwanger ist. Gegen Ende des Romans hat sich zwischen Maria Takis und Jack Catchprice eine merkwürdige Beziehungen entwickelt. Als sie spät in der Nacht in Jacks Bett liegen, stellt sich heraus, dass Maria sich wegen ihres schwangeren Körpers gehemmt fühlt und es ihr im Grunde genommen widerstrebt, mit jemandem zu schlafen, dessen Prinzipien sich so stark von ihren unterscheiden. Also gibt sie vor, »zu schwanger« zu sein, um sich auf seine Verführungskünste konzentrieren zu können. Er antwortet:

> »Wir könnten es versuchen. Wir könnten einfach hier herumliegen.«
>
> »Ich weiß nicht ... Es ist heute nicht mehr so klug, wenn man einfach so miteinander ins Bett hüpft.«
>
> »Soll das ein Gespräch über das Unaussprechliche werden?«
>
> »Ich wollte dich nicht kränken.«
>
> »Du kränkst mich überhaupt nicht. Wir können es ja sicher machen.«

»*Sicherer* – nicht wirklich sicher«, lächelte sie. Als sie noch in ihrer monogamen, ehebrecherischen Beziehung mit Alistair gelebt hatte, hatte sie selbstzufrieden diejenigen bedauert, die genau so etwas hinter sich bringen mussten. Sie hätte nie gedacht, dass der Tonfall dieses Gespräches so gefühlvoll sein könnte.

Er berührte sie mit dem Finger zwischen den Augen und strich ihr über den Nasenrücken. »Ich werde dich hundertprozentig sicher lieben.«

Sie hatte sich niemals vorstellen können, dass man solche Worte sagen und immer noch so viel Zärtlichkeit empfinden konnte, aber nun lag sie da auf ihrer Seite und er auf seiner und blickte ihm in diese klaren, blauen Catchprice-Augen, um die sich so nette Knitterfältchen kräuselten ...

»Gibt es hundert Prozent?«, fragte sie.

»Ist *das* sicher?«

»Hmmm?«

»Fühlt sich das sicher an?«

»Jack, nicht.«

»Keine Sorge, ich halte mein Versprechen. Ist das sicher?«

»Natürlich.«

Sie ließ sich von ihm ausziehen und ihren angeschwollenen Körper liebkosen. Gott, dachte sie – so sollte man sterben.

»Ist er in deinen Augen schön?«

»Oh, ja«, sagte er. »Du glitzerst ...« Sie begann ihn zu küssen, seine Brust zu küssen, ihr Gesicht über die weichen, apfelsüßen Haare zu reiben und verspürte plötzlich ein starkes Verlangen nach den Gerüchen und Beschaffenheiten der männlichen Haut.

»Hol das Kondom«, hörte sie sich sagen.

»Sicher?«

»Mmm.«

»Ich hab's schon.«

»Ich muss verrückt sein«, sagte sie.

In diesem Abschnitt – eines der wenigen längeren fiktionalen Gespräche, die etwas mit Safer Sex unter Heterosexuellen zu tun haben, und mit Abstand das interessanteste davon – wird Marias Verlegenheit, ihre Hemmungen und ihre Angst dazu benutzt, den dramatischen Konflikt zu entwickeln, der die Szene vorantreibt. Das Gespräch ist voller Überraschungen. Mein Favorit ist Marias letztes *Ja*. Für mich ist es so, als hätte der Autor damit die großartige Verkündigung der Molly Bloom aus James Jocyes *Ulysses*, offen für sexuelle Leidenschaft zu sein – »ja sagte ich ja ich will ja« –, für das Zeitalter von AIDS neu geschrieben und in »Hol das Kondom« übersetzt.

Der lange Dialog hat eine Intimität und Unmittelbarkeit, die uns direkt zu Maria und Jack ins Bett führt. Sie überraschen sich selbst und den Leser mit ihrer Mischung aus Nervosität (Maria), Artigkeit (Jack), guter Laune auf beiden Seiten und Zärtlichkeit. Das Thema Safer Sex wird sowohl spielerisch als auch ernst angesprochen, was sehr genau widerspiegelt, bis zu welchem Ausmaß sich die Figuren der Gefahr bewusst sind.

Wie Schriftsteller der Zukunft AIDS ins Liebesleben ihrer Protagonisten miteinbeziehen, wird sehr stark davon abhängen, welchen Verlauf die Krankheit im wirklichen Leben nehmen wird. Im Augenblick bekundet die zeitgenössische Literatur sinngemäß, dass diejenigen, die sich auf dieses Gebiet wagen, einige Möglichkeiten mehr haben, als sie sich vielleicht vorgestellt haben.

5

DIE UNSCHULD LOSWERDEN

und andere erste Male

»Leota war unerschrocken. Sie hatte keine Angst, irgendetwas anzufassen; und woher sie all das Wissen hatte, war ein Geheimnis, aber sie wusste, was sie wollte. Und ich fand es bald heraus.«

Rita Mae Brown
Rubinroter Dschungel

Die Jungfräulichkeit zu verlieren, hat mehr gemein mit einer Führerscheinprüfung, als man sich vielleicht vorstellen möchte. Die begehrte Erlaubnis, die sich so gut in der Brieftasche macht, besagt nicht, dass man alles weiß, was man über das Fahren wissen muss. Sie gibt einem nur die Erlaubnis, sich selbst in die Praxis zu stürzen und zu lernen, was immer erforderlich ist.

Menschen, die sich zum ersten Mal lieben, sind normalerweise – selbst wenn sie die Legitimation eines Ehevertrags in der Tasche haben – jung und nervös, und der Akt findet meistens in unvertrauter oder wenig gemütlicher Umgebung statt: In der Hochzeitssuite, auf dem Autorücksitz, im schmalen Bett eines Teenagers oder im Zimmerchen einer Prostituierten (Hochzeitsnächte und Flitterwochen sind etwas derart Besonderes, dass ich ihnen ein eigenständiges Kapitel gewidmet habe). Anders ausgedrückt: Das erste Mal ist selten ein sexueller Wirbelsturm. Und das soll es auch eigentlich gar nicht sein: Das erste Mal soll einen nur über die Startlinie schubsen und auf den Weg bringen. Vielleicht ist es, kurz nachdem es angefangen hat, schon wieder vorbei. Für Frauen kann es ausgesprochen schmerzhaft sein. Oder es kann so unbefriedigend sein, dass einer oder beide Partner sich nachher am Kopf kratzen und überlegen, ob sie die Gebrauchsanweisung unvollständig gelesen haben, wie es ein frischverheiratetes Paar in Joseph Hellers satirischem Roman *Catch-22* tun, bis ihnen Doc Daneeka mit Hilfe eines Gummimodells in seinem Büro zeigt, was wohin gehört.

Was bedeutet das für den Schriftsteller? Es bedeutet, dass Sie sich keine Gedanken zu machen brauchen, eine Liebesszene entwerfen zu müssen, die zu scharf ist, als dass Sie sie Ihrer Mutter zeigen könnten (die – nicht zu vergessen! – auch ein erstes Mal hinter sich gebracht hat). Es bedeutet, dass Sie hier einige interessante Möglichkeiten für den Aufbau eines Konflikts haben, der sich zum Beispiel durch die Erfahrung des einen und die Naivität des anderen Partners entwickelt, durch den Kontrast von Schüchternheit und Draufgängertum oder durch ihre Nonchalance, die auf seine Angst vor Versagen prallt. Es bedeutet, dass Ihre Protagonisten sich in einem Zustand erhöhten *Selbst-Bewusstseins* befinden – sie sind sich ihrer Unerfahrenheit und ihren Hemmungen sehr bewusst –, denn schließlich handelt es sich hier um eine Sache, die man nur ein einziges Mal im ganzen Leben erfährt. Und es ist eine große Sache. Es ist wie ein Kopfsprung vom Zehn-Meter-Brett. Aber selbstverständlich ist es fast immer enttäuschend, bis man den Dreh endlich raushat.

Weil das erste Mal so viel mit intensiven Sinneseindrücken zu tun hat, werden die Figuren ihren Genitalien sehr viel Aufmerksamkeit schenken – nicht, weil es sich dabei um die Kraftwerke der Wonne handelt, sondern weil wir wissen, dass man es eben so macht und weil wir ihnen ebenfalls viel Aufmerksamkeit schenken wollen, um nichts zu verpassen, falls sich etwas Entscheidendes tut. Man kommt sich vor wie ein Kind, das im Auto sitzt und fragt: »Sind wir bald da?«. Beim ersten Mal ist es – ganz besonders, wenn man weiblich ist – nicht leicht zu bestimmen, wann man da ist.

Wir alle bekommen im Leben immer nur ein erstes Mal, aber es kann mehr als eine *Art* von erstem Mal geben: Die rein technische Einführung in das Thema, das, was ich »Das erste Mal, das zählt« nenne oder »Das erste Mal, dass ich verstanden habe, warum das so eine große Sache sein soll«, was gut erst ein paar Jahre später stattfinden kann. Eins meiner Beispiele beschreibt daher auch eine zweite Chance für das erste Mal, wie ich sie in einer Kurzgeschichte von Edmund White gefunden habe, ein weiteres stammt aus einer anderen White-Geschichte – *Selbstbildnis eines Jünglings* – und handelt von einem wunderschön dargestellten Augenblick im Leben eines homosexuellen Teenagers.

Auch für ältere und erfahrenere Liebhaber gibt es ein erstes Mal des erotischen Erkennens, das ein Abschnitt in Mary Gordons Roman *Die Muse* sehr eindrucksvoll widergibt. Auf einer anderen Ebene beschreibt eine Szene aus A.M. Homes' satirischem Roman *Grillparty* zwei Vorstadt-Hausfrauen, die ihr erstes Mal auf dem Küchenboden erleben.

Heutzutage ist es für junge Leute in der westlichen Welt schwierig nachzuempfinden, was die Jungfräulichkeit einer Frau – nicht die eines Mannes, wohlgemerkt – früher bedeutet hat, und wie viele klassische Werke (von Samuel Richardsons *Clarissa* aus dem 18. Jahrhundert bis zum Thomas Hardys *Tess von den D'Urbervilles* mit dem Untertitel *Eine reine Frau* aus dem 19. Jahrhundert) den Verlust oder den drohenden

Verlust der Tugend – damals gleichbedeutend mit Jungfräulichkeit – zum Thema machen. »Die Verführung einer Jungfrau kann ihren Ruin bedeuten und sie für den Rest ihres Lebens unglücklich machen«, sagt Benjamin Franklin in seinem Essay *Advice on the Choice of a Mistress*. Die Ungerechtigkeit dieser Doppelmoral nahm die Anarchistin Emma Goldman in ihrem Essay *The Traffic in Women* Anfang des 20. Jahrhunderts aufs Korn:

> Die Gesellschaft betrachtet die sexuellen Erfahrungen eines Mannes als zu seiner allgemeinen Entwicklung zugehörig, während dieselben Erfahrungen im Leben einer Frau als verheerende Katastrophe, als Verlust der Ehre und alles, was gut und edel ... ist, angesehen werden.

In ihrem gefeierten Roman *Die Clique* stellt Mary McCarthy, die, schon lange bevor die Anti-Baby-Pille die Augen der Menschen zum Leuchten brachte, glühend über das weibliche Liebesleben geschrieben hat, eine Gruppe von Vassar-Absolventen in den 30er Jahren vor. Ihre Vorstellungen von Sex sind geprägt sowohl von der Freizügigkeit der »Roaring Twenties« als auch von der Ignoranz des Viktorianischen Zeitalters, in dem Ehefrauen angewiesen wurden die Augen zuzumachen und »an England zu denken«, wenn sie ihren ehelichen Pflichten nachzukommen hatten. In einer Szene aus *Die Clique*, die leider zu lang ist, um sie hier abzudrucken, möchte Dottie Renfrew, »Boston« genannt, unbedingt auf der Hochzeit ihres Kommilitonen ihre Jungfräulichkeit an einen Dick Brown verlieren. Dieser ist in ihren Augen »beängstigend attraktiv und unglücklich und hatte so viel zu geben.«

Als ich zwölf Jahre alt war, wurde diese Szene unter der Hand herumgereicht wie irgendwelche Schmuddelstorys heute. Besonders aufregend schien uns der Abschnitt, in dem Dick, der Dottie gerade defloriert hat, das Betttuch untersucht und ihr von einer anderen Freundin erzählt: »Betty hat geblutet wie ein Schwein.« Ich wusste, dass die beiden Sex gehabt hatten, aber nichts über Jungfernhäutchen und ihre Beschaffenheit, und las diese Szene mindestens sechshundertmal, jedesmal mit vor Verwirrung gerunzelter Stirn. Als ich die Szene neulich noch einmal las, empfand ich Betty, die wie ein Schwein geblutet hat, als vollkommen unbedeutend verglichen mit dem boshaften Dialog und McCarthys sarkastisch feministischen Tendenzen. Dottie ist so naiv, dass sie nicht merkt, wie übel Dick mit ihr umspringt, und sie hat keine Ahnung, dass sie einen Orgasmus gehabt hat, bis Dick es ihr sagt. Und selbst dann ist sie nicht überzeugt davon:

> »Du bist *gekommen*, Boston«, bemerkte er ... Ich meine, du hattest einen Orgasmus.« Aus Dotties Kehle kam ein vager, fragender Laut; sie war inzwischen recht sicher, dass sie verstanden hatte, aber das neue Wort verwirrte und verunsicherte sie. »Ein Höhepunkt«, setzte er etwas schärfer hinzu. »Haben sie dir dieses Wort in Vassar nicht beigebracht?« ... »Das ist also normal?«, fragte sie und fühlte sich langsam besser. Dick zuckte die Achseln. »Nicht für Mädchen deiner Herkunft. Gewöhnlich nicht beim ersten Mal. Entgegen dem äußeren Anschein bist du wahrscheinlich hochgradig scharf.«

Wenn ich diese Szene betrachte, komme ich zu dem Schluss, dass schmutzige Bücher an sehr jungen Menschen verschwendet sind.

ALLGEMEINBEDINGUNGEN

1. Man kann davon ausgehen, dass das erste Mal, insbesondere wenn es sich um das erste Mal einer Frau handelt, nicht von der prickelnden, erdbebenartigen Variante ist. Für eine Frau kann es sich unter Umständen eher wie ein chirurgischer Eingriff ohne Betäubung anfühlen.

2. Das erste Mal ist ein wichtiger Einstiegsritus. Oft hat man sehr hohe Erwartungen daran und verbringt nachher einige Zeit damit, sich zu fragen, ob diese Erwartungen mit der Realität in Einklang zu bringen sind – die »Vorher-Nachher«-Übung. Eben wegen dieser Erwartungen befindet man sich beim ersten Mal in einem Zustand erhöhter Wahrnehmung.

3. Es ist wahrscheinlich, dass sich die Charaktere nicht besonders gut kennen.

4. Eine der Figuren oder beide sind jung, schüchtern, nervös, unerfahren, ängstlich; die Furcht vor Schwangerschaft, Krankheit oder davor, erwischt zu werden, steht im Raum.

5. Das erste Mal findet oft nicht im eigenen Haus oder Zimmer statt.

6. Die Bräuche und Erwartungen bezüglich des ersten Mals variieren je nach Alter, Geschlecht, Religionszugehörigkeit und gesellschaftlichem Hintergrund.

7. Für Schwule und Lesben und andere, deren Sexualität einen verbotenen Touch besitzt, beinhaltet das erste Mal möglicherweise komplexe Elemente der Angst, Schuld, Scham, Rebellion, Erleichterung oder Befreiung.

BEISPIELE

Mit ein bisschen Glück beginnt es mit einem Kuss.

Es gibt niemanden, der besser über körperliche Empfindungen – die sich nicht auf die sexuellen beschränken – schreibt als Jamaica Kincaid, und keine ersten Küsse in der neueren Literatur sind so einprägsam wie die, die sie in ihrem Roman über das Erwachsenwerden, *Lucy*, beschreibt. Das Kapitel heißt treffenderweise *Die Zunge*.

Wie üblich für Kincaids Art zu schreiben, entwickelt sich die Geschichte durch eine verwickelte Aneinanderreihung von Erinnerungen: Gedanken über Erlebtes lösen Kindheitserinnerungen aus, die zu weiteren Gedanken führen oder vielleicht zur Geschichte zurückkehren. Aber die Geschichte selbst besteht immer in der phänomenalen Intelligenz der erzählenden Person, die in der Lage ist, diese beeindruckenden Verbindungen herzustellen. Es wird Kincaids Werk nicht gerecht, nur kurze Abschnitte zu zitieren, aber eine Kostprobe wird den Leser zu ihren Büchern selbst hinführen.

> Mit vierzehn hatte ich festgestellt, dass eine Zunge keinen wirklichen Geschmack hat. Ich nuckelte an der Zunge eines Jungens namens Tanner, und ich nuckelte an seiner Zunge, weil es mir gefallen hatte, wie seine Finger auf den Tasten des Klaviers aussahen, wenn er spielte, und es hatte mir gefallen, wie er von hinten aussah, wenn er über die Weide ging, und auch, wie er hinter den Ohren roch, wenn ich ganz nah bei ihm war. Diese drei Dinge

hatten mich in das Zimmer seiner Schwester (sie war meine beste Freundin) geführt, wo ich nun, mit dem Rücken an die geschlossene Tür gepresst, stand und an seiner Zunge saugte. Jemand hätte mir sagen sollen, dass es anderes als den Geschmack gibt, auf das man bei einer Zunge achten sollte, denn dann hätte ich nicht da gestanden und an der Zunge des armen Tanner genuckelt, als ob sie ein altes Wassereis wäre, aus dem all das Aroma ausgesaugt worden und nur noch Eis übrig geblieben war. Und während ich so vor mich hin saugte, dachte ich mir, es ist nicht der Geschmack, auf den man bei einer Zunge achten sollte; wie es sich anfühlt – das ist es. Ich hatte früher immer gerne gekochte Rinderzunge in einer Sauce von Zitronensaft, Zwiebeln, Gurke und Pfeffer gegessen; aber Rinderzunge schmeckte eigentlich auch nach nichts. Es war die Sauce, die die Zunge so lecker gemacht hatte.

Dieser Abschnitt – ganz typisch für Kincaids Werk – ist von täuschender Schlichtheit. Es gibt keine Erinnerung oder Empfindung, die so belanglos ist, dass sie ihrer Aufmerksamkeit entgeht. Die meisten Worte im Original haben nur eine Silbe; die Gedanken sind direkt und schmucklos: *Ich mochte es, wie er hinter den Ohren roch ... Ich hatte früher immer gerne gekochte Rinderzunge gegessen ...* Die Kraft der Szene liegt in der Spannung zwischen der Einfachheit der Sprache und der Intensität und Konzentration darauf, wie das Mädchen den Kuss sowie physisch als auch psychisch erfährt und begreift. Sie erinnert sich an eine Zeit zurück, in der sie unschuldig war und nicht wusste, was sie jetzt weiß, aber sie hat immer noch Skrupel, uns zu erzählen, wie es sich damals denn nun angefühlt hat.

In Cynthia Kadohatas *The Floating World* – ebenfalls ein Roman über das Erwachsenwerden –, geht es um das erste Mal der erzählenden Person, Olivia, mit einem Jungen, Tan, der auf einer Hühnerfarm in Arkansas arbeitet. Beide sind sechzehn Jahre alt und haben in einem ausgemusterten Bus, der im Hof der Farm steht, schon jede Menge Petting gemacht und herumgeknutscht. Olivia ist ein uneheliches Kind und hat sehr viele Aspekte des Lieblebens ihrer Mutter, ihres Stiefvaters, ihrer Großmutter und anderen Erwachsenen mitbekommen, so dass sie ihrer eigenen Sexualität sehr offen gegenübersteht.

Als Olivia und Tan ziemlich nüchtern planen, nun wirklich miteinander zu schlafen, gehen sie ins Haus seiner Eltern, die nicht da sind, um deren Bett zu benutzen. Was Olivia kurz zuvor in den Tagebüchern ihrer Großmutter gelesen hat, hat sie – unter anderem – motiviert, mit Tan ins Bett zu gehen. Ihre Großmutter hat neben ihren drei Ehemännern sieben Liebhaber gehabt. In einem Eintrag heißt es, dass ihre Großmutter sich, immer wenn sie sich mit dem einen Lover gestritten hat, sehr stark fühlte, und diese Bemerkung will Olivia nicht mehr aus dem Kopf. Sie erkennt, dass sie das auch will: Mehr als nur zu erleben, wie sich Liebe anfühlt, möchte Olivia dieselbe Stärke empfinden, die ihre Großmutter in Gegenwart eines Mannes empfunden hat.

Olivia und Tan landen schließlich in Tans Bett und küssen sich. Es dauert nicht lange, bis Olivia in Panik gerät, sie könnte das Laken beschmutzen, und drängt darauf, auf den Badezimmerboden umzuziehen. Widerwillig stimmt Tan schließlich zu, aber sobald sie sich auf die kalten, harten Fliesen legt, will sie doch lieber wieder ins Bett zurück.

»Lass uns einfach hier bleiben«, sagte er schwer atmend.

»Na ja, gut.« Ich kniff meine Augen so fest zu, wie ich konnte. »Ich bin so weit«, sagte ich tapfer. Als nichts geschah, schlug ich die Augen auf.

Er sah mich an, als ob er unter Gedächtnisverlust litt. Dann wirkte er überrascht, schließlich frustriert. »Okay, okay«, sagte er schließlich und zog mich halb hoch. Wir standen auf, und ich sah seine Erektion und war so überrascht, dass ich gegen den Türrahmen prallte, als wir hinausgehen wollten. Als wir im Bett lagen, war ich erstaunt, wie bereit ich war und wie leicht er eindringen konnte. Zuerst bewegte er sich heftig vor und zurück, so dass mein Schädel gegen das Kopfende knallte. Es hätte mir nichts ausgemacht, wenn ich nicht Angst gehabt hätte, dass ich bewusstlos werden könnte und dann das Wichtigste verpassen würde. Aber das geschah nicht.

Ich hatte erwartet, dass ich nachher irgendetwas fühlen würde, was entfernt mit Liebe verwandt war, und das tat ich auch, aber ich empfand auch ein sonderbares Gefühl, das fast mit Selbstvertrauen zu tun hatte.

Wenn Anfänger in der Liebe noch jung sind und zu Hause wohnen, ist die Frage, wo es denn stattfinden soll, ausgesprochen wichtig. Kadohata benutzt dieses Element und sucht einen Ort aus, der zum Lachen reizt und einen Konflikt zwischen den Protagonisten hervorruft. Sowohl Olivias Nervosität als auch ihre Begeisterung machen die Wirkung der Szene aus. Sehen wir uns an, wie sie funktionieren:

OLIVIAS NERVÖSES BEDÜRFNIS, DEN STANDORT ZU WECHSELN, BRINGT BEWEGUNG IN DIE HANDLUNG UND SCHAFFT EINEN KONFLIKT. Hätten Olivia und Tan sich weiter unter der Decke geküsst, so dass eins zum anderen geführt hätte, wäre die Szene weit weniger lebendig geworden. Kadohata verleiht Olivia so viel Nervosität, dass das Mädchen über Betten und Böden die Reise nach Jerusalem spielt. Ihr Freund, der weit erregter und weit weniger besorgt darüber ist, Spuren zu hinterlassen, versucht sich zwar durchzusetzen, gibt aber schließlich immer wieder nach. Diese sanfte, unschuldige Spannung zwischen den beiden verleiht der Szene ein Element des Konflikts. Außerdem wird Olivias Nervosität durch Taten, nicht durch ein direktes Aussprechen ihrer Gedanken vermittelt.

OLIVIAS NERVOSITÄT STEHT IM GEGENSATZ ZU IHREM ENTHUSIASMUS. Olivias klare Offenheit bildet einen hübschen Kontrast zu ihrem zerfaserten Nervenkostüm. Hätte Kadohata sich allein auf Olivias Nervosität konzentriert, wäre die Szene flacher geworden. Ironischerweise glaubt Olivia, der Wunsch, dieselbe Kraft wie ihre Großmutter zu empfinden, habe sie motiviert, mit Tan zu schlafen, obwohl wir in dieser Szene sehen, dass sie bereits eine ganze Menge Selbstbewusstsein besitzt und sehr genau weiß, was sie will.

Molly Bolt, die starke, lebhafte Heldin aus Rita Mae Browns *Rubinroter Dschungel* von 1973 tat für die Rechte der Lesben dasselbe, was *Angst vorm Fliegen* ein Jahr später für den weiblichen Orgasmus tun würde. In der sechsten Klasse hält Molly um die Hand eines Mädchens namens Leota an, deren Pläne für die Zukunft sich als bemerkenswert hellseherisch erweisen: »Ich werde heiraten, werde sechs Kinder kriegen und eine Schürze wie meine Mutter tragen, nur wird *mein* Mann gut aussehen.« Bis dahin ist Leota jedoch sehr begierig darauf, Molly zu küssen ... und mehr. Als eine Freundin einmal bei der anderen übernachtet, schauen sie sich erst Milton Berle im Fernsehen an, schließen dann die Schlafzimmertür, küssen sich stundenlang und ziehen schließlich ihre Schlafanzüge aus:

Es war viel schöner ohne die Pyjamas. Ich konnte ihre kühle Haut überall auf meinem Körper spüren. Das Echte war viel besser. Leota begann, mich mit offenem Mund zu küssen. Nun wollte mein Magen herausfallen und auf den Boden plumpsen ... Wir machten weiter... Sie fing an, mich überall zu berühren, und ich wusste, ich würde vor Wonne sterben. Leota war unerschrocken. Sie hatte keine Angst, irgendetwas anzufassen, und woher sie all das Wissen hatte, war ein Geheimnis, aber sie wusste, was sie wollte. Und ich fand es bald heraus.

Am nächsten Tag gingen wir zu Schule wie ganz normale Schülerinnen.

Mollys staunende Offenheit diesen Ereignissen gegenüber steht im Einklang zu ihren ohnehin schon fortgeschrittenen sexuellen Abenteuern: Sie hat sich, bis sie erwischt worden ist, ein bisschen Geld hinzuverdient, indem sie jedem, der dafür fünf Cent zahlte, den unbeschnittenen Penis ihres Freundes Brokkoli gezeigt hat. Doch die Nacht mit Leota hat nichts mit Geschäften zu tun – es ist ihre erste sexuelle Erfahrung als ein Mädchen, das heranwachsen wird, um Frauen zu lieben.

Bald nach dieser ersten Nacht zieht Mollys Familie weg und die Freundinnen werden getrennt, bis Molly, die inzwischen eine Filmstudentin auf der NYU ist und sich als »Hol's-der-Teufel-Lesbe« bezeichnet, 1968 Leota in ihrer Heimatstadt besucht. Leota ist verheiratet, hat zwei Kinder und sieht im Alter von vierundzwanzig wie fünfundvierzig aus. Als Molly sie fragt, ob sie jemals an diese Nacht zurückdenkt, antwortet Leota:

»Für so was hab' ich zu viel zu tun. Wer hat schon Zeit nachzudenken? Außerdem war das pervers, krank. Dazu hab' ich keine Zeit. Warum fragst du mich das? Warum bis du zurückgekommen – um mich *das* zu fragen? Du bist bestimmt so geblieben. Läufst du deswegen in Jeans und Pullover rum? Bist du eine von diesen Kranken? ... So ein hübsches Mädchen wie du. Du könntest einen Haufen Männer haben. Du hast mehr Auswahl als ich hier in dieser Stadt.«

Wenn sich Figuren, die in ihrer Kindheit ein gleichgeschlechtliches erstes Mal erlebt haben, als Erwachsene wiedertreffen und einer inzwischen weiß, dass er homosexuell ist, kann das frühe Erlebnis eine Bedeutung annehmen, die es damals nicht hatte (das gilt natürlich auch, wenn beide homosexuell sind).

Alternativ kann ein gleichgeschlechtliches erstes Mal für Homosexuelle oder Jugendliche mit homosexuellen Gefühlen ein echtes Aha-Erlebnis sein, durch das die Figuren sich nicht nur sexuell befriedigt fühlen, sondern vielleicht auch erleichtert und befreit von dem Zwang, eine Sexualität annehmen zu müssen, die nicht zu einem passt.

Für den vierzehnjährigen Ed in Edmund Whites Story *Reprise* ergeben sich zwei verschiedene Kategorien von ersten Malen – zuerst erlebt er das technische erste Mal, dann jenes, das ihm etwas bedeutet. »Bis jetzt«, erzählt er, »hatte ich nur mit Jungs aus dem Camp geschlafen, die so getan hatten, als ob sie sich gegenseitig hypnotisiert hätten, oder mit verheirateten Männern, die die Toiletten der Howard Street abklapperten und mich in ihren Kombis, vollgepackt mit den Spielzeugen ihrer Kinder, zum Strand brachten.«

Aber als Ed sich 1954 in Jim Grady verliebt – ein Junge im College-Alter und zufällig der Sohn des Mannes, mit dem seine Mutter zusammen ist –, erfährt er den freigebigen Sex und die Zuneigung einer Person, die weniger darauf bedacht ist, ein Doppelleben zu führen. Einmal sind die zwei Jungen bei Ed zu Hause und sehen zusammen mit seiner Mutter die *Perry Como Show* an. Weil sie unbedingt die Nacht miteinander verbringen möchten, gibt Jim vor, betrunken zu sein und hier schlafen zu müssen, weil er in seinem Zustand unmöglich noch nach Hause fahren kann. In Eds Zimmer befindet sich günstigerweise ein zusätzliches Bett:

Er legte sich mit schweren Lidern und einem coolen Gesichtsausdruck hin, den er vermutlich von Como kopiert hatte, aber das war mir egal, denn ich freute mich, dass er mich beeindrucken wollte, als ich seinen Körper erklomm, seine herrlich warmen Arme um mich spürte, die Luckies und das Bud auf seinen Lippen schmeckte ... »Hey«, flüsterte er und lächelte mich an, als seine Hände meine Taille umfassten und mein heißer Penis sich auf der steinernen Landschaft seines perfekten Körpers aufpflanzte. »Hey« sagte er, während er mich höher und tiefer in sein Dasein zog.

Die Überraschung für den Leser besteht hier in der Bedeutung des einzelnen Wortes »Hey« für die erzählende Person. Ironischerweise findet Ed in dieser kleinen Äußerung Akzeptanz, Nähe und Zuneigung – ganz anders als das, was er bei den Jungen und Männern erfahren hat, die ihre Bedürfnisse mit Hypnose und einem Standard-Familienleben tarnen. »Jim war der erste Mann, der seine Sachen auszog, mich in die Arme nahm, mir in die Augen sah und *Hey* sagte.« Obwohl er nicht beschreibt, was er mit den anderen Männern erlebt hat, müssen wir aus der Bedeutung, die er dem Wörtchen »Hey« beimisst, schließen, dass diese Begegnungen kalt und anonym gewesen sind, dass seine Sex-Partner sich so unbehaglich bei ihrem Tun fühlten, dass sie ihm nicht einmal in die Augen sehen, geschweige denn ihm etwas Nettes sagen mochten. Jim und Eds kurze Liaison führt übrigens dazu, dass Eds Mutter von seiner Homosexualität erfährt. Sie erzählt es seinem Vater und Ed wird erst zum Psychiater, dann auf ein Internat geschickt. »Mein gesamtes Leben veränderte sich.«

Vierzig Jahre später treffen sich die beiden Männer in einem Pariser Hotelzimmer. »Als er mich in seine Arme zog und *Hey* sagte, fühlte ich mich wieder wie vierzehn.« Die Körper der beiden Männer sind im Alter auseinandergegangen und inzwischen nicht mehr taufrisch, aber die nostalgische Wiederholung dieses einzelnen Wortes wirkt wie eine Art Aphrodisiakum.

▶ Intimität kann in sehr kleinen Portionen vermittelt werden, manchmal sogar über ein einsilbiges Wort.

▶ Trauen Sie sich ruhig, ihre beiden Figuren, die das erste Mal miteinander erlebt haben, im Alter noch einmal zusammenzuführen. Nicht alle müssen sich verändern wie Leota in *Rubinroter Dschungel*.

Als ich neulich *Selbstbildnis eines Jünglings* las, stieß ich auf eine Szene, die sich mit der Hypnose im Sommer-Camp befasst, die in *Reprise* angesprochen wird. Es ist ein wunderschöner Abschnitt über ein sehr viel kindlicheres erstes Mal:

> Dort, wo der Pfad die Holzfäller-Straße kreuzte, saß Ralph in einer Art natürlicher Hängematte, die die offen liegenden Wurzeln einer alten Ulme bilde-

ten. Er hatte seine Hose bis zu den Knien heruntergelassen und untersuchte seinen erigierten Penis mit ungläubiger Neugier – das Staunen machte seine Miene ausdruckslos. Er rief mich herüber und ich ging zu ihm, als ob ich eine Seltsamkeit der Natur beäugen wollte. Er überredete mich, ihn zu berühren, und ich tat es. Er bat mich, die rote, klebrige, freiliegende Eichel zu lecken, und ich zögerte. War das schmutzig?, fragte ich mich. Würde uns jemand sehen? Würde ich krank werden? Würde ich vielleicht ein Schwuler werden und nie, nie, nie wie andere Leute sein können?

Um meine Skrupel zu überwinden, hypnotisierte Ralph mich. Er musste die Worte nicht lange wiederholen; schon bald war ich in einer tiefen Trance versunken. Als ich schließlich unter seinem Einfluss stand, befahl er mir, ihm zu gehorchen, und das tat ich. Er sagte mir ebenfalls, dass ich mich an nichts würde erinnern können, wenn ich wieder erwachte, aber da hatte er sich getäuscht. Ich habe mich an alles erinnert.

Für mich sind die zwei interessantesten Aspekte dieses Abschnitts zum einen, dass der Junge uns nichts über die körperliche Erfahrung erzählt, die die beiden gemacht haben; er überlässt es uns mit der letzten, fantastischen Proust'schen Zeile, unsere Fantasie anzustrengen. Zum anderen, denke ich, sollen wir den Satz, »Er musste die Worte nicht lange wiederholen; schon bald war ich in einer tiefen Trance versunken«, wohl als einen ironischen Kommentar des Autors auffassen. Der Junge *wollte* hypnotisiert werden, da er eine Ausrede brauchte, fortzufahren, ohne dass seine Beteiligung an diesem Akt ihn fürs Leben »brandmarken« würde.

Eine andere Art von gleichgeschlechtlichem ersten Mal taucht in A.M. Homes' satirischem Roman *Grillparty* auf. Dort treffen zwei Vorstadt-Hausfrauen aufeinander, nachdem ihre Kinder und Ehemänner am Morgen zur Schule, beziehungsweise zur Arbeit gefahren sind. Elaine und Paul, deren Haus nach einem Brand unbewohnbar ist, sind vorübergehend bei ihren Nachbarn, Pat und ihrem Mann George eingezogen. Die Szene ist lang und witzig, voller nervösem Gekicher und widerstrebendem Genuss, voller unvertrauter Empfindungen, die sie beide sich gegenseitig verschaffen. Die Verführung beginnt, als Elaine Kaffee auf ihr weißes Hemd schüttet. Pat, die noch immer ihren Bademantel trägt, sagt ihr, dass sie das Hemd ausziehen soll, damit sie den Fleck entfernen kann, und ... küsst sie. Elaines Erschrecken und ihre Verwirrung über das, was vor sich geht und warum es vor sich geht, durchzieht die Szene und wird in dem einzelnen Wort »okay« zusammengefasst. Pats Lockerheit und Elaines Verwirrung sind die Hauptkomponenten für den Konflikt, der die Begegnung vorantreibt und sie mit Energie und Humor versorgt. Ein paar Highlights:

> Es ist okay, redet Elaine sich ein, wenn es nur ein Kuss ist. Okay, solange die Kleider anbleiben, okay, wenn nur ihr Hemd fehlt, okay, wenn .... Sie stellt Regeln auf und bricht sie augenblicklich wieder.
>
> Pat ist an ihren Brüsten. Ein Laut entwischt Elaine, ein peinlich tiefer Seufzer – als würde irgendwo Luft ausströmen. Elaine kann nicht fassen, dass sie dies hier zulässt; sie schiebt dem keinen Riegel vor, sie schreit nicht, sie genießt es ... Elaine kann nicht sagen, wer wer ist, was was ist – Marcel Marceau, ein Spiegelspiel, die eine imitiert die andere.

Ein paar Minuten später:

> Und Pat ist oben, presst sich an sie, bumst sie auf seltsam schwanzlose Art. Vögeln ganz durch Reibung ...
>
> »Es ist okay«, sagt Elaine ...
>
> »Okay, wenn es nur von außen ist, okay, wenn es nur eine Hand ist. Okay, wenn's nur Finger sind und keine Zunge, und dann okay, wenn es eine Zunge ist ... Es ist völlig okay.«
>
> »Du bist ein Leckerchen«, sagt Pat. »Eine Delikatesse. Ich darf sonst nie küssen, George mag es nicht.«

Und als es vorbei ist:

> »Alles in Ordnung?`«, fragt Pat.
>
> »Es ist okay«, sagt Elaine hastig ... Sie empfindet eine merkwürdige Beklemmung, so hoch hinauf gestiegen und aus sich herausgegangen zu sein, als ob sie vollkommen ungehemmt sei. Sie hat sich selbst einen Schrecken eingejagt – als ob so etwas noch nie zuvor gemacht worden ist, als ob sie und Pat es eben hier auf dem Küchenboden erfunden haben.

Ein Frau mittleren Alters, die eher Dankbarkeit als Schock empfindet, ist die Geliebte in Mary Gordons *Die Muse*, einem sinnlichen Fest, das den Untertitel *Ein utopisches Divertimento* trägt. Eine geschiedene Malerin, Mutter von zwei Kindern, die aufs College gehen, trifft auf einen reichen Mann, der ihr Mäzen, ihre Muse und ihr Geliebter sein will. Ihre erste Vereinigung in seinem schönen Sommerhaus am Cape Cod ist gekennzeichnet durch ein träumerisches Wohlgefühl und durchzogen von Selbsterkenntnis. Sie ist auch ein wunderbares Beispiel, wie man sehr explizit sein kann, ohne aus dem unangenehm anatomischen Wortschatz, der uns zur Verfügung steht, schöpfen zu müssen:

> Er schob seinen Kopf zwischen meine Beine, wühlte sich zuerst nur ein bisschen hinein. Sein Bart fühlte sich an den Innenseiten meiner Schenkel etwas kratzig an. Dann, erst mit seinen Lippen, dann mit seiner Zunge, entzündete er ein Feuer. Ich musste verwundert aufschreien, dankbar, dass ich an der richtigen Stelle berührt worden war, vielleicht weil so viele andere früher, als ich noch jung war, immer wieder die falsche Stelle oder sehr viele Stellen oder gar keine Stelle gefunden hatten. Ein so seltsames Gefühl: Dankbarkeit und Begierde. Mein Appetit war angeregt worden. Es fühlte sich fast wie eine Bestrafung an. Ich dachte die ganze Zeit an das Wort »Brummen«, eine Kreuzung zwischen Pulsieren und Summen. Ich sah eine Flamme, die auflodern wollte; ich hörte es, es gab da etwas, was ich haben wollte, etwas, was ich zu erreichen versuchte, und dabei bestand die Gefahr, dass ich es verfehlte, nicht finden würde oder nicht festhalten konnte. Der schreckliche Moment, wenn du dich fürchtest, dass du es nicht schaffst, dass es dir entgleitet, dass es nicht funktioniert, dass du nicht funktionierst, es kann nicht funktionieren, und du bist sehr, sehr verzweifelt. Gleichzeitig willst du in deiner Verzweiflung verharren ... gleichzeitig sagst du dir, du bist fast da, du bist fast da, du kannst es nicht mehr verfehlen, mach weiter, mach noch ein bisschen weiter, du bist fast da, ich weiß es, du kannst es nicht verfehlen. Und dann *bist* du plötzlich da.

EIN PAAR LETZTE WORTE ÜBER DAS ERSTE MAL

Was eine Szene über das erste Mal erfolgreich macht, ist das, was alle guten Liebesszenen auszeichnet. Denken Sie, während Sie schreiben und umschreiben, immer an folgende Punkte:

▶ Eine Sex-Szene ist keine Gebrauchsanweisung für Anfänger. Bleiben Sie bei den internen und externen Rangeleien ihrer Figuren und konzentrieren Sie sich nicht nur auf ihre körperlichen Bedürfnisse.

▶ Konstruieren Sie für Ihre Figuren Konflikte, Hindernisse und Überraschungen, die aus dem, was sie sind oder aus den äußeren Umständen, die sie zusammengeführt haben, entspringen.

▶ Integrieren Sie einige oder alle Allgemeinbedingungen in diesen besonderen Moment oder erschaffen Sie ein Universum, in dem die Erwartungen so anders sind, dass sich keine der Allgemeinbedingungen anwenden lässt.

▶ Wenn eine Liebesszene wie ein Pflichtprogramm oder einfach nur eingeschoben wirkt, lassen Sie sie weg oder schreiben Sie sie um, bis sie eine Bedeutung für die Geschichte oder das Verständnis für ihre Figuren erhält.

6

GROSSE ERWARTUNGEN
Hochzeitsnacht und Flitterwochen

»Man kann in seinen
Flitterwochen guten Sex und
trotzdem das dumpfe Gefühl
haben, dass irgendetwas
faul ist.«

Charles Baxter
Fest der Liebe

In den Zeiten, bevor Mann und Frau schon vor der Ehe (oder statt zu heiraten) völlig normal zusammenlebten, waren die Flitterwochen der offizielle Beginn des Liebeslebens eines Paares. In vielen Kulturen und traditionsgebundenen Religionen sind die Flitterwochen immer noch ein Initiationsritus, der Zeremonien, die Einbindung der kompletten Gemeinde und das Erbringen von Beweisen – das blutige Laken, das ins Fenster gehängt wird – mit einschließen kann.

Aber selbst wenn es nicht der Beginn der Intimitäten ist, selbst wenn Leute heiraten, die schon Jahre zusammen gelebt haben, so haben Hochzeitsnacht und Flitterwochen doch immer noch eine geheimnisvolle, einzigartige Bedeutung. Es ist unser erstes Mal als verheiratete Person, die Eröffnungsszene einer Geschichte, von der wir hoffen, dass sie sehr lang sein und ein Happy End haben wird. Und es ist der Beginn von gesetzlich sanktioniertem Sex. Wie wir im vorherigen Kapitel gesehen haben, finden erste Male, wenn sie vorehelich sind, immer im Geheimen, ganz privat statt; wir geben uns gewöhnlich sehr viel Mühe, das Ereignis zu verheimlichen. Aber mit dem Trauschein in der Hand wird von uns quasi erwartet, uns zu lieben.

Wenn dies aus irgendeinem Grund nicht passiert, können tatsächlich Anwälte und Gerichte bemüht werden: Eine Ehe, die nie vollzogen wurde, kann leicht annulliert werden, die Weigerung eines Partners, mit dem anderen zu schlafen, ist gewöhnlich ein ausreichender Scheidungsgrund. Aber auch ohne gesetzliche Einmischung können Flitterwochen, die aus irgendeinem Grund schief gehen, einen langen dunklen Schatten auf das bevorstehende Eheleben werfen.

Und obwohl oder gerade weil all diese Erwartungen – diese Intimität auf Bestellung – frisch Verheiratete nervös machen, bieten sie einem Schriftsteller eine reichhaltige Quelle an Material. Wo es Erwartungen gibt, können Erwartungen zunichte gemacht werden. Wo der Einsatz hoch ist, kann schon ein kleiner Verlust sehr schwer zu verschmerzen sein. Je mehr wir uns von einem sexuellen Erlebnis erhoffen, desto größer unsere Enttäuschung, wenn die Realität nicht an unsere Fantasien herankommt.

Bei frisch Verheirateten kann man die Gedanken der Beteiligten viel leichter erraten als bei allen anderen Sex-Partnern: *Habe ich die richtige*

Wahl getroffen? Wird er oder sie mich ewig lieben? Werde ich sie oder ihn ewig lieben?

Es gibt wenige sexuelle Begegnungen, die genauso stark von Ängsten durchzogen sind wie die Hochzeitsnacht – außer natürlich, wenn es um Ehebruch geht.

ALLGEMEINBEDINGUNGEN

Einige der gegebenen Umstände in diesem Kapitel sind identisch mit denen, die für die ersten Male galten. Ziehen Sie auch diese in Betracht:

1. Die sexuellen Hintergründe und Vorlieben der Partner bestimmen ihr Verhalten. Sind sie unerfahren, sind sie schon lange miteinander vertraut oder hat einer weit mehr Erfahrung als der andere?

2. Beide werden wahrscheinlich eine ganze Menge emotionalen und sexuellen Druck verspüren: Lampenfieber, Erwartungsängste, Hemmungen.

3. Sie empfinden vielleicht Freude, Staunen, Aufregung und Hoffnung über das Neue und die Chancen, die daraus entstehen.

4. Durch das Wissen, dass der Sex nun legitimiert ist, könnten die Figuren während des Aktes auch darüber nachsinnen, ob und wie sich ihr Liebesleben und ihr Leben im Allgemeinen durch den Trauschein verändert hat – oder verändern wird.

5. Ihre Gedanken können auch in die Zukunft wandern, sie können sich ausmalen, Kinder, ein Haus, eine Familie zu haben, die ähnlich ist wie die, in der sie aufgewachsen sind, oder die sich vollkommen von dieser unterscheidet.

6. Die Bedeutung der neuen Gegebenheiten erfüllt sie möglicherweise mit Zweifel, Angst oder Nachdenklichkeit. Vielleicht bemerkt einer der Partner auch plötzlich, dass den anderen etwas belastet, worüber er bisher noch nicht gesprochen hat.

7. Wundervolle Flitterwochen sind keine Garantie für dauerhafte Glückseligkeit.

BEISPIELE

Ich stelle diesen Abschnitt, mit dem ein Kapitel aus Roddy Doyles gefeiertem Roman *Die Frau, die gegen Türen rannte* zu Ende geht, ohne Ihnen den Kontext zu verraten, an den Anfang. Die Protagonisten sind Charlo und Paula, aus deren Perspektive erzählt wird. Paula erinnert sich an ihre Flitterwochen, die sie vor beinahe zwanzig Jahren in dem Bed&Breakfast-Haus von Mrs. Doyle verlebt hat:

> Ich konnte nicht genug von ihm bekommen. Ich war müde und wund, aber das war mir egal. Ich wollte nicht schlafen. Ich wollte den Schmerz. Ich wollte ihn in mir, die ganze Zeit. Sein Gewicht auf mir. Ich wollte ihn tiefer und tiefer in mich hineinschieben. Ich wollte sein Gesicht beobachten. Ich wollte, dass sein Schweiß auf mich herabtropfte. Ich wollte, dass meiner auf ihn herabtropfte. Ich kletterte auf ihn. Ich hatte das noch nie zuvor getan. Ich konnte wirklich nicht glauben, dass ich das tat. Ich dachte mir etwas aus. Ich hielt ihn und schob ihn hinein. Es fühlte sich viel tiefer an. Ich werde es nie vergessen. Ich hatte den Oberbefehl und es gefiel ihm. Ich hielt seine Hände fest. Er tat, als wollte er sich losmachen. Ich ließ meine Brüste in sein Gesicht baumeln. Er wurde wild, bäumte sich auf. Er zerriss mich. Ich drückte ihn runter. Einer seiner Finger schnalzte gegen meinen Hintern. Ich bewirkte das. Er hob und senkte sich. Ich konnte es nicht glauben. Es gab kein Ende, kein Ende all dieser Neuigkeiten. Er tat etwas. Ich machte es ihm nach. Ich tat etwas. Er tat es auch. Er nahm mich von hinten. Ich drängte zurück, presste mehr von ihm in mich. Ich nahm ihn in den Mund. Er leckte mich. Ich brachte ihn dazu, auf meinem Bauch zu kommen. Er lutschte an meinen Zehen. Das ganze Zimmer bebte, und Mrs. Doyle lächelte uns jeden Morgen an.

So, wie sie dasteht, ist diese Szene voller Freude: Eine Woche Zurückgezogenheit und ungehemmter Sex mit der stillschweigenden Billigung der B&B-Eigentümerin. Doch diese Szene steht auf Seite 152 des Romans und zu diesem Zeitpunkt weiß der Leser bereits, dass Unschuld und Freude längst eine verblassende Erinnerung sind. Nachdem Paula vier Kinder großgezogen und achtzehn Jahre lang Charlos Grausamkeit ertragen hat, hat sie ihn rausgeworfen. Ein Jahr nach dem Rauswurf ist ein Polizist zu ihr gekommen, um ihr mitzuteilen, dass Charlo tot sei; er ist erschossen worden, nachdem er eine Frau, seine Geisel, getötet hat. Der Roman des Iren Doyle beginnt mit Paulas Erinnerung an den Tag, als sie dem Polizisten die Tür öffnete. Von diesem Moment an erinnert sie sich an die angespannte Zeit danach, ein Bericht, der immer wieder von Erinnerung an die Tage, die zu diesem Ereignis geführt haben, durchzogen sind: Ihre glückliche Dubliner Kindheit, Charlo, der um sie warb, ihre Hochzeit, die Flitterwochen. Und Paula versucht zu verstehen, was aus ihrer Zufriedenheit, ihrem Glücksgefühl, ihrem Leben geworden ist.

Ihr sehr lebendiger Rückblick auf die Flitterwochen wird zum Wendepunkt für Paula – und für den Roman. Im Laufe dieser Erinnerung, die beinahe ein Wieder-Erleben der damaligen Offenheit und Ungehemmtheit ist, befreit sich Paula so weit, dass sie uns in dem Kapitel, das direkt auf die Flitterwochenszene folgt, von der schlimmsten Seite ihrer Ehe erzählt: Der Mann, dem sie sich einst beim Sex so nah gefühlt hat, beginnt, sie zu schlagen und zu vergewaltigen – eine Brutalität, die die Gesellschaft verzeiht. Immer wenn Charlo seine verprügelte Frau ins Krankenhaus bringt, akzeptieren die Ärzte und Schwestern ihre wenig überzeugende Erklärung widerspruchslos: Sie sei gegen eine Tür gerannt. Sie hätte zu gerne die Wahrheit gesagt, gesteht sie uns, hätte sie nur einmal jemand danach gefragt.

Der Sex der Flitterwochen, an den Paula sich erinnert, ist süß, sexy, scharf und liebevoll – aber da wir als Leser bereits wissen, was bald darauf folgen wird, ist dieser Absatz überlagert von all den unausgesprochenen Gefühlen des Kummers, des Verlustes, aber auch von der Gewissheit, dass die Zeit vergeht.

Bradleys und Dianas Flitterwochen in Charles Baxters sehr komischem Roman *Fest der Liebe* sind auf etwas leichtere Art herzerweichend. Baxters Methode – in jedem Kapitel erzählt eine andere Figur seine Geschichte – macht es uns möglich, Dinge über die Personen zu erfahren, die sie einander nicht unbedingt mitteilen würden. Wie in diesem Fall: Bradley, dessen Hund ebenfalls Bradley heißt – nur um Ihnen eine Ahnung seiner Einfallslosigkeit zu geben –, liebt Diana und will sie heiraten. Allerdings wissen wir bereits von Diana, dass sie immer noch eine

Beziehung mit einem verheirateten Mann hat, mit dem sie eine intensive körperliche Leidenschaft verbindet. Sie heiratet Bradley zwar tatsächlich, aber er spürt bereits in der Hochzeitsnacht, dass irgendetwas nicht stimmt. Nachdem sie sich geliebt haben, und zwar als »Mann und Frau, als verheiratete Partner, statt nur als Geliebte, sagte Diana: ,Bradley, du bist so ein netter Kerl', während sie bereits eindöste ... Ich nehme ja Komplimente an, wo immer ich sie bekommen kann, aber ,nett' ist nicht das Wort, dass ein Mann unter diesen besonderen Umständen hören will ... Sprachlosigkeit hätte mir eher gefallen.«

Einige Nächte später, als sie sich in einem abgelegenen Gasthaus eingerichtet haben, kommt Bradley Dianas Verhalten so befremdlich vor, dass er endlich begreift, was der Leser schon lange weiß:

> Oben im Schlafzimmer, als wir unter uns waren, verlieh Diana unserem Liebesspiel mehr Feuer als je zuvor, aber es war das falsche Feuer, es war, als ob sie versuchte, durch körperliche Aktivität einen inneren Druck loszuwerden. Sie ritt mich und schloss ihre Augen, und sie beugte sich herab, um meine Lider zu küssen, aber es lag kein Hauch von Zuneigung darin, kein einziges, winziges Zeichen von Liebe. Sie brauchte es, das war alles ... Sie sagte mir, dass wir das Abendessen ausfallen lassen würden ... Ich war eingeschlafen und wachte auf, weil sie an mir arbeitete. Sie ließ mich nicht schlafen. Wir hatten beide blaue Flecken. Ich hätte niemals geglaubt, dass so etwas passieren könnte, aber mag man mich auch manchmal für furchtbar naiv halten, so sagten mir meine Beobachtungen in dieser Nacht doch, dass sie jemand anderen liebte, und zwar sehr. Und ich begriff, dass sie ihn schon lange liebte und dass sie darunter litt. Und nun ließ sie es an mir aus, zeigte es mir deutlich, und ich weiß, dass genau das ihre Gedanken waren, die Gedanken, die sie mir um nichts in der Welt mitteilen würde.
>
> Wir hatten eine tolle Zeit miteinander, Diana und ich, aber es konnte nichts für die Dauer sein. Und das war es auch nicht.

Diese eindrucksvolle Szene erinnert mich an Edmund Whites Bemerkung, dass Sex »der intensivste Dialog [ist], der zwischen zwei Menschen stattfinden kann, und in dem man nie weiß, was der andere gerade denkt.« Die Brillanz in der zweiten Szene liegt darin, dass Baxter Diana so extrem und selbstbezogen agieren lässt, dass Bradley genügend Hinweise erhält, um ihre Gedanken zu erraten. Und da Baxter den Roman so gestaltet hat, dass wir Diana bereits mit ihrem verheirateten Lover erlebt haben, wissen wir auch, dass Bradley mit seiner Vermutung Recht hat.

Doyles und Baxters Frischverheiratete erleben ihre Hochzeitsnacht in zeitgenössischem Umfeld, in unserem Zeitalter sexueller Freiheit für Männer *und* Frauen. In *Plains Song*, für den Morris Wright 1981 den National Book Award gewann, findet die Hochzeitsnacht in einem Rasthaus statt, in dem das frisch verheiratete Paar auf ihrer Reise mit einem Planwagen etwa um 1900 Halt macht – was für einen Unterschied ein Jahrhundert ausmacht.

Wenn die drei Worte, die wir heute mit einer Hochzeitsnacht verbinden, »Ich liebe dich« sind, so lauten die drei, die die Verbindung der zwanzigjährigen Cora und Emerson Atkins kennzeichnen, »vom Pferd gebissen«. Der Roman beginnt, als Cora bereits alt und bettlägerig ist. Wright beschreibt eine Narbe auf ihrer Hand, »blau wie das Metall eines Gewehrs, zwischen dem ersten und zweiten Knöchel, eine Naht auf der Haut. Wie hatte sie sie sich zugezogen? Es hieß, ein Pferd habe sie gebissen. Nicht ungewöhnlich für eine Farmersfrau.«

Im ersten Kapitel erfahren wir die trostlose Geschichte ihrer unromantischen Hochzeit im bäuerlichen Ohio und der Zeit, als Emerson ihr den Hof machte. Endlich verheiratet, machen sich Mann und Frau, die einander kaum kennen, in einem Wagen auf dem Weg, um zur Grundparzelle des Mannes auf den Great Plains zu reisen. »Für Cora stellte diese Reise die Flitterwochen dar, die Pause zwischen dem Leben, das sie bisher geführt hatte, und den endlosen Pflichten einer Farmersfrau.«

Ihre ersten Nächte verbringen die Frischvermählten getrennt – er hat für sie im Wagen eine Schlafstatt vorbereitet, er selbst legt sich auf den Boden daneben. »Was immer Emerson diesbezüglich dachte und fühlte, behielt er für sich – insofern waren sie sich ähnlich.« Die Regelung erscheint ihr »als ein Beweis der Klugheit, die sie von ihrem Mann erwarten durfte. Jetzt war weder die Zeit noch der Ort, müde und wund [wie sie waren], um über das nachzudenken, was, wie man ihr zu verstehen gegeben hatte, geschehen würde.«

Das kommt ein oder zwei Nächte später, als sie in einem Gasthaus am Mississippi übernachten. Nach dem Abendessen geht Cora ins Bett.

Emerson badet und kommt in einem »Anzug aus hafermehlfarbenem Flanell« zu ihr. Sie sprechen nicht, berühren sich nicht.

Bevor er die Lampe ausblies und sich zu ihr herumrollte, wobei das Bett quietschte wie der Rumpf ihres Wagens, war ihre Bestürzung zu einem Entsetzen angewachsen, die ihren Willen lähmte. Als er sich auf sie schob und seine suchenden Hände das Laken mit ihrem Nachthemd verwechselte, hatte sie bereits die geballte Faust in ihren Mund geschoben und starrte blicklos an die Decke. Was erlebte sie? Man konnte es mit einer Operation ohne Betäubung vergleichen. Die Zeit, die ihr Angreifer brauchte, um zu tun, was getan werden musste, verbrachte sie in einem Schockzustand. Im Licht der Dämmerung stellte sie fest, dass sie sich durch das Fleisch ihrer Hand bis auf den blanken Knochen gebissen hatte. Emersons Konfusion brachte ihn zum Reden. Laut fragte er, wie so etwas nur habe passieren können. Unfähig es zu begreifen, schien er an dem, was er sah, zu zweifeln.

Als Emerson sie zu einem Doktor bringt und dieser fragt, was passiert ist, antwortet Emerson an ihrer Stelle: »'n Pferd hat sie gebissen.«

Es ist ihre erste und letzte sexuelle Begegnung und die Nacht, in der Cora ihre Tochter empfängt. Obwohl *Plains Song* bis in die siebziger Jahre reicht, fallen Morris' Figuren niemals aus der ihnen anerzogenen Rolle und reden nicht über ihre traurige Geschichte – oder ihre Zukunft. Ihr gesellschaftlicher Hintergrund erlaubt es ihnen nicht, ihre Sexualität mit so etwas wie Vergnügen zu verbinden, so dass nicht einmal die nonverbale Körperlichkeit des Aktes sie wieder zusammenbringen kann.

Sexuell zusammenzukommen war nicht das Problem für das höchst ungewöhnliche Frischvermählten-Doppel der Bunker-Brüder und Yates-Schwestern, die 1843 in North Carolina heirateten. Die Verbindung dieser realen Personen inspirierte Darin Strauss zu seinem ersten Roman, *Chang und Eng*, eine größtenteils erfundene Geschichte, die auf den wenigen bekannten und überlieferten Fakten über das traurige, komplizierte Leben der ursprünglichen »Siamesischen Zwillinge« beruht. Chang und Eng wurden 1811 in Siam geboren – untrennbar an der Brust durch einen Strang Fleisch und Gewebe miteinander verbunden. (Auf dem Titel

der Hardcover- und Taschenbuchausgabe befindet sich ein erschüttern-
des Foto der beiden.) Es ist überliefert, dass Chang und Eng Schwestern
heirateten, von der die eine ihre Familie entehrt haben soll, weil sie mit
einem Sklaven geschlafen hatte. Das war der Grund, warum kein anderer Mann sie mehr haben wollte – bis die Bunker-Brüder in die Stadt
kamen. Aus den beiden Ehen gingen einundzwanzig Kinder hervor. Die
Sex-Szenen in diesem Roman illustrieren eine ganze Reihe von Schreib-
lektionen.

Strauss sagte mir, dass die Brüder »eine Methode entwickelt hatten,
bei der der inaktive Bruder versuchte, dem aktiven ein wenig Privatsphäre zu geben. Was darüber hinausgeht, habe ich erfunden.« Er betonte
ebenfalls, dass die Szene geschmackvoll bleiben sollten. »Ich denke, dass
es bei einer solchen Geschichte, wie ich sie erzählen wollte, nur allzu
leicht passieren kann, dass sie ins Bizarre und Sensationslüsterne abdriftet.«

Erstens ist die Miteinbeziehung von Liebesszenen in *Chang und Eng*
ein extremes Beispiel dafür, wie gut sich Sex einsetzen lässt, um dem
Leser etwas Fundamentales über die Wesensart der Beziehung eines Paares – in diesem Fall zwei Paare – zu verraten. Eine Liebesszene kann und
sollte eine essentielle Wahrheit, über das, was die Figuren sind, veranschaulichen. Liebende, die im Bett linkisch und unkommunikativ sind,
sind es wahrscheinlich auch in der Küche. Die Probleme, die Chang und
Eng und ihre Frauen haben, sind genau dieselben, die sie auch haben,
wenn sie sich nicht im Bett befinden. Eine echte Privatsphäre existiert
für die Männer nicht; eine echte Privatsphäre existiert auch für die beiden Paare nicht. Sie sind in einer grausamen Parodie dessen, was Nähe –
und Ehe – bedeutet, aneinander gebunden. Sie sind wahrhaftig Gefan-
gene ihrer Körper.

Zweitens muss die Liebesszene denselben Tenor besitzen wie die rest-
liche Geschichte.

Drittens sollte das Schreiben einer Liebesszene keine Ausrede sein,
seine eigenen sexuellen Fantasien zu äußern. Wie bei anderen Szenen
auch sollte der Autor versuchen, sich in Körper und Geist seiner Figuren
hineinzuversetzen. Eine Sex-Szene sollte von dem, wer die Figuren sind
und was sie sich von der Begegnung erhoffen, angetrieben werden, nicht
von den erotischen Gedanken des Schriftstellers.

Mehr noch als in anderen Romanen, ist die »erste« Flitterwochen-Szene in *Chang und Eng* außerhalb des Kontextes schwierig zu würdigen. (Die Brüder kommen überein, dass ihre sexuellen Begegnungen zu dritt, nicht zu viert stattfinden sollen, so dass es in diesem Fall zwei separate erste Male gibt.) Beide Szenen sind zu lang, um sie hier ganz abzudrucken, aber wir können auch aus diesem Auszug einiges von dem, was Strauss mit seiner sehr detaillierten Beschreibung erreichen wollte, erkennen. Beide Männer sind in Strauss' Roman mit zweiunddreißig noch jungfräulich.

Eng ist der Erzähler des Romans; er ist gebildet, wortgewandt, liest Shakespeare und ist weit unglücklicher mit ihren zusammengewachsenen Körpern als sein weniger gebildeter Bruder. Mag Chang auch nicht so clever sein wie Eng, so ist er doch – zumindest am Anfang – gesegnet mit der Fähigkeit, jemanden zu lieben. Er ist es gewesen, der sich in Adelaide verliebt hat und sie heiraten will. Ihre Schwester und Eng werden quasi aus praktischen Gründen verbandelt. Und unglücklicherweise ist Eng in Wahrheit in die Frau seines Bruders verliebt, und es ist unter anderem das steigende Verlangen nach ihr, dass den Liebesszenen ihre quälende Eindringlichkeit verleiht. Nachdem Eng seiner eigenen Frau gute Nacht gesagt hat und die beiden Brüder und Adelaide sich in dem besonderen, extra-breiten Bett eingerichtet haben, beschreibt Eng sehr detailliert, wie sich die beiden einander annähern. Strauss lässt Adelaide sagen: »Ich habe mich oft gefragt, wie dieser Augenblick wohl sein mag ... Vielleicht bin ich verdorben ...«

Ich schloss meine Augen – die Methode, auf die Chang und ich uns geeinigt hatten –, um für die nächste Stunde »unbeseelt« zu werden. Aber bei jedem Schubs oder Ruck oder Tritt von Adelaide öffneten sich meine Augen wie von ganz allein ...

Und dann fingen mein Bruder und seine Frau an, ein Liebesverhältnis zu haben.

Chang weckte mich schon wieder, als er auf seine Frau und mich kletterte. Er berührte ihre Brüste und Brustspitzen, als würde er nie wieder die Gelegenheit bekommen. Mein Arm war um die Schulter meines Bruders geschlungen, und um seine Stellung möglich zu machen, war unser Band stärker gedehnt, als es gut sein konnte. Die ungünstige Aktivität bedeutete, dass ich keine Wahl hatte, als mich an Adelaide zu drängen, als mich zum Teil gegen ihren Körper – an die Rundung ihrer Hüfte – zu schmiegen und mich an ihrem Bein zu reiben, als mein Bruder sich vor und zurück bewegte. Chang sah, dass meine Augen offen standen; er wandte sich rasch ab und ich schloss sie. So fest ich konnte.

Nachdem wir drei uns ein paar Mal herumgerollt hatten, spürte ich Adelaides Haar an meinem Hals kitzeln, was gleichzeitig Geschenk und Qual war. Ich mühte mich, meine Lider geschlossen zu halten, als Knie, Ellbogen und Finger sich in mich bohrten oder von mir abprallten. Das Band schmerzte. Obwohl ich die Augen zu hatte, wusste ich, dass sie noch immer auf meinem Bruder war, weil ihr Haar meinen Hals einmal mehr erfreute. Ich ließ meinen Blick über ihr sich rötendes Gesicht gleiten und folgte dem Schwung ihres feinen Wangenknochens. Noch ein Versehen – ihre Finger strichen unfreiwillig über meine Handfläche, bevor sie verlegen ihre Hand zurückziehen konnte. Sie war erschreckt und gehemmt und den Tränen nah. Ich fühlte mich einsam und preisgegeben.

Inzwischen biss sich Chang, schwitzend, die Augen geschlossen, auf die Lippe und begann dann, triumphierend zu lächeln. Auch ich spürte etwas – als ob eine Feder leicht vom Kinn bis zu den Füßen über meinen ganzen Körper strich, und ich schauderte. Ich fing, instinktiv, an, mich langsam aber sicher mit meinen Lippen, die zu einem O geöffnet waren, der Wange der Braut meines Bruders zu nähern. Im allerletzten Moment brach ich ihre Reise ab. Der Wind, der durch die Magnolien draußen pfiff, machte ein schrilles Geräusch und die Matratze intonierte ihr eigenes knarzendes Lied.

Die Szene ist durchzogen von Versuchung, Selbstverleugnung und peinigenden Doppelbotschaften. Im Bett zu sein mit einer Frau, die man nicht anfassen darf; so zu tun, als ob man sie nicht berührt, wenn man es doch gerade tut; vorzugeben, dass alle Sinne ausgeschaltet sind, wenn das doch unmöglich ist; so zu tun, als sei man nicht erregt ... vielleicht ist es in solch einem Fall besser, allein zu bleiben, niemals etwas von körperliche Nähe zu erfahren, als auf diese Weise gequält zu werden.

Wenn das, was in einer Hochzeitsnacht passiert, eine Vorschau auf das ist, was noch kommen wird, so ist dies für diese sorgfältig und feinfühlig konstruierte Begegnung eine besonders erschreckende Aussicht.

EIN LETZTES WORT ÜBER FRISCHVERHEIRATETE

Ob Ihre Figuren nun aus der Vergangenheit oder aus der Gegenwart stammen – der Sex ihrer Flitterwochen kann uns eine Menge über das sagen, was ihre Zukunft bringen wird. Oder er kann – wenn die Protagonisten sich erinnern oder zurückschauen – das, was sie verloren oder gewonnen haben, dramatisieren. So oder so: Das Gewicht der Ehe verwandelt den Sex in etwas, das Folgen haben wird. Selbst in unserer Zeit der sexuellen Freiheit bietet die Hochzeitsnacht dem Autor eine fantastische Möglichkeit, aus seiner Liebeszene Konflikte entstehen zu lassen, die weitreichenden Auswirkungen haben.

7

LEBENSLÄNGLICH
Ehepaare

»Die Ehe hat nach landläufiger Meinung wenig mit Erotik zu tun.«

George Bataille
Der heilige Eros

Wer über Jahre hinweg Nacht für Nacht mit derselben Person schläft, hat sich »aus der Gosse wilder Leidenschaft auf den glatten Rasen der ehelichen Liebe« begeben, wie die englische Romanautorin Fay Weldon es in ihrem Werk *Die Teufelin* so schön ausgedrückt hat. Aber nicht verzagen: Über den ehelichen Sex zu *schreiben*, kann genauso prickelnd sein wie das Entwerfen einer stürmischen Begegnung zwischen Liebenden, die sich seit Jahrzehnten nacheinander verzehren.

Aber was ist es, das den Autor so in Aufregung versetzen kann? Das ganze Dickicht an Umständen, die den ehelichen Sex im wirklichen Leben so vorhersehbar und vertraut machen, bieten dem Schriftsteller gleichermaßen reichhaltiges Material für Konflikte, Erwartungen, Enttäuschungen und Überraschungen – mit anderen Worten: für jede Menge Drama! Wenn das Paar Kinder hat, haben Sie hier eine eingebaute Quelle für Spannungen und Intrigen. Es kann beinahe so spaßig sein wie das Schreiben über ehebrecherischen Sex: *Haben wir noch genügend Zeit, bevor sie aufwachen? Können sie uns hören? Oh, nein, Susie steht schon am Fußende!*

Aber ob mit Kindern oder ohne – Ihre Partner sind im Bett routiniert. Wenn Sie sie zusammenbringen, dürfen Sie nicht vergessen, dass trotz aller berechenbarer Züge jeder der beiden Geheimnisse, Fantasien, Bedürfnisse, Ängste und Gedanken hat, die er für sich behält – und in die nur der Autor uns einweihen kann. Im wahren Leben kann sich Ablenkung störend auf die Intimität auswirken, aber in literarischer Fiktion sollten daraus Konflikte, Missverständnisse, unrealistische Erwartungen und kleinere oder größere Enttäuschungen werden. Dies sind die Edelsteine, die Sie abbauen und schleifen sollten.

Und weil Eheleute so viele Lebensbereiche jenseits vom Sex teilen, kann sich der Rest ihres Lebens während des Liebesspiels leicht in Gedanken und Taten einschleichen, so dass sich eine Sexszene als ein Schnappschuss des ehelichen Lebens darstellen kann.

Und das ist gewiss der Fall in einer Szene aus dem ersten Kapitel von Updikes *Bessere Verhältnisse*. Nach zwanzig Jahren Ehe ist Toyota-Händler Harry Angstrom eher an den *Consumer Reports* als an den Avancen seiner angetrunkenen Frau interessiert. Als Harry endlich nachgibt und seine Zeitschrift zur Seite wirft, versucht Janice, ihn zu erregen, aber was ihn wirklich anturnt, sind Erinnerung an ein Mädchen aus der 9. Klasse und eine Geliebte, für die er seine Frau vor Jahren kurzfristig verlassen hat. Die wenigen Sätze, die das Paar austauscht, spiegeln die traurige Distanz, die zwischen ihnen besteht, wider. Bevor ihr Liebesspiel sich wirklich entwickeln kann, dämmert Janice weg. Harry rollt ihren Körper herum und beschließt, von hinten in sie einzudringen, so dass »sein Schwanz, hart wie Stein, in einer schlafenden Frau steckt ... Liebe hat sie eingelullt. Schnaps hat sie ausgeschaltet. Gesegnet sei diese Droge ... Er handelt verstohlen, damit er sie nicht weckt, ist aber zielstrebig in seiner Absicht, schnell und rundheraus.« Diese Sex-Szene zwischen Harry und Janice Angstrom ist das Spiegelbild ihrer unglücklichen Ehe.

In *Aus Mangel an Beweisen* redet Scott Turows Protagonist Rusty Sabitch von den Grenzen und Belastungen des ehelichen Sex – die Bedeutung und das Gewicht der gemeinsamen Geschichte, die alltäglichen Störungen –, indem er versucht, dem Leser seine Hinwendung zu Carolyn Polhemus zu erklären. »Nach beinahe zwanzig Jahren, die ich mit Barbara geschlafen hatte, stieg ich nicht mehr nur mit ihr ins Bett. Ich legte mich mit fünftausend anderen Ficks ins Bett, mit der Erinnerung an jüngere Körper, mit den Sorgen um die Millionen Dinge, die unser Leben umgaben und aufrechterhielten.«

Bei der sexuellen Offenheit, die heutzutage vorherrscht, kann die Zurückhaltung eines Schriftstellers aufschlussreicher sein als damals, als jedermann über Sex zu schweigen hatte. In *Lichtjahre*, einem Roman über die langsame Zersetzung einer anscheinend idealen Ehe, macht James Salter eine kluge, nonverbale Aussage über den Zustand von Viris und Nedras Liebesleben. In getrennten hocherotischen Szenen sehen wir beide Ehepartner mit ihren jeweiligen Liebhabern, doch wenn sie gemeinsam ins Bett gehen, tun sie es nur, um – jeder für sich – zu schlafen.

Andere fiktionale Ehepaare – wie auch reale – geben sich sehr viel Mühe, um ihre Leidenschaft wach zu halten, aber keines, denke ich, tut es ehrgeiziger als das Paar in *Lob der Stiefmutter* des Peruaners Mario Vargas Llosa. Mann und Frau erzählen sich nachts, nach der Vorlage bekannter Gemälde, ihre eigene Version klassischer Mythen. Das Buch beinhaltet einen Hochglanzdruck jedes Gemäldes – ein cleverer Zug des Autors: Er will nicht nur, dass wir sehen, was seine Figuren inspiriert, er lädt uns auch ein, unsere eigenen erotischen Geschichten zu erfinden.

ALLGEMEINBEDINGUNGEN

1. Die Figuren haben eine längere, gemeinsame Geschichte.
2. Dem ehelichen Sex wohnt kein Potential für Dramen inne. Eheleute sind gewöhnlich nicht besorgt, erwischt zu werden, Beweise zu hinterlassen oder vielleicht beim Betreten des Hauses gesehen zu werden, und machen sich gewöhnlich keine Gedanken darüber, wie viel Zeit ihnen noch bleibt.
3. Ehepaare haben wahrscheinlich eine sexuelle Routine oder machen einen Kreislauf aus Leidenschaft, Zärtlichkeit, Unaufmerksamkeit, Entfremdung durch. Dass sie sich gegenseitig mit Enthüllungen über ihre sexuellen Vorlieben oder aus ihrem gesellschaftlichen Hintergrund überraschen, ist in jedem Fall eher unwahrscheinlich.
4. Nichtsdestoweniger können sie Geheimnisse, Fantasien und Bedürfnisse haben, die sie für sich behalten.
5. Da sie außerhalb des Bettes so viele Bereiche ihres Lebens teilen, können diese sich während des Aktes leicht in ihre Gedanken *und* Taten schleichen (wie eben in *Bessere Verhältnisse,* als Harry Angstrom nur ungern seine *Consumer Reports* zur Seite legt).
6. Die Figuren werden sich sehr wahrscheinlich in Gegenwart ihres Partners nicht gehemmt, sondern recht wohl fühlen.
7. Charaktere mit Kindern können sich Gedanken darüber machen, ob sie die Kleinen vielleicht wecken, ob diese sie stören oder »auf frischer Tat« ertappen.

In einer Szene aus Toni Morrisons *Sehr blaue Augen* erzählt Pauline die erotische Geschichte ihrer Ehe in einer Art Bewusstseinsstrom, der eher an Jazz oder abstrakte Malerei erinnert als an einen chronologischen Bericht. Sie erinnert sich an den kraftvollen, wenn auch bittersüßen Sex, den sie und ihr Mann gehabt haben, bevor er alkoholkrank wurde. Nun, da sie zwei Kinder hat und einsieht, dass ihr Mann Cholly sie nicht unterstützen kann, ist sie zu einer pflichtbewussten Kirchgängerin und Erwerbstätigen geworden, »eine ideale Dienerin«, in den Worten ihrer reichen Arbeitgeber, deren Haus – ganz im Gegenteil zu ihrem – für sie eine Quelle des Stolzes bedeutet. Gelegentlich gesteht sie sich das Vergnügen zu, sich an ihre Nächte mit Cholly zu erinnern:

Er kam manchmal ganz sacht ins Bett geklettert, nicht mal so sehr betrunken. Ich tu so, als ob ich schlafe, weil's schon spät ist und er am Morgen drei Dollar aus meinem Portemonnaie genommen hat oder so was ... Ich denke an das dichte, wirre Haar auf seinem Oberkörper und die zwei großen Schwellungen seiner Brustmuskeln ... Ich tu so, als ob ich aufwache und dreh mich zu ihm, mach aber noch nicht die Beine breit. Ich will, dass er das tut. Er tut es, und ich bin weich und nass, wo seine Finger stark und hart sind. Ich bin weicher, als ich je gewesen bin. All meine Kraft ist in seiner Hand. Mein Hirn rollt sich ein wie welke Blätter ... Ich spreize meine Beine und er ist auf mir. Zu schwer zu halten und zu leicht, es nicht zu tun. Er steckt sein Ding in mich. In mich. In mich. Ich schlinge meine Beine um seinen Rücken, damit er nicht weg kann. Sein Gesicht ist neben meinem. Die Bettfedern quietschen wie die Grillen früher bei uns zu Hause. Er verschränkt seine Finger mit meinen und wir strecken unsere Arme aus wie Jesus am Kreuz. Ich halte mich fest. Meine Finger und meine Füße halten fest, weil alles andere sich bewegt, bewegt. Ich weiß, er will, dass ich zuerst komme. Aber ich kann nicht. Nicht bevor er kommt. Nicht bevor ich fühle, wie er mich liebt. Nur mich. In die er sich versenkt. Nicht bevor ich weiß, dass er nichts außer meinem Fleisch im Sinn hat. Dass er nicht aufhören könnte, wenn er wollte. Dass er lieber sterben würde, als dieses Ding aus mir rauszuziehen. Aus mir. Nicht bevor er alles, was er hat, losgelassen und mir gegeben hat. Mir. Mir. Wenn er das tut, spüre ich eine Macht. Ich bin stark, ich bin schön, ich bin jung. Und dann warte ich. Er schaudert und wirft den Kopf. Jetzt bin ich stark genug, schön genug und jung genug, um ihm zu erlauben, mich kommen zu machen. Ich löse meine Finger von seinen und lege ihm die Hände auf den Hintern. Meine Beine fallen aufs Bett zurück. Ich mache kein einziges Geräusch, weil die Kinder das hören könnten. Ich spüre jetzt, wie die kleinen Farbfetzen in mir aufsteigen – tief in mir. Dieser Grünschimmer des Junikäfers, das Purpur der Beeren, es rieselt an meinen Beinen entlang, das Gelb von Mamas Limonade, das süß in mir strömt. Dann ist es, als ob ich zwischen den Beinen lache, und das Lachen mischt sich mit all den Farben, und ich habe Angst, ich komme, und Angst, dass ich es nicht tu'. Aber ich weiß, ich werd´ es. Und ich tu´ es. Und dann ist alles Regenbogen in mir. Und der bleibt und bleibt und bleibt. Ich will ihm danken, aber ich weiß nicht wie, und so tätschel´ ich ihn, wie man es mit Babys macht. Er fragt mich, ob alles okay ist. Ich sage ja. Er steigt runter von mir und legt sich schlafen. Ich will etwas sagen, aber ich tu's nicht. Ich will mich nicht von dem Regenbogen lösen.

Wie in Molly Blooms Bewusstseinsstrom-Monolog in James Joyces *Ulysses*, imitiert Morrisons Darstellung von Paulines Erinnerungen den mentalen Prozess, so dass wir ihre Gedanken und Gefühle mit erstaunlicher Unmittelbarkeit nachempfinden können. Die Intensität von Paulines und Chollys Liebesspiel wiegt beinahe ihre Sprachlosigkeit auf – macht fast alles wieder wett, was sie verbal nicht äußern können. Aber es ist Paulines Wissen um die Distanz zwischen ihr und ihrem Mann – zuerst, wenn sie so tut, als ob sie schläft, und nachher, als sie lieber nicht reden möchte –, das der Szene einen Hauch von Melancholie verleiht. Selbst Paulines innigste Erinnerungen an den Sex mit Cholly sind mit Enttäuschung durchsetzt.

Einer der Aspekte, die die Szene für mich zu einem Lesevergnügen machen, ist der Reichtum der Sprache. Morrison mischt sexuelle Direktheit und nüchterne Details – *ich bin weich und nass; er steckt sein Ding in mich; ich weiß, er will, dass ich zuerst komme* – mit lyrischen Metaphern, Bildern, erfundenen Wörtern und religiösen Anspielungen, die uns über den Bereich rein körperlicher Empfindungen hinaus tragen:

> Mein Hirn rollt sich ein wie welke Blätter.
>
> Die Bettfedern quietschen wie die Grillen früher bei uns zu Hause.
>
> Wir strecken unsere Arme aus wie Jesus am Kreuz.
>
> Ich spüre jetzt, wie die kleinen Farbfetzen in mir aufsteigen.
>
> Dann ist es, als ob ich zwischen den Beinen lache, und das Lachen mischt sich mit all den Farben.
>
> *Und dann ist alles Regenbogen in mir.*

Lesen Sie den Absatz noch einmal und blättern Sie dann zu der Liste der allgemeinen Umstände zurück. Welche der aufgelisteten Punkte hat Morrision in ihre Szene integriert? Und wie hat sie sie an das Besondere von Paulines und Chollys Leben angepasst?

Für Steven McCauley bietet der eheliche Sex reichlich Material für Konflikt und Komik, wie er in seinem viertem Roman *True Enough* zeigt. Jane, seit vielen Jahren in zweiter Ehe verheiratet, ist erschüttert und verstört über die Macken ihres Sohnes, ihrer stagnierenden Karriere und ihren Mann Thomas, den sie von Tag zu Tag langweiliger findet. Thomas ist ein sanfter, höchst rücksichtsvoller Mensch, der nichts mit ihrem ersten Ehemann Dale, einem schmierigen, selbstbezogenen Schürzenjäger, gemein hat.

Als Thomas Jane an einem heißen Sommerabend in den Arm nimmt – der Sohn ist bereits im Bett –, denkt sie:»Oh, bitte, werd jetzt bloß nicht libidinös, nicht jetzt, nicht heute Abend, nicht in dieser Hitze ... Augenblicklich begann sie sich nach einer kleinen, harmlosen Explosion irgendwo im Haus, vielleicht ein geplatztes Rohr, zu sehen, nach etwas, das zu reparieren Stunden dauern würde.«

Sie hat leider kein Glück und kurze Zeit später befinden sie sich in ihrem klimatisierten Schlafzimmer, wo Thomas wie immer das Licht ausschaltet. Sie »konnte spüren, wie sein fetter, angeschwollener Penis sie ungeschickt bumste. Sie musste unwillkürlich an einen Neufundländer-Welpen denken, an ein Wesen, dessen tapsiges, unreifes, undiszipliniertes Verhalten in Kontrast zu seiner Größe vollkommen unpassend schien.«

Nichts an diesem Akt findet ihr Gefallen, und hier liegt die dramatische Spannung, die die Szene voranbringt. Sie denkt zurück an die energische Sexualität ihres ersten Mannes, an ihr spielerisches, offenes Sexleben, das im krassen Gegensatz zu Thomas' »beschränktem Stellungsrepertoire« steht, »welches er immer in der gleichen Reihenfolge durchlief wie ein Folksänger, der dieselben Lieder in immer derselben Sequenz singt.«

McCauley dramatisiert die Distanz zwischen den Eheleuten, indem er diesen schlichten, aber vielsagenden Dialog einfügt:

»Ist das gut so?«, fragte er, rücksichtsvoller und zartfühlender als ihr Gynäkologe.

Sie brachte ein Lächeln zustande und nickte. »Hmmmm«, antwortete sie. »Ja, das ist gut.«

Einen Moment später stellt er dieselbe Frage noch einmal. Ihre Antwort, die bis auf den Tonfall dieselbe ist wie zuvor, führt zu einem internen

Dialog, der als geschichtlicher Abriss des weiblichen Sittenkodex bestehen kann:

»Das ist gut«, sagte sie, diesmal ein wenig schärfer.

Wie hatte ihr das bloß passieren können, ihr, einer Frau ihrer Generation, die mit den Slogans sexueller Befreiung und politischer Umwälzung aufgewachsen war? Sie war zu den Nacktbadeständen gegangen, hatte Pot geraucht, einen Vibrator benutzt, ein Pornovideo gesehen und einmal sogar auf einer Geschäftsreise – sie war noch sehr viel jünger gewesen – einen Nachmittag mit einem Fremden in einem Hotelzimmer verbracht. Wie hatte sie bloß in einem geräumigen, klimatisierten umbrafarbenen Schlafzimmer auf einer breiten, extra dicken Matratze landen können, die Hände schlaff auf dem Rücken ihres Mannes und verzweifelt wie eine hysterische, viktorianische Eiskönigin darauf wartend, dass die Attacke bald vorüber sein würde? Wenigstens hatten diese bedauernswerten Kreaturen nicht so tun müssen, als ob es ihnen auch noch Spaß machte, hatten nicht den demütigenden Prozess von Anklammern, Seufzen und der Vorbereitung aufs große Finale durchmachen müssen, als ob sie der Sopran wäre, der eine völlig überzogene Belcanto-Arie auf ihr typisches schrilles Ende hinlenkte.

Diese Szene beinhaltet drei verschiedene Funktionen für den Roman: Sie veranschaulicht die Dynamik von Janes und Thomas' Ehe, sie zeigt die Tiefe von Janes Unzufriedenheit und sie bereitet den Leser auf Janes zukünftigen Untreue vor ... wobei der Ex-Mann ins Spiel kommt.

Die Szene, die ganz aus Janes Perspektive erzählt wird, ist ein Beispiel dafür, wie man aus schlechtem Sex eine gute Liebesszene macht. Außerdem zeigt sie, dass das Urteil »schlechter Sex« ganz und gar vom Körper und Geist eines Individuums abhängen kann. Wenn dieser Akt aus Thomas' Perspektive erzählt worden wäre, wäre das Ergebnis eine zärtliche und romantische Begegnung voller Liebe geworden, die, wie Thomas ganz offensichtlich nicht bemerkt, nicht wirklich erwidert wird.

Die Geheimnisse der einzelnen Ehepartner sind in Szenen über ehelichen Sex immer wieder ein Thema. So auch zum Beispiel im Fall von Dick und May Pierce in John Caseys *Der Traum des Dick Pierce*, der 1989 den National Book Award gewann. Dick und May sind nicht gerade geschlagen mit einem Übermaß an Verlangen füreinander. Ihre schon lange dauernde Ehe ist belastet mit Geldproblemen. In der folgenden Szene hat Dick, ein Fischer aus Rhode Island, Neuigkeiten über das Fischerboot, das er baut, die er May nicht mitteilt. Im Kapitel, dass sich an die Szene anschließt, nimmt Dick sich eine Geliebte – Elsie –, die ihm helfen wird, das Geld zu bekommen, das er für den Bau des Bootes benötigt. Dass er ein geschäftliches Geheimnis nicht mit May teilt, lässt bereits das weit bedrohlichere Geheimnis, das er bald haben wird, erahnen.

Früh am Morgen kommt Dick von einem mehrtägigen Fischzug heim. May begrüßt ihn und bietet ihm Frühstück an und als er ablehnt, fragt sie ihn so beiläufig und desinteressiert nach Sex, dass man es beinahe für banales Geplauder halten könnte: »Na ja«, sagt sie. »Warum gehst du nicht einfach mal duschen. Die Jungs sind heute Morgen unterwegs. Ich wollte eigentlich noch ein bisschen saubermachen, aber das kann ich auch später noch tun.«

Er duschte, kam in ein Handtuch gewickelt heraus und fasste May um die Taille. Auf dem Bett zog er ihr die Haarnadeln, so wie sie es mochte, heraus, sogar langsamer als üblich, so dass es sie mehr als üblich erregte, konnte aber die ganze Zeit nur daran denken, was er ihr in Bezug auf Parker und wie Recht sie mit ihm gehabt hatte, nicht sagen konnte. Er rieb ihr Unterkleid über ihre Haut, so wie sie es mochte, und fühlte sich auf unanständige Weise kompetent, als sie schneller atmete, eine rosige Farbe annahm und in eine Art Trance versank.

Später sagte sie, dass sie ganz vergessen hatte, wie sehr sie ihn immer vermisst hatte, als er noch regelmäßig mit dem Boot unterwegs gewesen war. Es war eine nette Bemerkung, aber sie erreichte ihn nicht. Er schaute auf zu den dünnen Rinnsalen von Regen auf dem Fenster, während der müde Südwestwind sich dahinschleppte.

In dieser Szene sind die meisten der Allgemeinbedingungen integriert. Das Liebesspiel des Paares ist routiniert, läuft nach Schema F ab, Verführung ist auf »Ich wollte ein bisschen saubermachen, aber das kann ich auch später tun« reduziert worden. Als sie einmal begonnen haben, hält sich Dick an vertraute Berührungen und Gesten, von denen er weiß, dass sie sie erregen. Doch weit davon entfernt, sich von ihrer Erregung anstecken zu lassen, fühlt er sich nur »ungebührlich kompetent«. Selbst das ungemütliche Wetter draußen, das er danach wahrnimmt, betont die emotionale Abgestandenheit, die zwischen den beiden herrscht. Und da ist auch noch das Geheimnis um das Boot, das ihn ablenkt, weil er es vor ihr verheimlicht. Was die Bedeutung dieser Szene für den restlichen Roman angeht, so zeigt Casey uns über diese sexuelle Begegnung des Paares, wie uninspiriert ihre Intimitäten sind, so dass es nicht wundern kann, wenn Dick im nächsten Kapitel Elsies Reizen erliegt.

Dieser Abschnitt soll Sie daran erinnern, Liebesszenen mit der Gesamtheit der Wünsche und Bedürfnisse ihrer Charaktere und der Ausrichtung der restlichen Story zu verbinden, so dass diese Szenen nicht »eingestreut« und zusammenhanglos wirken. Weil Dicks Liaison mit Elsie in *Der Traum des Dick Pierce* eine zentrale Bedeutung hat, ist es wichtig, dass wir sehen, wie schal sein Liebesleben mit May geworden ist.

Für Paare mit kleinen Kindern ist ehelicher Sex oft etwas, was beinahe stattgefunden hat – Der Sex-der-abhanden-gekommen-ist. So zum Beispiel für Lewis und Katie in Ron Carlsons Kurzgeschichte *Plan B for the Middle Class*. Das Paar, seit vierzehn Jahren verheiratet, hat seit der Geburt ihrer Söhne vor drei Jahren nicht mehr viel Sex gehabt. Schließlich lassen sie ihre Kinder ein paar Tage bei den Großeltern und machen sich auf den Weg nach Hawaii: »Ich bin eine Erdumdrehung entfernt von dem erstaunlichsten Sexkarneval, der je von zwei Eheleuten veranstaltet wurde«, erzählt uns Lewis. Das einzige Problem ist, dass er gerade seinen lukrativen Job als Kolumnist, der über das Tierleben schreibt, verloren und es seiner Frau noch nicht gebeichtet hat. Außerdem leidet er unter einer ärgerlichen Scherpilzflechte im Schritt.

Am Abend vor ihrer Abreise nach Hawaii veranstalten sie quasi eine Kostümprobe für ihren Karneval:

> Ihr Körper ist die simple Antwort auf die Frage, was mir fehlt. Es ist ein komisches Gefühl, etwas in den Armen zu halten und sich immer noch danach zu sehen, und du liegst da und spürst, wie die Sehnsucht abflaut, während die tatsächlich vorhandene Frau an deinem Hals, deiner Brust, deinen Beinen

nahe kommt. Wir driften nun aufeinander zu. Sex ist das Floß, aber Schlaf ist das Meer, und die Wellen schlagen immer höher ... Ich streiche mit den Händen über ihren nackten Rücken, die Rippen abwärts und fühle die beiden Grübchen an ihrer Hüfte, und mein einziger Gedanke, ein Gedanke, den ich schon tausendmal hatte, lautet: Ich erinnere mich nicht daran – ich kann mich daran überhaupt nicht erinnern. Katie setzt sich auf und drapiert ihre warmen Beine links und rechts von mir und bei der Bewegung fallen ihre Brüste nach vorne, und als sie sich so sachte aufwärts bewegt, dass es das exakte Synonym für meine garantierte Atemlosigkeit ist, sehen wir etwas.

Eine schwache Bewegung in unserem Zimmer, und Katie duckt sich über meine Brust.

Ihr kleiner Sohn steht an der Tür, eine Erinnerung daran, dass es in einer Szene zwischen Eheleuten durchaus eine Menge Stoff für Dramatik gibt – in diesem Fall große Erwartungen, die durch das Patschen kleiner Kinderfüße zerschlagen werden.

Als Katie und Lewis endlich auf Hawaii sind, gibt es keine barfüßigen Kinder in der Nähe. Doch Carlson legt den beiden so viele Steine in den Weg – Hindernisse, Konflikte, Überraschungen: alles von einem riesigen Panda bis zu einem Paar junger Witwen –, dass sie auch die nächsten dreiundzwanzig Seiten keine Chance bekommen, allein zu zweit in ein und demselben Raum zu sein. Kurz vor Mitternacht ist es dann endlich so weit:

Nun der nächste Teil, die Körper geraten in Bewegung, ihre Bestimmung offenkundig, und eine radikale Verbindung wird erreicht. Ich rede nicht über die Seele. Wer kann schon etwas über solche Sachen sagen? Ich nicht. Du bist da, ihr beide befindet euch zusammen in etwas – etwas Fleischlichem und Ätherischem gleichzeitig. Eure Münder drehen sich ein wenig, und du spürst den totalen Verschluss. Wir haben hier einen Gehirntransfer; dein Rückgrat glüht. Du kommst in den Himmel und darüber hinaus, es gibt kein Anhalten. Wie nennt man es? Vögeln? Stimmt hier nicht so ganz, diese ursprüngliche Berührung, das Firmament. Mein Credo: Du dringst ein und sie nimmt dich auf. Das ist etwas Persönliches. Das ist Kooperation. ... Du kooperierst, bis du Zelle für Zelle verheiratet bist, bis alle Worte in der Dunkelheit davonjagen.

Lewis hat uns und sich selbst ein außergewöhnliches Fest der Liebe versprochen, aber was wir stattdessen bekommen, ist eine verblüffende Abhandlung über die Unmöglichkeit, Sex zu beschreiben, und über seine besondere, totale und elementare Macht. Wenn Überraschungen für eine gute Liebesszene essentiell sind, dann liegt Carlos' Überraschung darin, dass seine Szene von der *Grundidee von Sex* handelt. Sein Ziel ist nicht, den Leser in den Körper seines Protagonisten zu bringen, sondern in seinen Kopf, und ihn daran teilhaben zu lassen, wie er sich mit dem Rätsel der Sexualität herumschlägt, wie er herauszufinden versucht, was Sex ist und was nicht und wie man ihn nennen sollte. Nachher schläft seine Frau befriedigt ein, aber Lewis ist noch stundenlang wach, wandert durchs Hotel und am Strand entlang und erinnert sich an seinen High-School-Abschluss und an das Mädchen, an das er damals eigentlich seine Jungfräulichkeit hätte verlieren sollen. Seine Hawaiireise ist zu einer Geschichtsstunde über seine eigene Entwicklung geworden, die er mit der Evolution der Menschheit in Verbindung bringt und auch mit jenen Fundamentalisten, die diese Tatsache zu leugnen versuchen und die ihn seinen Job als Kolumnist gekostet haben.

Da Eheleute beim Sex so vertraut miteinander umgehen können, da sie nicht wie Liebende, die sich gerade erst kennen gelernt haben, völlig neue körperlichen Erfahrungen machen, kann eine Liebesszene dieser Kategorie eine nachdenklichere Qualität besitzen. Ein verheirateter Protagonist kann sich während des Liebesaktes dem Luxus hingeben, über die Bedeutung und die Mysterien der sexuellen Verbindung nachzusinnen.

Carol Shields Roman *Das Tagebuch der Daisy Goodwill*, der 1995 den Pulitzer-Preis für Belletristik gewann, ist einfallsreich, collageartig in Form des Tagebuchs von Daisy Stone Flett, einer Waisen, deren Lebensgeschichte das zwanzigste Jahrhundert umfasst. In Einträgen, die sich über achtzig Jahre hinziehen, geschrieben in der ersten und dritten Person und ausgeschmückt mit Briefen, Fotos und Kurzgeschichten ähnlichen Erzählungen, berichtet Mrs. Flett uns in einem Kapitel mit der Überschrift *Mutterschaft 1947* (Untertitel: *Mrs. Fletts intime Beziehung zu ihrem Gatten*) von dem traurigen Liebesleben des Paares. Da sie »zutiefst, leidenschaftlich und ernsthaft« eine gute Frau und Mutter sein will, liest sie jede Ausgabe von *McCall's* und *Good Housekeeping*, die sogar im Jahr 1947 schon vollgestopft sind mit guten Ratschlägen und Leserbriefen, die mit Sex zu tun haben. Als eine Leserin fragt, ob es normal ist, dass ihr Mann jede Nacht Lust auf Sex hat, macht sich Daisy so ihre Gedanken:

> »Jede Nacht« wäre eine ziemlich anstrengende Sache. Trotzdem bereitet sie sich für alle Fälle jeden Abend darauf vor – ihr Diaphragma ist immer eingesetzt, obwohl sie sich von seinem ... gelblichen Aussehen, das sie an moralischen Verfall erinnert, und dem kalten, schmierigen Gel, das sie um die Ränder streicht, abgestoßen fühlt. Es ist unangenehm, und neun von zehn Malen unnötig, aber sie glaubt, es ist etwas, das sie erdulden muss.

Mrs. Flett ist der Meinung, ihren ehelichen Pflichten in jenen Nächten, bevor ihr Mann auf Geschäftsreise geht, nachkommen zu müssen – »wie eine Art Impfung, denkt sie manchmal« – und natürlich dann, wenn er zurückkommt. In der folgenden Szene stellt sie sich vor, was geschehen wird, wenn er nach Hause kommt und sich seiner Hose und seiner Krawatte entledigt hat:

> Dann wird er sich, ohne ihre Tränen, die die Einfassung der Decke benetzen, und die Tiefe der Einsamkeit, die sie in dieser Septembernacht empfindet, zu bemerken, auf sie legen, wobei er darauf achten wird, nicht zu viel Gewicht auf sie herabzulassen (»Ein Gentleman stützt sich immer auf seine Ellenbogen«). Seine Lider werden geschlossen sein und sein warmer Penis wird hervorgeholt und in sie eingeführt werden, und dann wird es ein paar Minuten rhythmischer Bewegung geben.

Weiter und weiter wird es gehen, während Mrs. Flett sich durch eine Art Spirale aus ablenkenden Gedanken und Gelesenem zu erinnern versucht, was genau in der letzten Ausgabe von *McCall's* gestanden hat. Sie weiß noch, dass es um die Pflicht der Ehefrau ging, eine Steigerung in der Leidenschaft zu demonstrieren.

Es macht Spaß diese Szene zu lesen, die voller Details einer vergangenen Zeit, voller wunderschöner Nebeneinanderstellungen und unerwarteter Traurigkeit ist. Hier haben wir wieder ein prächtiges Beispiel dafür, wie viel eine Liebesszene (wenn auch nur eine vorgestellte) über die Figuren und die sexuellen Gebräuche einer Zeit verraten kann. Mrs. Flett versorgt uns – selbstironisch – mit einer Fülle an Einzelheiten, die uns in die Ära, in der sie lebt, versetzt und in die emotionale Wüste führt, der sie entkommen möchte – aber der sie wahrscheinlich nie entkommen wird, wenn man bedenkt, welche Kräfte (Mr. Flett und *Good Housekeeping*) sich ihr entgegenstellen. Dieser Abschnitt sowie die Zeit, in der er spielt, erinnert an den äußerst prägnanten Satz aus Carolyn Sees Roman *Golden Days:* »Ich erzähle Ihnen von der Zeit, als Männer Liegestütze auf deinem Körper machten und es Sex nannten.«

Es gibt viele Ereignisse und Umstände, die den Alltagssex eines Ehepaares verändern – und die allgemeinen Bedingungen ebenfalls –, aber wohl keines ist so umwälzend wie der Tod oder das Verschwinden eines Kindes, das immerhin aufgrund dieser Intimität erst existiert. Ein vermisstes, totes oder in ernsthaften Schwierigkeiten steckendes Kind ist der schlimmste Einschnitt in einem breiten Spektrum von durch Kinder verursachte Krisen, die sich vom ersten Fieber eines Babys bis hin zum ersten Date eines Teenagers ziehen.

Schauen wir uns an, was in zwei kürzlich erschienenen Romanen geschieht, in denen abwesende Kinder den Eltern nicht aus dem Kopf wollen.

In *Ein Kind zur Zeit* des Briten Ian McEwan, scheitert die liebevolle Ehe von Stephen und Julie Lewis, kurz nachdem ihre dreijährige Tochter in einem Supermarkt entführt worden ist. Das Kind wird nie gefunden; die Eltern trennen sich. Stephen wendet sich dem Alkohol zu, Julie dem Mystizismus. Sie zieht aufs Land, wo er sie zwei Jahre später besucht, und schließlich landen sie in dem Bett, das ein Hochzeitsgeschenk gewesen ist:

> Die vertrauten und erotischen Rituale einer Ehe sind nicht leicht abzulegen. Sie knieten sich mitten im Bett einander gegenüber und zogen sich gegenseitig langsam aus.
>
> »Du bist so dünn«, sagte Julie. »Du wirst noch verschwinden.« Sie strich mit den Händen über sein Schlüsselbein, seinen Brustkasten abwärts, nahm ihn

dann, belohnt durch seine Erregung, fest in beide Hände und beugte sich herab, um ihn mit einem langen Kuss für sich zurückzufordern.

Auch er fühlte die Zärtlichkeit des Besitzenden, sobald sie nackt war. Er registrierte die Veränderungen, die leichten Pölsterchen um die Hüfte, die großen Brüste ein wenig kleiner. Vom Alleinleben, dachte er, als er eine Brustwarze mit seinen Lippen umschloss und die andere Brust an seine Wange presste. Die Neuheit, einen vertrauten Körper zu sehen und zu fühlen, bewirkte, dass beide einige Minuten lang nicht viel mehr tun konnten, als den anderen auf Armeslänge von sich zu halten und »Tja« und »Da sind wir nun wieder« zu sagen. Eine kribbelige Albernheit lag in der Luft, eine unterdrückte Lust zu lachen, die das Verlangen zu vernichten drohte ...

Er fragte sich wie schon so oft, wie etwas so Gutes und Simples erlaubt sein konnte, wieso sie immer wieder damit davonkamen, wie die Welt dieser Erfahrung schon so lange Rechnung tragen und immer noch existieren konnte. Nicht die Regierung, keine Werbeagenturen oder Forschungsinstitute, sondern die Biologie, die Existenz, die Materie selbst hatte es sich zum eigenen Vergnügen und Fortbestehen ausgedacht, und genau das war es, wozu man geschaffen war: Sie wollte, dass man Spaß daran hatte.

Als der siebzehnjährige Sohn Jacob des Mordes an seiner Freundin angeklagt wird, ist die Welt von Carolyn und Ben Reiser nicht mehr dieselbe: Rosellen Browns Roman *Davor und Danach* fragt nach der Pflicht der Eltern, ihr Kind vor den Folgen seines Verbrechens zu beschützen. Der Junge flüchtet aus der New-England-Kleinstadt und wird Monate später in Cambridge, Massachusetts verhaftet. Nach einer Gänsehaut erzeugenden Familienzusammenführung im Gefängnis, während der Jacob kein einziges Wort sagt, übernachten Carolyn und Ben bei Freunden in Cambridge – bei einem erfolgreichen Paar mit kleinen Kindern, einem herrlichen Haus und einer Haushaltshilfe, die exotische Mahlzeiten kocht. Seit die Polizei zum ersten Mal nach ihrem Sohn gefragt hat, haben Carolyn und Ben sich nicht mehr geliebt. Spät abends im Gästezimmer:

Seine Hände waren überall auf ihrem Körper, jeder Teil von ihm hellwach und unruhig. Er sagte kein Wort.

Sie wehrte sich nicht. Verwirrt, nicht sicher, ob es sich um eine Vergewaltigung handelte oder ob er Bedürfnisse erriet, die so unterbewusst waren, dass sie sie sich selbst nicht eingestehen konnte, ließ sie zu, dass er ihre Haut mit seinen rauhen Zimmermannshänden rosig rieb, und legte sich mit dem Rücken auf die Bettkante, wo er sie verzweifelt auf das rosa-grüne Blumenmuster des Bettzeugs drückte. Er nahm sich keine Zeit für sie, so dass er gewaltsam eindringen musste, und er heulte auf, als er kam. Er klang wie ein Mann, den man von hinten niedergestreckt hatte.

Sie stellt sich vor, dass das Kind nebenan das Heulen hört und Angst bekommt, dass »jemand – jemand anderes« umgebracht worden ist. Sie rückt von ihrem Mann ab, starrt ihn wütend an und sagt: »Was für eine Darbietung!« Dann beschuldigt sie ihn, deshalb so viel Lärm zu machen, weil er sich behaupten müsse, weil der Herr des Hauses sich beim Abendessen bemüßigt gefühlt hat, sie zu belehren, wie sie ihre Probleme mit dem Gesetz handhaben sollten. Ben antwortet:

»Das glaubst du, hm?« Er schloss seine Augen und begann, wie ein Mann, der ins Gebet versunken war, leicht zu wanken. »Wird jemals wieder irgendetwas so sein wie früher? Carolyn? Ich weiß, das hört sich jetzt wahrscheinlich sentimental an, aber … wir sind hier in diesem … diesem normalen Haus. Ich sehe diese zwei Menschen, die am Ende eines Tages wie ganz gewöhnliche Leute miteinander ins Bett gehen und sich gegenseitig genießen, sich lieben wie … Freunde – wie immer du es nennen willst – und sich dann schließlich umdrehen und einschlafen können, ohne in ihren Träumen eingeschlagene Schädel und die Gurte von elektrischen Stühlen zu sehen … Also habe ich mir die beiden angesehen, diese verdammt glücklichen Leute, und dachte, das ist es doch, was sie machen, wenn sie heute Abend ins Bett gehen. Sie werden über uns nachdenken, uns, die armen Provinzler, die solche Probleme haben, und dann werden sie nacheinander greifen und ihr Glück feiern. Und da habe ich nach dir gegriffen. Tja. Tut mir Leid.«

Wenn Sie über ein Paar in einer solchen Situation schreiben wollen, denken Sie daran, dass der Verlust eines Kindes so verheerend und allumfassend ist, dass man die Tatsache nicht einmal direkt erwähnen muss, um den Leser die Verzweiflung der Protagonisten spüren zu lassen.

Was unterscheidet eine Liebesszene zwischen Figuren, die unter einer solchen Belastung stehen, von anderen Liebesszene zwischen Eheleuten?

▶ Das ursprüngliche, gewohnte Liebesleben erfährt eine so profunde Störung, dass es wie ein »erstes Mal« sein kann, wenn sie sich erneut lieben. Sie sind voller Einsichten über die Natur des Liebesaktes (wie in *Ein Kind zur Zeit*) oder voller verstörender Erkenntnisse über ihren langjährigen Partner (*Davor und Danach*).

▶ Sie befinden sich in einem Zustand geschärften Bewusstseins, was für ehelichen Sex eher untypisch ist.

▶ Der Sex schließt nun ein dramatisches Element – das vermisste Kind, das Kind, das Probleme hat – mit ein, was ebenfalls untypisch für ehelichen Sex ist.

▶ Die Liebesszene kann ebenfalls Schuldgefühle beinhalten, die man normalerweise nicht mit ehelichem Sex in Verbindung bringt: Schuldgefühle in Bezug auf das Vergnügen, das man empfindet, während das eigene Kind in Gefahr ist; Schuldgefühle, dass es nicht gelungen ist, das Kind vor Gefahren zu schützen. Das Vergnügen an der Liebe wird zu einer Art Verrat an der Loyalität zum Kind.

Und dann ist da noch die unschuldige Freude künftiger Elternschaft. Diese Szene aus John Cheevers Erstling *Die Wapshots* von 1957 – ein bisschen zu früh für expliziten Sex unter Eheleuten – enthält im Kontext des romantischen, liebevollen Abends, an dem Coverly Wapshot erfährt, dass seine Frau Betsey schwanger ist, einen vergnüglichen Hinweis auf ehelichen Sex. Nach dem Essen will Betsey einen Stuhl kaufen gehen, in dem sie ihr Kind stillen kann. Der Abschnitt vermittelt ein hohes Maß an Begeisterung für Sex, was für die Literatur in dieser Periode eher untypisch ist, und lässt uns nachempfinden, in welchem liebevollen und behaglichen Rahmen das Paar ihren ehelichen Sex auslebt.

> Nach dem Abendessen gingen sie los. Ein frischer Wind blies aus dem Norden – direkt von St. Botolphs herüber – und verlieh Betsey Kraft und gute Laune. Sie nahm Coverleys Arm, und er gab ihr unter der fluoreszierenden Straßenlaterne an der Ecke einen Zungenkuss. Als sie im Einkaufszentrum angekommen waren, konnte sich Betsey nicht auf den Stuhl konzentrieren. Jedes Kostüm, jedes Kleid, jeder Pelzmantel und jedes Möbelstück im Schaufenster wurde begutachtet, der Preis und der Nutzen für die Lebensqualität abgeschätzt und unter dem Aspekt beurteilt, ob oder ob es nicht in Betseys

Vision der Zufriedenheit miteinbezogen werden sollte. Ja, sagte sie zu einem Blumenhocker, ja, ja zu einem Flügel, nein zu einem Schrank, ja zu einem Esstisch und sechs Stühlen – so rücksichtsvoll wie Sankt Petrus, der die Herzen der Männer erforscht. Um zehn Uhr kehrten sie nach Hause zurück. Coverley zog sie zärtlich aus und sie badeten zusammen, um danach ins Bett zu gehen, denn sie war sein Schnuckelchen, Muckelchen, sein Zuckerchen, alles, was die Sprache von St. Botolphs nicht ausdrücken konnte. Sie war sein süßes, kleines Eichhörnchen.

EIN LETZTES WORT ÜBER EHELICHEN SEX

Das Liebesleben verheirateter Figuren war bis in die 60er Jahre absolut tabu. Nicht einmal D.H. Lawrence, der in *Lady Chatterley* explizit über Ehebruch und in *Liebende Frauen* über Sex zwischen Männern und Frauen schrieb, die nicht verheiratet waren, enthüllte nichts, das darauf hinwies, was Ehepaare miteinander machten. Die europäischen Romane des neunzehnten Jahrhunderts, die sich mit Ehebruch befassten – *Madame Bovary, Anna Karenina, Rot und Schwarz* – schwiegen sittsam über die Ereignisse im Ehebett. Hielten sich die Autoren deswegen zurück, weil es keinen Sex zwischen den verheirateten, wenn auch untreuen Partnern gab? Weil er, verglichen mit dem Verhältnis, das aus der Reihe tanzte, so ereignislos war? Oder erwiesen sie dem Heiligen Stand der Ehe Ehre, die Ehe, die auch dann noch unantastbar war, wenn die Ehemänner ihre Angetrauten vergewaltigten? Das werden wir wohl nie erfahren. Aber da wir nun die Carte Blanche besitzen, um die Türen der ehelichen Schlafzimmer zu öffnen, müssen wir mehr denn je dafür sorgen, dass der Sex den Leser für eine Weile fesselt. Denn wir wissen ja schließlich, was darin vorgeht. Das eheliche Schlafzimmer ist der einzige Ort, in dem sexuelle Intimität gesetzlich sanktioniert ist, in dem *erwartet* wird, das Sex stattfindet. Und so ist die Tatsache, *dass* er stattfindet, nicht besonders bemerkenswert, es sei denn der Autor macht sie dazu, indem er eine Szene erschafft, die uns etwas Essentielles über die Beziehung des Paares erzählt und mitteilt, was das mit dem Rest der Geschichte zu tun hat.

8

EIN DREIFACHES HOCH
AUF DEN EHEBRUCH

*»Ehebruch konnte, wie Emma
feststellten musste, genauso
banal sein wie die Ehe.«*

Gustave Flaubert
Madame Bovary

Wenn es keinen Ehebruch gäbe, müssten Schriftsteller ihn erfinden. Er bietet nämlich eine erfreuliche Bandbreite von Konflikten, extremen Gefühlen und Humor, schicksalhaften Wendungen, Akte der Verwerflichkeit und Sex, der so heiß ist, dass man sich die Finger verbrennt. Ehebruch ist beinahe ein Selbstläufer: Er sorgt für seinen eigenen Plot. Die Figuren müssen arrangieren und manipulieren, um ihr Rendezvous stattfinden zu lassen, und später oft die entstandenen Trümmer der einen oder anderen Beziehung wegräumen. Wichtiger noch aus der Sicht des Autors, der zwischen mehr als zwei Figuren Funken sprühen lassen will: Schon ein einziger Akt der Untreue kann epische und explosive Folgen haben, die die beiden Ehebrecher, ihre betrogenen Partner, Freunde und Kollegen, die Mitwisser sind oder auch nicht und zahllose Zeugen mit einbeziehen.

Wenn wir über ehelichen Sex schreiben, müssen wir, wie wir im 7. Kapitel gesehen haben, oft Spannung und Dramatik erzeugen, indem wir die Tiefen der Psyche unserer Charaktere ausloten. Aber wenn es um das Thema Untreue geht, ist die Dramatik schon in der Begegnung mit eingebaut. Manchmal ist es für einen Autor die beste Wahl, dem vorhersehbaren Ablauf entgegenzusteuern, indem er Charaktere entwirft, die so blasiert oder skrupellos sind wie Tomas, der chronische Ehebrecher in Milan Kunderas *Die unerträgliche Leichtigkeit des Seins*. Eine andere, sehr männliche Annäherung an das Thema stammt von Harold Pinter, dessen Stück *Betrogen* später mit Ben Kingsley und Jeremy Irons wunderbar verfilmt worden ist. Die beiden Männer sind gute Freunde und Kollegen; der eine hat eine Langzeitaffäre mit der Frau des anderen. Die Männer machen im Laufe der Jahre verschiedene Stadien der Freundschaft durch, wobei sie die bedrohlichen Strömungen, die zwischen ihnen herrschen, vollkommen ignorieren – das nur zum Thema Spannung und unterschwellige Emotionen.

Was sonst kann ein Autor mit diesem riesigen Potential an Melodram anstellen? Lockern sie ihre ehebrecherischen Szenen mit Humor, Respektlosigkeit und Ironie auf, wie es Joseph Heller in *Was geschah mit Slocum?* in der Szene, die auf den folgenden Seiten abgedruckt ist, tut. Oder verlieren Sie sich in der Dramatik und lassen Sie den Leser Achterbahn fahren, wie es Scott Turrow in *Aus Mangel an Beweisen* macht, in dem eine Frau die Geliebte ihres Mannes umbringt und es schafft, die Schuld ihrem Gatten in die Schuhe zu schieben.

In unserer scheidungswilligen Gesellschaft eröffnet uns Alexandra Marshalls Roman von 1997 *Something Borrowed* einen ganz neuen Aspekt des Ehebruchs: Die untreuen Liebhaber sind Ex-Mann und Ex-Frau, die während des Hochzeitswochenendes eines ihrer Kinder miteinander im Bett landen. Beide Ex-Partner sind wieder verheiratet; als sie sich beide gemeinsam in einem Hotelzimmer wiederfinden, betrachtet die Frau sich im Spiegel und denkt: »Dies hier war dennoch kein Ehebruch. Es war eine Familienzusammenkunft.«

Im wahren Leben hoffen wir oft, dass unsere zweigleisig fahrenden Ehepartner ihren Seitensprung aufgeben und mit fliegenden Fahnen in den Hafen der Ehe zurückkehren, aber in der erzählenden Literatur, in der Konflikte unentbehrlich sind, ist es weit reizvoller, wenn sie es nicht tun. Es hätte keine Geschichte zu erzählen gegeben, wenn Emma Bovary sich mit dem langweiligen Charles zufrieden gegeben und Anna Karenina sich in ihre farblose Ehe gefügt hätte. Zwei meiner Lieblingsehebrecher aus der neueren Literatur sind Ehemänner, die nicht von ihren schlechten Angewohnheiten lassen können. Milan Kunderas Tomas ist »ernsthaft unfähig, seine erotischen Freundschaften aufzugeben« und kehrt jede Nacht mit dem Geruch von Sex in den Haaren ins Bett seiner Frau zurück. In Fay Weldons düster-witzigem Märchen *Die Teufelin* beginnt Ruths Ehemann Bobbo eine Affäre mit einer Klientin, Mary Fisher. Bobbo weigert sich nicht nur, Mary aufzugeben, sondern schwärmt der amazonenhaften Ruth auch noch von seiner Liebe zu der zierlichen Mary vor. Seine Weigerung, von Mary zu lassen, weckt in Ruth das Bedürfnis, sich zu rächen, und sie tut es mit einem ausgeklügelten Plan. Ein dreifaches Hoch auf den Ehebruch – wenn er Protagonisten und Autoren in diese erfinderischen Höhen treibt.

ALLGEMEINBEDINGUNGEN

1. Der Sex ist »vorgeheizt« – was in seiner Natur liegt –, da sich die Geliebten heimlich treffen; miteinander gesehen zu werden, beinhaltet das Element der Gefahr. Außerdem haben wir es mit einem Zeitlimit zu tun. Die Dringlichkeit und das Gefühl des Betrugs kann die Libido anheizen.

2. Ehebrecher leben mindestens drei Leben: Das öffentliche, das verheiratete, das heimliche.

3. Der Sex ist in Häppchen aufgeteilt.

4. Untreue Partner vergleichen den Geliebten oft mit dem Ehepartner.

5. Ehebrecher versuchen, Indizien zu verbergen – Lippenstift, fremdes Parfum, Restaurantquittungen und leichte Veränderungen im Verhalten und den Angewohnheiten.

6. Die Emotionen durchqueren das ganze Spektrum von himmelhochjauchzend bis hin zu Scham und Reue.

7. Das Dreiecksverhältnis besitzt eine inhärente Quelle der Spannung. Wenn beide Fremdgänger verheiratet sind, steigt das Potential an Konflikten, das durch den Betrug entsteht.

8. Das Verlangen nach einer Person, die man nicht haben kann und auch nicht besonders gut kennt, kann eine sehr lange Zeit andauern.

9. Oft besteht ein unausgewogenes Machtgefüge zwischen den beiden ehebrecherischen Liebenden – Männer sitzen meist am längeren Hebel. Die Doppelmoral der Gesellschaft urteilt immer noch härter über Frauen, die fremdgehen, als über Männer. Und da mehr verheiratete Männer als Frauen Affären haben, haben Männer oftmals bessere Chancen auf eine Geliebte als Frauen im umgekehrten Fall, so dass auch hier wieder die »Macht« auf der männlichen Seite liegt.

10. Ehebruch ist unberechenbar, potentiell explosiv und kann das Leben vieler – Liebende, Ehepartner, Kinder -vollkommen auf den Kopf stellen.

Ach, und dennoch ... für den Autor sowie für den Liebenden, der gerade seine Affäre beginnt, kann Ehebruch so suchterzeugend sein wie Nikotin ... und manch einer kann es sich genauso schwer abgewöhnen. Die englische Soziologin Annette Lawson beschreibt die Macht des Seitensprungs in ihrer Studie *Adultery* von 1997:

> Ehebruch erlaubt den Menschen, weil es heimlich geschieht, unendliche Varianten. Beim Ehebruch kann jeder Partner in seinem Geliebten sehen, was immer er will – Mutter, Vater, Geschwister, Vorgesetzte oder Untergebene, Engel oder Teufel –, ohne ein besonderes Risiko einzugehen, denn, anders als in der Ehe, ist das Verhältnis von Anfang an nicht auf Dauerhaftigkeit ausgelegt. Die Wahrheit muss nie enthüllt werden; die Unzulänglichkeiten der realen Person müssen dem anderen nicht demonstriert werden. Solange das ehebrecherische Verhältnis kurz ist, kann die Fantasie bestehen bleiben. In dieser Hinsicht ist Ehebruch alles andere als gefährlich – er ist sicher.

Die Haltung einer Figur zum Thema Ehebruch – eine Haltung, die oft von der Sicht der Gesellschaft geprägt ist – kann den Tonfall für den gesamten Roman festlegen. Als Anna Karenina und Vronsky endlich ein Liebespaar werden, sind sie innerlich so zerrissen von Schuldgefühlen, dass er das, was sie getan haben, mit einem Mord vergleicht.

Heutzutage hat die Scham nicht mehr annähernd so viel Einfluss auf das Verhalten eines Menschen wie früher. Ganz im Einklang mit der modernen gesellschaftlichen Haltung kennen die Ehebrecher, die es in die Belletristik schaffen, keine Reue. Für Bob Slocum, den auf amüsante Weise gepeinigten Helden aus Joseph Hellers *Was geschah mit Slocum?*, ist der Ehebruch eine Nebenleistung der Ehe. Er empfiehlt ihn sogar seiner Frau.

Obwohl sein Monolog keine sexuelle Begegnung beschreibt, veranschaulicht er sehr gut, wie viel Vorsprung man sich verschaffen kann, wenn man seine untreuen Charaktere mit einer sauber definierten Haltung der Untreue gegenüber ausstattet. In diesem Fall ist es Respektlosigkeit und Verdorbenheit, die Slocum auszeichnet, und die Hellers gesamten Roman durchziehen.

> Meine Frau ist nun in einem Stadium, in dem sie wahrscheinlich Ehebruch begehen *sollte* – und würde, wenn sie mehr Charakter hätte. Es würde ihr

vermutlich sehr gut tun. Ich weiß noch, wie ich das erste Mal untreu war. (Es war nicht besonders.)

»Nun begehe ich Ehebruch«, dachte ich.

Es war kein besonders großer Unterschied zu dem ersten Mal, als ich meine Frau nach unserer Hochzeit flachgelegt habe.

»Nun lege ich meine Frau flach«, dachte ich.

Für sie würde es viel mehr bedeuten (glaube ich. Denn ich bin in dem Wissen, bei der ersten Chance, die sich mir bietet, untreu zu werden, in die Ehe gegangen (das war ein Ziel; Ehebruch zu begehen, war tatsächlich einer der Gründe, überhaupt zu heiraten). Sie nicht (und hat wahrscheinlich auch noch nicht ernsthaft darüber nachgedacht. Es kann gut sein, dass ich bei diesem Thema das Denken für sie übernehme). Ich habe noch nicht einmal damit aufgehört, dieses eine Mädchen zu bumsen, hab noch einige Monate nachher recht regelmäßig mit ihr geschlafen. In den ersten zwei Jahren habe ich vier oder fünf Mädels mindestens einmal angebaggert, nur um die Bestätigung zu bekommen, dass ich es wirklich könnte.

Ich denke allerdings, dass ich wohl meine Frau umbringen könnte, wenn sie es mit einem aus der Firma macht, den ich kenne. Meine Frau hat rote Streifen um die Hüften und an der Brust, wenn sie sich ausgezogen hat, Reiterhosen an den Schenkeln und einen Hängehintern, und ich möchte nicht, dass jemand, mit dem ich in der Firma zu tun habe, das rausfindet. (Ich möchte, dass sie sie von ihrer besten Seite sehen. Ohne diese roten Druckstellen.)

Die deftigste Überraschung dieses Abschnitts – nach einer ganzen Reihe von Überraschungen in Krümelgröße – ist Slocums Grund dafür, warum er nicht will, dass seine Frau mit einem seiner Kollegen ins Bett geht. Heller lässt seine Protagonisten voranstellen, dass er seine Frau »umbringen« würde, wenn sie mit einem Kollegen schläft. Natürlich erwarten wir, dass nun so etwas folgt wie »Ich könnte es nicht ertragen, meine Frau mit dem Vize-Präsident der Marketing-Abteilung zu teilen.« Aber statt uns mit verständlicher Eifersucht zu beliefern, überrascht er uns, indem er uns gesteht, er würde sich durch die »körperlichen Schwächen« seiner Frau gedemütigt fühlen. Selbst wenn er über ihre Untreue mit den Jungs auf der Arbeit fantasiert, möchte er gut dabei aussehen.

Außerdem sind Slocums Bemerkungen mehrdeutig. Weil sein Monolog sehr spät in dem Roman erscheint, haben wir inzwischen gelernt,
seine geheimsten Gedanken zu relativieren, nach den Stellen zu suchen,
an denen er uns gegenüber nicht wirklich aufrichtig ist. Es passt zu seinem Tough-Guy-Image, dass er seine Frau nur deswegen nicht mit einem Kollegen zusammen sehen will, weil es ihn schlecht dastehen lässt.
Es ist leichter für ihn, über ihren Körper Witze zu machen, als zuzuge-
ben, dass es ihn zutiefst verletzen würde, wenn sie fremdgeht.

▶ Geben Sie dem Leser eine Ahnung – entweder durch direkte Über-
mittlung oder über Andeutungen –, wie sich Ihr ehebrecherischer Protagonist dabei fühlt, wenn er den Partner betrügt. Ist er durch Schuldgefühle gequält, überheblich, sarkastisch, defensiv oder – die wenigen Sorg-
losen! – rundum zufrieden?

Ein fremdgehender Ehemann aus der oberen Mittelschicht, der über die
Möglichkeit, dass seine Frau über die Stränge schlägt, nachsinnt, hat in
der umbarmherzigen Welt akademischer *political correctness*, die Francine Powers in ihrem Roman *Durchtrieben* so hinterhältig aufs Korn nimmt,
etwas komisch Altmodisches – etwa wie eine Isetta oder eine manuelle
Schreibmaschine. Die katastrophalen Auswirkungen eines einzigen nicht
vollzogenen Seitensprungs, den der verheiratete Ted Swenson, Professor
für Kreatives Schreiben, mit seiner besten Studentin Angela Argo be-
geht, ist auf die Ballade von Bill und Monica gemünzt. Auch Angela
trägt Stringtangas, auch sie lässt sich, wie Linda Tripp, verdrahten, um
Beweise zu sammeln. Der Roman stellt eine ätzende Anklage gegen einen fehlgeleiteten Feminismus dar, eine Welt, die in Gender und Pro-
gramme für Ethno-Studien eingeteilt ist, und in der bei aller sexuellen
Belästigung eine puritanische Moral vorherrscht.

Die kurze Sex-Szene in Angelas Zimmer ist klug geschrieben, politisch korrekt (Angela ist gefällig sexuell aggressiv und holt im entschei-
denden Moment ein Kondom aus ihrem Nachttisch) und veranschaulicht wunderbar das komische Prinzip, dass man aus schlechtem Sex eine
gute Liebesszene machen kann: »In seinem Kopf explodiert etwas. Ein

Knacken, ein Krachen und ein Knirschen, wie Stein, der zu Pulver zermahlen wird.« Angela hört es auch. Swenson ist ein Zahn abgebrochen.

> Das ist furchtbar! Unfair! In dem Moment, nach dem er sich gesehnt hat, obwohl er die Sehnsucht verleugnet hat, in dem Moment, in dem er endlich bekommt, was er nicht zu träumen gewagt hat, bricht er sich einen Zahn ab! Wie ältlich, wie mitleiderregend, als ein Altersheilkundefall mit akuten Zahnproblemen demaskiert zu werden! Immer noch in Angela, bewegt Swenson seine Zunge in den hinteren Teil des Mundes, um nach der Ruine zu tasten.
>
> »Ich habe eine Füllung verloren«, sagt er.
>
> »Das ist nicht alles, was du verloren hast«, antwortet Angela ... »So eine Pleite«, sagt sie. »Tut es weh?«

Für Swenson ist es allerdings eine Pleite, besonders als Angela ein paar Wochen später gegen ihn eine Beschwerde wegen sexueller Belästigung einreicht, womit sie einen Stein ins Rollen bringt, der den Rest des Romans über in Bewegung bleibt. Das unglaublich schlechte Gewissen, dass Swenson, der in seiner gesamten langen Ehe treu gewesen ist, seiner Frau gegenüber empfindet, wird beinahe zu einem Luxusgefühl, nachdem er von seiner Arbeit befreit worden ist und seine Zeit mit trinken und lesen verbringt. Er liest vornehmlich »die großen Klassiker des Ehebruchs, oder, je nach persönlicher Interpretation, die großen Klassiker von unpassender, tragisch, edler, alles verändernder Liebe .... Leidenschaft und ihre Strafen: Gift, Gefängnis, ein Zug. Keine Atempause für Sünder.«

Durchtrieben ist ein Roman der Begrifflichkeiten, und die Liebesszene ist interessant durch ihre clevere Konstruktion und ihre Bedeutung für den gesamten Roman. Hier haben wir eine Welt, in der Sex eine große Bedeutung hat, und zwar für die einheitlich marschierenden Ideologen der Macht, die denken, dass er – der Sex nämlich – reglementiert werden müsse, ohne die Umstände in Betracht zu ziehen – ohne die komplexen Strukturen menschlichen Verlangens in Betracht zu ziehen.

Der Ehebruch in Erica Jongs Klassiker der weiblichen Emanzipation, *Angst vorm Fliegen*, lotet die Spielregeln von Sex und Sexualität vor der

Machtübernahme des neuen Puritanismus aus. Jongs Rabelais'sche Heldin, Isadora Wing, befindet sich gerade in dem »unausweichlichem Jahr, in dem Vögeln so geschmacklos wie eine Scheiblette geworden ist.« Was sich auf ihren Mann bezieht. Aber statt aus der Ehe auszubrechen, sucht sie nach einem unkomplizierten, anonymen Seitensprung, den sie »Spontanfick« nennt. Auftritt für Adrian Goodlove, ein britischer Psychoanalytiker, den Isadora in Begleitung ihres Gatten Bennett auf einem Analytiker-Meeting in Wien kennen lernt.

Diejenigen, die sich die Mühe machen – und das Risiko eingehen – fremdzugehen, stellen verständlicherweise große Erwartungen an ihr verbotenes Treffen. Je größer die Hoffnungen, desto tiefer fallen die Protagonisten, wenn sie sich nicht erfüllen. Für die Liebenden können technisches Versagen oder logistische Behinderungen katastrophal sein, doch für einen Autor, der daran interessiert ist, eine faszinierende Liebesszene zu erstellen, wird es nichts Reizvolleres geben als ein verlorener Autoschlüssel oder ein bisschen Impotenz, um den vorhersehbaren Verlauf des Geschehens in eine andere Richtung zu lenken. Isadora hat in der folgende Szene vielleicht keinen besonderen Spaß, der Autor hatte es aber bestimmt.

Nachdem Adrian und sie sich auf einem Parkplatz heftig geküsst haben, ist Isadora überzeugt, dass er ein erstklassiger Kandidat für ein Schäferstündchen ist. Am nächsten Tag in seinem Hotelzimmer:

> In seinem Zimmer zog ich mich in einer Minute splitternackt aus und legte mich auf das Bett.
>
> »Du hast es aber eilig, was?«, fragte er.
>
> »Ja.«
>
> »Warum, um Himmels willen? Wir haben jede Menge Zeit.«
>
> »Wie lange?«
>
> »So lange, wie du es willst«, antwortete er zweideutig. Wenn er mich also nach kurzer Zeit verlassen würde, wäre es meine Schuld. Psychoanalytiker sind eben so. Mein Rat an alle jungen Dinger da draußen: Vögelt bloß keinen Psychoanalytiker.
>
> Wie auch immer – es brachte nichts. Oder nicht viel. Er stand nur auf Halbmast und wühlte wild in mir herum in der Hoffnung, dass ich nichts merken

würde. Zu guter Letzt hatte ich einen winzigen Orgasmus und eine sehr wunde Möse. Aber irgendwie war ich guter Dinge. Jetzt kann ich mich leicht von ihm befreien, dachte ich; er ist kein guter Fick. Ich werde ihn vergessen können.

»Was denkst du?«, fragte er.

»Dass ich gut durchgevögelt worden bin«, antwortete ich. Mir fiel ein, dass ich denselben Satz einmal zu Bennett gesagt hatte, als es weitaus besser zutraf.

»Du bist eine Lügnerin und eine Heuchlerin. Wozu lügst du? Ich weiß doch, dass ich dich nicht anständig gevögelt habe. Ich kann das viel besser.«

Seine Aufrichtigkeit brachte mich aus dem Konzept. »Okay«, gestand ich niedergeschlagen. »Du hast mich nicht anständig gevögelt. Ich geb's zu.«

Nachdem sie zugegeben hat, dass sie sich nicht getraut hat, aufrichtig zu ihm zu sein, überrascht er sie, indem er sagt, dass sein Ego nicht so empfindlich sei, wie sie es zu glauben scheint. Als sie bemerkt, dass sie noch nie einen Mann wie ihn kennen gelernt hat, erwidert er ganz und gar nicht bescheiden: »Nein, hast du nicht, Herzchen, und ich würde sagen, dass du auch keinen wie mich mehr kennen lernen wirst. Ich habe dir doch schon gesagt, dass ich ein Antiheld bin. Ich bin nicht hier, um dich zu retten – und dich auf meinem weißen Pferd davonzutragen.« Meint er es ernst oder reagiert er nur auf seine Unzulänglichkeit beim Sex? Was immer seine Motivation ist – seine Erwiderung, sie nicht retten zu wollen, passt hervorragend zu dem Rest des Romans und Isadoras inneren Konflikte: Sie weiß einfach nicht, wie sie ihre Bedürfnisse nach Sex, Liebe, Ruhm, kreativer Erfüllung, Sicherheit und Unabhängigkeit in Einklang bringen soll. Adrians Bemerkung schleudert ihr das zentrale Thema des Romans auf eine Weise entgegen, die sie nicht erwartet haben kann.

Wie alle wahren Heldinnen hat auch Isadora für sich entschieden, was sie will, hat es gesucht, ist gescheitert – und sucht weiter. Ihre Rückschläge halten sie nicht lange auf. Selbst nach dieser Begegnung möchte sie mit Adrian Erfüllung und Transzendenz finden; sie gibt ihn erst gut zweihundert Seiten später auf.

Nach diesem kurzen Abschnitt, der ihren enttäuschenden Sex zusammenfasst – so unbefriedigend, dass Jong nur die Tiefpunkte darstellt, ohne groß auf die Gründe dafür einzugehen –, setzt die Autorin die Szene geschickt fort, indem sie Adrian zum dominanten Charakter macht; zu der Figur, die Isadoras freundliche Lüge nicht akzeptiert und in Frage stellt, so dass ein Konflikt entsteht und die Protagonistin – in der Defensive – sich ihrer Unaufrichtigkeit und ihren Illusionen stellen muss.

In der Szene gibt es zwei Überraschungen:

1. Überraschung in der Handlung: Ihr erstklassiger Kandidat kriegt keinen hoch.

2. Überraschungsmoment der Charaktere: Obwohl Adrian durch den Potenztest gefallen ist, hat er den Charaktertest – dem er sich gar nicht hätte unterziehen müssen – bestanden. Anders als Isadora ist er gewillt, aufrichtig zu sein und die Verantwortung für seine Taten (oder sein Scheitern) zu übernehmen, und er konfrontiert sie mit Einsichten, denen sie lieber aus dem Weg gegangen wäre.

Die Spannung in dieser Szene wird unter anderem dadurch erzeugt, dass Adrian und Isadora mit gänzlich verschiedenen Erwartungen miteinander ins Bett gegangen sind. Sie plant ein größeres körperliches Experiment; er will einfach nur seinen Spaß haben. Als die Maschinerie nicht funktioniert, kann er sich und ihr sagen: »Neues Spiel, neues Glück.« Aber für Isadora vernichtet der technische Ausfall eine Fantasie, von der sie gehofft hatte, sie würde sie vor der ehelichen Langeweile retten. Es macht Sinn, dass Adrian Beobachtungen anstellt, die ihr entgehen: Er sieht ihre Begegnung als das, was sie ist – ein One-Night-Stand mit einem Fremden –, nicht als Zaubertrank für eine Frau, die sich in einer Krisc befindet.

▶ Ehebruch ist ein Spiel mit hohem Einsatz, in dem die Partner oft nicht im gleichen Maße befriedigt werden, da Erwartungen und Enttäuschungen ins Extreme tendieren. Stellen Sie sicher, dass sich wenigstens eine Ihrer Figuren von der Begegnung etwas ganz Besonderes erhofft und sorgen Sie außerdem dafür, dass wir am Ende der Liebesszene wissen, ob sie oder er es bekommen hat – und auch, was es ihn oder sie an Stolz, Selbstbewusstsein oder sexueller Identität gekostet hat.

Die Stimmung in der folgenden Szene aus Russell Banks Roman *Das süße Jenseits* ist traurig und elegisch. Der Held Billy Ansel, ein junger Witwer, erinnert sich an alles, was vor dem Schulbusunfall geschah, bei dem seine Zwillinge und zwölf andere Schüler ums Leben gekommen sind. Seine frühere Geliebte Risa und ihr Mann Wendell besitzen ein Motel. Vor dem Unfall haben sich Risa und Billy regelmäßig in Zimmer 11 getroffen, während ein Babysitter sich um die Kinder kümmerte. Der Unfall macht der Affäre ein Ende, aber Billy weiß noch genau, wie er in der Zeit zuvor im dunklen Zimmer gesessen und auf sie gewartet hat:

Es klingt gemein, ich weiß, aber ich fühlte mich nicht billig oder verworfen. Dafür war ich zu oft zu einsam, zu allein. In vielen Nächten konnte Risa nicht zum Zimmer 11 kommen, und dann saß ich ungefähr eine Stunde lang in dem Rattanstuhl neben dem Bett, rauchte und dachte und erinnerte mich an mein Leben, bevor Lydia starb, bis ich, als es schließlich deutlich wurde, dass Risa nicht von Wendell weg konnte, das Zimmer verließ und über die Straße zu dem Parkplatz ging, auf dem ich meinen Truck abgestellt hatte, und nach Hause fuhr.

In den Nächten, in denen Risa sich freimachen konnte, verbrachten wir unsere gemeinsame Zeit in totaler Dunkelheit, da wir das Licht nicht einschalten durften, und wir konnten kaum etwas von dem anderen erkennen, bis auf das, was man im schwachen Licht des Motelschilds, das durch die Jalousien hereindrang, ausmachen konnte: ein rosa-gefärbtes Profil, die Rundung eines Schenkels oder einer Schulter, eine Brust, ein Knie. Es war melancholisch und süß und besinnlich und natürlich sehr sexuell, unmissverständlich sexuell für uns beide.

Unsere Treffen waren Atempausen von unserem alltäglichen und sehr problembehafteten Leben, und wir wussten das. Wann immer ich Risa im Tageslicht, in der Öffentlichkeit sah, war es, als ob sie eine vollkommen andere Person war, ihre Schwester vielleicht oder ihre Cousine, die der Frau, mit der ich eine Affäre hatte, nur entfernt ähnlich war.

Die schönste und aufschlussreichste Überraschung dieser Szene ist die Kombination von Motel und Dunkelheit, zwei einzelne Aspekte, die zu einem wunderbaren Effekt verschmelzen. Indem Banks Billy Ansells Geliebte mit einem Mann verheiratet hat, der ein Motel besitzt, kann er seine Protagonisten den Ehebruch quasi im eigenen Haus des Gehörnten stattfinden lassen, was die Gefahr und den Verrat umso größer macht.

Die Tatsache, dass Risa manchmal auftaucht und manchmal nicht – und Billy in der Dunkelheit auf sie wartet – verstärkt den unsicheren und traurigen Aspekt ihrer Beziehung. Und der Blick zurück durch das Prisma des Unfalls und des Todes der Kinder vergrößert die Tristesse der Affäre um einiges.

Aber die wichtigste und gleichzeitig schemenhafteste Präsenz in dieser Szene ist die Dunkelheit, in der sie sich lieben, und die sporadischen »Licht-Blicke«, die einzelne Körperteile beleuchten. Die Dunkelheit ist ein notwendiger Teil ihres Versteckspiels, aber Banks verwendet sie beinahe wie einen weiteren Protagonisten – die Figur, die ihnen die Erlaubnis gibt, sich ihrem enthemmten Sex ohne emotionale Bindungen oder Komplikationen hinzugeben; sie können noch nicht einmal die Miene des anderen erkennen. Ihr Sex besitzt die Zielstrebigkeit – und die Grenzen – der Masturbation; niemand muss so tun, als ob er irgendetwas anderes möchte, als sich selbst Genuss zu bereiten.

Obwohl Banks sich nicht in Einzelheiten ergeht, entsteht durch die Kombination aus Dunkelheit, dem rosafarbenen Licht, das die Haut färbt, und zwei Leuten, die sich hemmungslos, ohne Ausreden und ohne falsche Erwartungen aufeinander stürzen, eine erstaunlich erotische Szene. Der Leser weiß genug über die Umgebung, die Umstände und die Stimmung, dass er sich beinahe herausgefordert fühlt, seine eigenen, privaten Fantasien einzufügen, um die Szene so erotisch zu machen, wie seine Vorstellungskraft es erlaubt.

Der Rahmen einer ehebrecherischen Liebesszene – von der Beleuchtung bis hin zur Landschaft – kann ein wichtiges Element zur Steigerung des Niveaus von Verrat, Verbot und Intrige sein. Weil die Liebenden nicht da sein dürfen, wo sie sind, ist der Schauplatz im Prinzip selbst verbotene Zone – ein Komplize im Rendezvous der Protagonisten. Er kann Ihnen beinahe genauso viel dramatische Energie und Informationen liefern, mit denen Sie arbeiten können.

EIN LETZTES WORT ÜBER EHEBRUCH

Ehebruch kann eine Quelle aufwühlender Dramen, alberner Komik oder stiller, angstvoller Faszination sein. Für einen Autor ist das Dreiecksverhältnis, das auf Betrug basiert, mit unendlich vielen explosiven Möglichkeiten gesegnet: Wird das Geheimnis der Liebenden aufgedeckt? Wird der Betrogene es herausfinden und verzeihen? Wird die abgelegte Geliebte sich mit Würde zurückziehen oder das Kaninchen des Kindes ihrer Ex-Affäre zu Eintopf verarbeiten, wie Glenn Close es in dem Film *Eine verhängnisvolle Affäre* macht?

Aber ob die seitenspringenden Charaktere in flagranti erwischt werden oder in ihren Bemühungen, es geheim zu halten, beinahe implodieren – sorgen Sie dafür, dass Ihre Geschichte gleichermaßen von dem, was Ihre Figuren sind und was sie wollen, angetrieben wird, wie von der dem Ehebruch innewohnender Dramatik.

9

ZU DIR ODER ZU MIR

Sex aus Spaß an der Freude

»Er war nicht annähernd so attraktiv wie in der Nacht zuvor – das ist kein Mann –, aber immer noch ziemlich klasse, und er war willig.«

Christopher Coe
Such Times

»Wir waren nur deshalb Geliebte, weil wir der Liebe keine Bedeutung zugemessen hatten; aber wir empfanden eine aufrichtige Freundschaft füreinander.«

Giacomo Casanove
Aus meinem Leben

Wir haben uns sexuelle Begegnungen im Licht der verschiedenen Beziehungstypen angesehen, haben über Jungfrauen, Verheiratete, Ehebrecher gesprochen. Die Fans vom Sex aus Spaß an der Freude – oder »Sex zur Entspannung« – verabreden sich, probieren One-Night-Stands, lernen sich kennen, tun sich zusammen, gabeln sich auf oder gehen eine, wie Milan Kundera es nennt, erotische Freundschaft ein – die Wahl der Begriffe bleibt Ihnen überlassen. Die Freunde von unverbindlichem Sex verraten weder Partner, noch Prinzipien noch brechen sie irgendwelche internen oder externen moralischen Regeln. Sie suchen nach Nähe, Intimität, Liebe und Spaß, und es kann fünf Minuten dauern oder lang genug, um das Objekt der Begierde den Eltern vorzustellen. Dies ist Sex ohne Vergangenheit, ohne schlechtes Gewissen und oftmals ohne besondere Hingabe. Vor der sexuellen Revolution war diese Art von Vergnügen ein Privileg der Männer, Künstler und der Bohème. Heute dürfen wir es alle, auch wenn AIDS dem Übermut der 60er und 70er Jahre einen empfindlichen Dämpfer aufgesetzt hat.

Und was bedeutet dieses meist unbelastete Vergnügen für Schriftsteller?

Das Schreiben über Gelegenheitssex ist beinahe so, als hätte man ihn: Der Sex ist das Haupt-Event, und obwohl ihm das Prädikat »Verboten« fehlt, bietet er andere Möglichkeiten, die die Verbindung spannend machen. Anders als ehelicher Sex hat er weder eine Geschichte noch eine sichere Zukunft; er kann zu nichts und allem führen. Der Einsatz ist nicht hoch, anfangs zumindest nicht, obwohl es schneller dazu kommen kann, als die Protagonisten es beabsichtigen. In seinem ersten Roman *An American Romance* gelingt es John Casey, das Paradoxe am Gelegenheitssex – nämlich dass Menschen miteinander intim werden, sich aber emotional vollkommen fremd sein können (was zu einem gewissen Maß auf alle sexuelle Begegnungen zutrifft) – wiederzugeben, indem er in einer Szene schildert, wie seine Hauptfiguren, Anya und Mac, zwei Studenten der University of Chicago, sich zum ersten Mal lieben. Bevor sie kurz danach einschlafen, heißt es: »Er wünschte, er hätte sie gut genug gekannt, um zu reden.«

Ohne Heimlichkeit, Vergangenheit oder Zukunft, auf die man sich konzentrieren kann, muss der Autor die Liebesszene zu einem oder allem der folgenden Zwecke nutzen: um uns Informationen über die Charaktere zu vermitteln; um uns einen Statusbericht über die Beziehung zu geben und welche Rolle und Bedeutung der Sex darin hat; um uns durch Dialoge, Kommentare, inneren Monolog und Details andere Einblicke in den Charakter der Protagonisten, der erzählenden Figur zu geben, wie es James Salter mit seinem voyeuristischen Erzähler in *Ein Sport und ein Zeitvertreib* macht.

Joseph Olshan beschreibt in der Szene aus seinem Roman *Nachtschwimmer*, der im schwulen New York in den Neunzigern spielt, sehr anrührend, wie sich Gelegenheitssex zu einer sich vertiefenden Intimität wandeln kann:

> Das erste Fest mit dem Körper eines anderen Mannes ist gleichzeitig schön und verwirrend. Ich will mich mit allem abfüllen, mit jeder Brustwarze, jedem Bizeps und jedem Zentimeter Schwanz, aber ich will es genießen und dazu braucht es mehr als nur eine Gelegenheit. Wenn ich einen Mann schon eine Weile kenne, wenn seine Körperteile mir langsam so vertraut sind wie sein Geruch, der an meinen Kleidern, an meinen Unterarmen haftet, wenn er aufhört, nur ein Name zu sein und ein bekannter Mensch wird, dann beginnt der wirkliche Sex. Bis dahin hat er mir private Dinge erzählt, und ich weiß etwas aus seiner Vergangenheit. Und wenn ich ihn in einem Bett berühre, in dem wir Nacht für Nacht geschlafen haben, kann kein One-Night-Stand, und mag er noch so elektrisierend sein, mit der Macht dieser Berührung konkurrieren. Denn nun ist die Berührung kodiert mit dem Wissen, dass ich alles verlieren kann, und mit jeder Bewegung, die ich bei unserem Liebesspiel mache, werde ich mir deutlicher bewusst, was ich da aufs Spiel setze.

Eines der am meisten diskutierten Beispiele für expliziten Sex in der Literatur aus den letzten Jahrzehnten ist Harold Brodkeys Short Story *Unschuld*, die 1973 (ein gutes Jahr für Gelegenheitssex) erstmals veröffentlicht wurde. Darin geht es um den Harvard-Studenten Wiley, die erzählende Person, der sich in die wunderschöne Orra (»sie im Sonnenlicht zu sehen, war, den Marxismus sterben zu sehen«) verliebt, die, obwohl sie in sechs Jahren verschiedene Lover hatte, noch nie einen Orgasmus gehabt hat. Und während Gelegenheitssex dem Autor oftmals einen Mangel an Konfliktpotential bietet, ist *Unschuld* durchsetzt mit dramatischer Spannung: Beinahe jedes Mal, wenn sie miteinander schlafen, ist Wiley entschlossen, sie zum Orgasmus zu bringen, während sie entschlossen ist, nicht zu kommen. Zwanzig Seiten voll mit inhaltlich dichter Erzählung ringen sie unter der Decke miteinander (er gewinnt natürlich) und Brodkey fängt für uns jedes physische und psychische Beben ein, das sich in der Begegnung zwischen den beiden ereignet. Die Szene ist zu lang, um sie hier abzudrucken. Sie befindet sich in seiner Kurzgeschichten-Sammlung *Nahezu klassische Stories*.

ALLGEMEINBEDINGUNGEN

1. Wenn die Figuren, die miteinander ins Bett gehen, nicht gerade befreundet sind, kennen sie sich vermutlich nicht besonders gut.

2. Sie haben wenig Verpflichtungen dem anderen oder *jedem* anderen gegenüber.

3. Sie haben eine individuelle sexuelle Vergangenheit, aber keine gemeinsame.

4. Sie haben möglicherweise gleichzeitig noch andere Sexpartner.

5. Sie sind möglicherweise sexuell hemmungslos, aber emotional auf der Hut.

6. Sie stellen möglicherweise sehr unterschiedliche Erwartungen an die Begegnung.

7. Beim Gelegenheitssex sind die Partner anfangs oftmals unbekümmert und frei von Verpflichtungen, was keine besonders gute Voraussetzung für den Aufbau eines Konfliktes ist. Ein Konflikt entwickelt sich, wenn die Gefühle des einen Partners nicht mit denen des anderen im Einklang stehen.

Die Erzählerin aus Jane DeLynns sehr klugem und kessen Roman *Die Mitternachtsfrau* ist immer auf Beutezug, auf der Suche nach Liebe, Sex und Abenteuer in Lokalitäten, wo »Frauen wie ich« – lesbische Frauen – willkommen sind: Key West, Ibiza, Italien, L.A., Bars in Downtown New York. Die Vielfalt der sexuellen Episoden ist breit, die Protagonistin zurückhaltend, ironisch und wunderbar scharfsichtig. Sie genießt ihre Eskapaden ebenso wegen des billigen Kicks und der entfernten Möglichkeit, dass sie zu echter Liebe führen könnten, wie auch wegen des Potentials an Stoff, aus denen sie später ihre Geschichten spinnen kann. In unserem Interview bemerkte DeLynn, dass das, was als erotisch bezeichnet wird, »offensichtlich im Bereich des Geistes« liegt. Und so spielen die geistigen Aktivitäten der Hauptfigur in den Sexszenen eine äußerst wichtige Rolle.

Die Protagonistin unternimmt Anfang der 70er Jahre eine Reise nach Italien, um sich nach einem Wohnungsbrand von einer schweren Depression zu erholen. Dort begegnet sie einem wohlhabenden, älteren Italiener mit einer »jungen und schönen« Freundin, die »ihre sexuellen Interessen nicht auf eine bestimmte Person oder ein bestimmtes Geschlecht beschränkte.« Ihr Dreier-Rendezvous findet in der Wohnung der Frau statt, wo Carlo und Francesca unsere Hauptfigur ausziehen und sie langsam herumdrehen:

Ich fand diese unpersönliche Inspektion meines Körpers extrem erregend. Die Amerikanerinnen, mit denen ich geschlafen hatte, waren entweder Lesben, die ihre Neigung immer noch beschämend fanden, oder Feministinnen, die vorgaben, dass sie aus ideologischen, nicht aus sexuellen Gründen mit Frauen schliefen. Diese gelassene Akzeptanz der Fleischlichkeit unserer Transaktion kam mir wie die Essenz europäischer Kultiviertheit vor.

Ein paar Minuten später scheinen Carlo und Francesca fasziniert, wie nass ich war. Ich erklärte ihnen, dass ich *una problema* gehabt hatte und daher lange Zeit keinen Sex hatte haben können, und dass es nun, da ich wieder konnte, sehr erregend war. Das Wort *problema* schien Francesca zu bestürzen, und ich versuchte ihr zu erklären, dass das Problem eher geistiger als körperlicher Natur gewesen war, dass meine Wohnung abgebrannt war und ich des Lebens leid – das heißt, müde – geworden war. Sie sahen mich verständnislos an ... Ich fühlte mich glücklicher und wohler in meiner Haut als die ganzen letzten Jahre zuvor – zum Teil wegen des Wiedererwachsens meines sexuellen Verlangens, aber noch eher, denke ich, durch die Außergewöhnlichkeit der Situation. Ich stellte mir sowohl die Geschichte vor, die ich meinen Freunden erzählen würde, als auch die, die ich schreiben würde ... [und] es gefiel mir, dass ich nicht verstehen konnte, was gesagt wurde.

Nachdem Carlo und Francesca ihren Akt vollzogen haben, stellt sie fest, dass Francesca sich besser von Carlo erregen lässt als von ihr:

> Ich begriff mit der leichten Überraschung, die solche Erkenntnisse stets begleitet, dass es tatsächlich Frauen gibt, die Männer lieber mögen als Frauen – sogar lieber als Frauen, die so bemerkenswert sind wie ich. Und plötzlich kam mir in den Sinn, dass ich vielleicht weniger um Francescas, denn um Carlos willen hier war.

Diese Abschnitte sind wunderbare Beispiel für das Prinzip, zwei Dinge gleichzeitig geschehen zu lassen: An der Oberfläche steht die Menage à trois zwischen Personen, die sich nicht (jedenfalls nicht alle) kennen. Hätte DeLynn sich darauf konzentriert, die technische Seite des Dreiers zu beschreiben, hätte die Szene sich vielleicht wie Animateurinstruktionen für Urlaubsgymnastik gelesen. Aber die Bemerkungen der Erzählerin füllen die Begegnung aus und fügen folgende Elemente hinzu:

▶ Konflikte zwischen den Charakteren und ihrer Kultur.
▶ Enthüllungen über die Gefühle und wunden Punkte der erzählenden Person, die Carlo und Francesca vermutlich nicht durchschauen können.
▶ Eine historische Dimension, die uns in eine Zeit – die frühen 70er – versetzt, als die Kollision der Frauen- und Lesbenbewegung sexuelle Begegnungen zwischen Frauen mit politischer Motivation befrachtete.

Das sexuelle Ambiente in *Die Schwimmbad-Bibliothek* des englischen Autors Alan Hollinghurst, ist dicht, leidenschaftlich, zwingend und alles andere als gezügelt – ein Gänsehaut erzeugender Kontrast zu dem zurückhaltenden Stil, in dem der Autor die Begegnung beschreibt. Der Roman handelt von den sexuellen Reisen des William Beckwith, einem jungen, richtungslosen, schwulen Aristokraten im Sommer 1983, »dem letzten Sommer dieser Art, den es je geben würde«, bevor AIDS in die sexuellen Gewohnheiten der Engländer eingriff. Obwohl das Werk anfangs locker gesponnen und beinahe nur von den sexuellen Begierden Beckwiths und seiner umfassenden Sammlung von Männern (Homosexuelle zwischen sechzehn und dreiundachtzig Jahren) verschiedenener Rassen vorangetrieben zu sein scheint, wird bald eine komplexere Architektur ersichtlich, und es zeigt sich, dass die Ambitionen des Autors sehr weit gestreut sind: Hollinghurst setzt nicht nur jede sexuelle Begegnung in Zusammenhang mit Englands Umgang mit der Homosexualität im gesamten 20. Jahrhundert, sondern verwendet die Misere der Schwulen auch als Symbol für die vom Staat geförderte und allgemein verzeihende Bigotterie.

In meinem Brief an Hollinghurst fragte ich ihn: »Überall in der Erzählung lauert AIDS. Haben Sie sich durch diese drohende Präsenz beim Entwurf Ihrer Liebesszenen besonders frei oder besonders gehemmt gefühlt?« Hier ist seine Antwort:

Ich plante das Buch ganz am Anfang der 80er, und selbst als ich 1984 zu schreiben begann, befasste sich in England kaum einer mit AIDS, auch wenn es damals in den USA bereits ein wichtiges Thema war ... Im November 1984 starb dann ein enger Freund von mir in London daran; und in den folgenden Monaten musste ich eine Entscheidung treffen, ob ich in diesem Roman die Krankheit, die begann, die Welt, die ich in meinem Buch beschreibe, so drastisch zu verändern, zur Sprache bringen sollte. Ich ließ die Geschichte dann, wie Sie wissen, im Sommer 1983 spielen. Selbstverständlich aber nahm das Buch einen neuen historischen Charakter an, den ich damals nicht hatte voraussehen können. Und ja, der Ausbruch von Schwulen-Feindlichkeit, die der Bewertung von AIDS folgte, machte mich nur entschlossener, freimütig und aggressiv über Schwulensex zu schreiben.

Die Schwimmbad-Bibliothek ist ein so exzellent verwobenes Werk, dass ich nur zögernd ein oder zwei Szenen zu Demonstrationszwecken herausgenommen habe. Obwohl jede einzelne Sex-Szene fantastisch geschrieben ist, wird durch die Anhäufung ein besonderer Effekt mit starker Wirkung erzielt. Beckwith pendelt zwischen sexuellen Begegnungen mit festen Beziehungen und Fremden in Kinos und Clubs hin und her. Nach einem Eintrag im Tagebuch seines besten Freundes sucht sich Beckwith stets Männer, die »enorm arm & deutlich unterbelichteter als er [sind] – und jünger! Ich glaube nicht, dass er es je mit einem von seinem Niveau gemacht hat. Es sind immer Angriffe auf die Unbelesenen.«

Eine dieser Attacken trifft Arthur Hope, einen ungebildeten siebzehnjährigen Schwarzen, der sich nach einer leidenschaftlichen Woche in Beckwiths Wohnung versteckt, weil er wegen Mordes gesucht wird. Beckwith ist hin- und hergerissen zwischen dem Bedürfnis, ihn zu beschützen und ihn zu lieben und dem Wunsch, ihn vor die Tür zu setzen und seine Wohnung wieder für sich zu haben:

> Wir benutzten praktisch überhaupt keine Sprache, um zu kommunizieren: er schmollte und dachte, dass ich ihn demütigen wollte, wenn ich komplizierte Bemerkungen machte, und manchmal fühlte ich mich betäubt von den Kompromissen und der Selbstverleugnung, auf die ich mich einließ ... Aber schließlich war ihm beim Sex nichts von Unbeholfenheit anzumerken.

Bei einer anderen Gelegenheit nicht lange danach hat Beckwith erneut die Nase voll von Arthurs Präsenz und der ärgerlichen Anziehungskraft, die der Junge auf ihn ausübt:

> Mein einziger Wunsch war es, Sachen umherzuschmeißen, einen Sturm zu entfesseln, der die stagnierende Hitze vertreiben würde, mich zu behaupten. Stattdessen fand ich mich beim peniblen Aufräumen wieder, wobei ich die Lippen fest zusammenpresste und ihn nicht ansah. Er lief mir hilflos hinterher ... Er war verwirrt, wollte bereit sein zu tun, was ich wollte, stellte aber fest, dass er mich immer nur weiter aufbrachte. Dann schleuderte ich einen Stapel Zeitungen, die ich sammelte, auf den Boden und ging auf ihn los – zog ihm die Hose über die schmalen Hüften, ohne den Knopf aufzumachen, rang ihn irgendwie auf den Teppich nieder, fummelte ein paar Sekunden brutal herum und vögelte ihn dann gewaltsam. Er stieß kleine, gepresste Schmerzenschreie aus, aber ich schnauzte ihn an, dass er den Mund halten sollte, und er unterdrückte sie in braver Unterwerfung.
>
> Danach ließ ich ihn stöhnend auf dem Boden liegen und ging ins Bad. Ich weiß noch, dass ich mich, erhitzt, erregt, entsetzt im Spiegel betrachtete.

Ein paar Minuten später kehrt Beckwith zu Arthur zurück, nimmt ihn in den Arm und sagt ihm, wie sehr er ihn liebt. Dann erzählt er uns:

> Es hatte schon einige Gelegenheiten dieser Art gegeben, Gelegenheiten, bei der ich meiner eigenen Geilheit und Sentimentalität ausgesetzt gewesen

war – unsere Affäre hatte anfangs durch die Schönheit seiner Jugend und seiner dunklen Hautfarbe bei mir wie ein Blitz eingeschlagen ... Ich sah, wie er, in kaum merklicher Erniedrigung, mehr und mehr mein Sklave und mein Spielzeug wurde, und das erregte mich genauso, wie es mich deprimierte.

Diese Szene ist aus vielen Gründen überzeugend und zwingend:

▶ Der Stil ist lebendig, präzise und voller unerschrockener und unschmeichelhafter Aufrichtigkeit, voller Einsichten über den Erzähler und Arthur, dessen mangelnde Ausdrucksfähigkeit einen großen Teil seines Wesens ausmacht, was Beckwith erregt.

▶ Die sexuelle Begegnung – eigentlich mehr eine Vergewaltigung – taucht im Kontext einer vollkommen unausgeglichenen Beziehung auf und spiegelt sie mit einer solchen Exaktheit wider, dass es Beckwith beunruhigt. Er hat ohnehin all die gesellschaftlichen Vorteile, die Arthur nicht hat; sexuelle Macht ist nun die letzte Möglichkeit, ihn zu dominieren, und Beckwith nutzt sie. Sex ist für Beckwith ebenso eine Bestätigung der Macht und der Stellung innerhalb der Gesellschaft, wie er zum Vergnügen da ist. Die Ironie besteht darin, das der Status als Mitglied der Aristokratie Beckwith nicht vor den Vorurteilen und der Gewalt schützt, mit denen Homosexuelle, wie an anderen Stellen des Romans beschrieben, konfrontiert werden.

▶ Im Kern dieser und anderer Szenen steht Hollinghursts Versuch, die Komplexität und die Widersprüche in unseren Bedürfnissen nach Sex, Intimität und Autonomie auszuloten.

▶ Die direkte, nüchterne Sprache in der die sexuelle Begegnung geschildert wird, passt ebenso zu der Art des Aktes wie die schnörkellose, beinahe geständnishafte Haltung seiner Tat gegenüber.

▶ In Liebesszenen, in denen es hauptsächlich um Sex geht, mit Personen, die keine besonderen Verpflichtungen dem anderen gegenüber haben und sich nicht besonders gut kennen, könnte der Protagonist versuchen, den Partner zu verstehen oder zu begreifen, warum er sich von ihm angezogen fühlt (wie es Hollinghurst hier tut), und so einer ansonsten relativ bedeutungsfreien Begegnung zusätzliche Spannung, Komplexität und Einsichten verleihen.

Die letzten Seufzer der AIDS-freien sexuellen Revolutionen hatten, wenn auch aus einem anderen Blickwinkel, ebenfalls Einfluss auf meinen ersten Roman: *Slow Dancing*. Er spielt 1980, in der Zeit der Wahl Ronald Reagans und handelt von zwei sexuell befreiten, dreißigjährigen Freundinnen, die die emotional hohlen, oft flüchtigen und lockeren sexuellen Beziehungen, mit denen sie sich als Twens herumgeschlagen haben, aufgeben und sie gegen etwas Beständigeres und weniger Heimlichtuerisches eintauschen wollen. Das Buch wurde schließlich zu einem Eingeständnis, dass Sex meinen Hauptfiguren nicht die emotionalen Verbindungen verschaffen kann, die sie sich, wie sie endlich begreifen, im Grunde genommen wünschen. Außerdem wollte ich den gemeinen Taschenspielertrick entlarven, der in der Natur des Liebesspiels liegt: Die Hoffnung, dass die Intimität des Augenblicks über die Ziellinie hinaus andauert.

Das Buch beginnt mit Lexi, einer Anwältin, die auf dem Weg zu einem Essen mit einem Mann ist, der wichtig für sie werden kann. Auf der Fahrt erinnert sie sich an ihre Anfangszeit als Anwältin und Geliebte von Stephen Shipler, einem älteren, gerissenen Anwalt und distanzierten, kalten Menschen, für dessen frostigen Charme sie merkwürdigerweise empfänglich gewesen ist. Als Lexi das erste Mal mit ihm schläft, konzentriert sie sich gänzlich auf die technische Seite des Sex. Sie hat sich so von ihren Emotionen gelöst, dass sie sich erst am nächsten Morgen, als er sie verlässt, erlaubt, überhaupt etwas zu fühlen. Und selbst dann ist es ihr lieber, darüber nachzudenken, was sie von Shipler lernen kann, als sich selbst einzugestehen, dass sie etwas für ihn empfinden könnte. Ihre erste Nacht:

> In seinem Hotelzimmer nahm er ihren Kopf mit beiden Händen und dirigierte ihn mit bewusster, wenn auch gemäßigter Kraft, was weit mehr als nur ein Vorschlag bedeutete, von seinem Hals zu seiner Brust – zu ihm. Er hielt seine Hände fest auf ihre Ohren gepresst, und spielte mit Strähnen ihres Haars. Dann zog er ihren Kopf wieder ein Stück hinauf, so dass er ihre Brüste dort spüren konnte, ihn zwischen ihren Brüsten spüren konnte, die er fest darum schloss, was noch nie jemand getan hatte ... Es war seltsam, ihn in ihrem Gesicht zu spüren, ihn gegen sich gedrückt zu fühlen, als wäre er nur ein Finger. [Stephen] war sich seiner so sicher. War so schwanzfixiert.

Der Ausdruck war ihr noch nie zuvor in den Sinn gekommen, nicht bevor er zwischen ihren Brüsten eingeklemmt war.

Als er später in ihr war, spürte sie dieselbe gespannte, selbstsichere Kraft in seinen Hüften, die er gegen sie presste und sie damit zwang, sich dagegen-zustemmen ... Mit seinen Hüften zog er sie mit bis an den Rand der Empfin-dung und überließ es dann ihr, sich sacht, ganz sacht zurückzuziehen, und vor und zurück und vor und zurück. Sie fühlte sich, als ob sie sich bereit machte für den großen Sprung, als ob sie am Ende des Sprungbretts auf und abhüpfte, um ein Gefühl für die Federung zu bekommen. Fester, als sie es erwartet hatte. Obwohl sie keinen Widerstand leistete und noch vor ihm kam.

Als sie wieder zu Atem gekommen waren und die Decke über sich gezogen hatten, küsste Stephen sie auf die Wange, ein rascher Gute-Nacht-Kuss, drehte sich auf die Seite und schlief ein.

Am nächsten Morgen tut sie, als ob sie schläft, während er seine Sachen packt. Sie verabschieden sich höflich, und er geht:

Lexi drehte sich um, kuschelte sich in die Decke und dachte: Wie viele Frauen sind so in einem Hotelzimmer zurückgelassen worden? Sie war ein bisschen überrascht von dem billigen Drama des Gedankens, der sie mit voller Wucht erwischt hatte, wie das Jingle eines Werbespots oder ein Refrain, massen-produziert und zur unkomplizierten Einnahme für gebrochene Herzen ge-dacht. Ihr Herz war ein wenig gebrochen, aber sie war auch fasziniert von der Konstellation der Umstände: seine aalglatten Anwaltsallüren, sein ekel-hafter Charme, sein Schwanz. Das Mauerblümchen wird vom Captain des Footballteams flachgelegt, und auch wenn sie weiß, dass es nichts mit Liebe – vielleicht nicht einmal mit einer Romanze – zu tun hat, ist es seine eigene Art von Triumph ...

Es gab da ein paar Dinge, die sie von Stephen Shipler lernen wollte. Und eines davon war, sich zu nehmen, was man wollte, und es sich zu nehmen, *wann* man es wollte. Das war zumindest das, was er am besten zu können schien.

In dieser Szene ist die sexuelle Begegnung fest mit der Erzählung verwo-ben, so dass sie eine Wirkung auf die Figur hat. In diesem Fall wird Lexi dazu bewegt, ihr Verhalten zu ändern (sie sagt sich, dass sie aus ihren ganz eigenen, eigennützigen Gründen mit Stephen zusammen ist), und sich gleichzeitig selbst anders wahrzunehmen (nämlich als jemand, der seine Lover aus praktischen, nicht aus emotionalen Gründen auswählt). Die Begegnung löst eine Vielzahl an Reaktionen aus und mündet in die kaltschnäuzige Haltung, die Lexi im Eröffnungsabsatz des Buches an den Tag legt.

Das einzige, was ich bereue, wenn ich diese Szene fünfzehn Jahre nach ihrer Fertigstellung erneut lese, ist die Sache mit dem »ihm« am Anfang der Liebesszene. Ich weiß nicht mehr, wieso ich mich dazu habe hinreißen lassen, in meiner ansonsten wenig zurückhaltenden Erzählung für das männliche Glied einen so schüchternen Ausdruck zu verwenden. Und er passt auch nicht, weil er nicht das ist, was Lexi denkt, während es geschieht. »Er« und »Ihn« – prüde und indirekt, wie diese Ausdrücke sind – wären eine gute Wahl gewesen, wenn die Protagonistin beim Anblick anatomischer Einzelheiten in solch züchtigen Begriffen gedacht hätte.

In *Endlich ausatmen* befasst sich Terry McMillan auf geschickte Weise mit der »Er«-Problematik – plus Verhütung und Schutz vor AIDS –, ohne die Dinge beim Namen zu nennen. In einer Szene mit Robin, einer von vier Freundinnen, die die Geschichte erzählen, und ihrem dicklichen neuen Verehrer Michael, fängt McMillan Robins einen frechen Mix aus Erfahrung, Neugier, Vorahnung der kommenden Enttäuschung und stürmischen Verlangens ein, während sie die sexuellen Bühnenanweisungen zu einem unerlässlichen Teil der Erzählung macht.

> Robin zieht Pulli und BH aus, Michaels Augen treten begeistert hervor, und er schlüpft, das Wichtigste noch in den Boxer-Shorts, unter die Decke, ohne dass ich eine Chance bekam zu sehen, was er zu bieten hatte.
>
> »Ich wusste, dass du überall schön sein würdest«, sagte er, als ich zu ihm unter die Decke kam. »Und du riechst so gut.« Er legte eine seiner kleinen fetten Hände auf meine Brust und drückte sie. Die Brustspitzen wurden augenblicklich weich.
>
> »Hast du was zum Schutz oder soll ich was holen?«, fragte ich.
>
> »Hab schon«, sagte er und holte es von seiner Bettseite. Er zog seine Shorts aus und warf sie auf den Boden. Dann schob er die Hände unter die Decke

und seine Schultern begannen zu zucken, was bedeutete, dass er Probleme hatte, es überzuziehen.

»Brauchst du Hilfe?«, fragte ich.

»Nein, nein«, antwortete er. »Da.« Er rollte sich auf mich, und da ich plötzlich nicht mehr atmen, geschweige denn mich bewegen konnte, konnte ich ihm auch nicht zeigen, was er tun musste, um mich in Stimmung zu bringen. Dann fing er wieder mit den nassen Küssen an, und ich spürte, wie etwas in mich hineinglitt. Zuerst dachte ich, dass es sein Finger war, aber nein, seine Hände stemmten sich gegen das Kopfteil. Dann fing er mit etwas wie Stoßen an, und ich wartete, dass er wieder stieß, damit er endlich ganz hineinkam, aber als er sich zu bewegen begann, begriff ich plötzlich, dass er es bereits war. Langsam fing ich an, extrem genervt zu werden, aber ich gab mir Mühe, mit seinen kleinen, kurzen Bewegungen mitzuhalten, und gerade als ich mich an seinen Rhythmus gewöhnte, bewegte er sich schneller und schneller, drückte mich fest an seine Brust und schrie: »Gott, ist das gut!« Dann ließ er sich schwer auf mich fallen. Meinte er das ernst? Ich lag einfach nur da und dachte mir: Mist, ich hätte einen V8 kriegen können.

Diese Szene funktioniert zum großen Teil, weil Robin mit einer bestimmten Ambition in diese Begegnung geht: Sie horcht diesen Kerl nach einer langen Reihe unbefriedigender Beziehungen hinsichtlich seiner Tauglichkeit für eine lebenslange Partnerschaft aus. Aber sie geht die Sache nicht nur mit Erwartungen, sondern auch mit frecher Skepsis an. Konflikt und Komik entwickeln sich aus dem Zusammenprall ihrer Erwartungen und ihrer voreingenommenen Haltung einerseits und der jämmerlichen Plackerei des armen Michael andererseits.

Sex ist Robins Methode, den Wert eines Mannes und die Zukunft einer Beziehung einzuschätzen. Sie ist sicher, dass er, wenn er sexuell versagt, sie auch nicht emotional befriedigen kann. Sie ist bereit, die Geschichte abzublasen und den Mann aufzugeben, als er sie Augenblicke später überrascht, indem er sie nach ihren Gefühlen fragt, nach dem, was sie vom Leben erwartet, und ihr sagt, wie sehr er sie mag. Als sie sich kurze Zeit später erneut lieben, schafft sie es zu vergessen, dass er kurz, dick und farblos ist. Statt sich erneut auf die Komik der Begegnung zu konzentrieren, erlaubt sie sich, sich in der emotionalen Wärme des Akts zu verlieren.

▶ Wenn Ihre Figuren mit unterschiedlichen Erwartungen in eine sexuelle Begegnung gehen, können diese Unterschiede zu Reibung, Konflikt und manchmal zu Komik führen. Wenn Sie damit beginnen, Ihre Liebesszene zu schreiben, müssen Sie nur wissen, was die *eine* Ihrer Figuren erwartet. Der Konflikt setzt ein, wenn die andere Figur ihren Erwartungen nicht entsprechen kann oder will.

Max und Nora, die Liebenden in Glenn Savans Roman *White Palace* sind ein Paar, das zusammenpasst wie Hund und Katze. Füreinander bestimmt scheinen sie nur im Bett zu sein, wo ihre grundlegenden Differenzen für genügend Funkenflüge sorgen, um eine Space Shuttle ins All zu katapultieren. Er ist ein gebildeter, ehrgeiziger, siebenundzwanzigjähriger jüdischer Witwer, sie eine einundvierzigjährige Kellnerin im White Palace, die gerne und viel trinkt, frech daherredet und Reagan-Fan ist. Nora verheimlicht Max eine ganze Reihe von Dingen, aber ihr schwärzestes Geheimnis dreht sich um ihren Sohn Charley, der, wie sie Max erzählt hat, an Leukämie gestorben ist. Als Noras Schwester Judy zu Besuch kommt – die beiden sehen sich zum ersten Mal seit Charleys Begräbnis –, erzählt Judy, was in Wirklichkeit mit Charley geschah: Er starb mit vierzehn an einer Überdosis, zu dem Zeitpunkt vollkommen verwahrlost und von seinen Eltern vernachlässigt. Max erwähnt Nora gegenüber nicht, dass er nun die Wahrheit kennt.

Die folgende Szene spielt sich spät abends ab. Nora und Max schlafen im Wohnzimmer, die Gäste in ihrem Schlafzimmer. Wichtig zu wissen ist noch, dass Nora gynäkologische Probleme hat und keine Kinder mehr bekommen kann.

> Nora kam nackt ins Wohnzimmer, was mit den Gästen im Haus keine gute Idee war, und er erkannte aus ihrem schwankenden Gang, wie betrunken sie war. Sie legte sich neben ihn und rollte sich ohne Umschweife auf den Rücken. Max war sich nicht sicher, ob dies eine sexuelle Aufforderung enthielt oder nicht. Eine solche Passivität war er von ihr nicht gewohnt – bis auf die Male, wenn er sie mit dem Mund liebkost hatte. Dies tat er nun auch, und rasch verlor er sich in den blütenartigen Tiefen ihrer Scham, bis sie ihre Schenkel zusammenpresste, sich aufsetzte und sein Gesicht zwischen ihre Hände nahm. »Fick mich einfach nur«, sagte sie.

Sie legte sich abwartend zurück.

»Sofort?« »Ja.«

Sie wartete stoisch, wie eine gute viktorianische Ehefrau. Sie fühlte sich außergewöhnlich eng an, als er in sie eindrang. Und dann kam die nächste Überraschung: Sie war still. Er überlegte, ob es daran lag, dass Bob und Judy sie vielleicht hören konnten, aber das erklärte nicht, warum ihre Augen offen standen und ihr Blick so feucht und flehend war.

»Max«, sagte sie, als er gerade kurz davor stand, den Höhepunkt zu erreichen. »Max, ich muss dir was sagen ...«

»Was?«, bracht er mühsam heraus.

»Ich wünschte nur ...«

»Was?«

»Ich wünschte nur, wir könnten ein Baby haben.«

Einen irrationalen Augenblick lang wünscht er das auch. Und dann verspritzte er seinen nutzlosen Samen.

Ihr Liebesleben ist dem Leser zu dem Zeitpunkt bestens bekannt; wenn er zu dieser Szene kommt, die einige Monate nach Beginn der stürmischen Affäre stattfindet, weiß er, wie anders dieser Akt im Vergleich zu den vorigen ist. Max nimmt jede Veränderung wahr und fragt sich nach dem Grund, was die dramatische Spannung erzeugt. Obwohl die Geschichte aus Max' Blinkwinkel erzählt wird, können wir uns spätestens am Ende der Szene denken, was in Noras Kopf vorgeht, seit ihre Schwester zu Besuch gekommen ist, und was sie Max bisher nicht gestanden hat: Sie erlebt wieder, wie ihr Sohn gestorben ist und welchen Anteil sie an seinem Tod gehabt hat. Die Autorin nutzt diese Szene, um Noras tiefsitzende Furcht und Schuldgefühle zu veranschaulichen, die sie nur dann auszudrücken bereit ist, wenn Sex in ihrer Schutzmauer Risse verursacht hat. Die Szene zeigt uns – und Max – zudem, dass Nora sich mit Max nicht nur sexuell verbunden fühlt, während Max sich höchstens eine flüchtige Fantasie in Bezug auf eine solche Hingabe zugesteht.

▶ Sie können Ihre Liebesszene zu einem Wendepunkt für Ihre Geschichte machen, wenn Ihre Figuren während des Aktes etwas besonders Enthüllendes sagen oder tun.

Die hocherotischen und erlesen konstruierten Sex-Szenen in James Salters *Ein Sport und ein Zeitvertreib* fallen technisch betrachtet in die Kategorie »Sex aus Spaß«, könnten jedoch auch leicht unter »Voyeurismus« oder »Fantasien« eingeordnet werden. Dieser dreifache Nutzen verleiht den Szenen eine emotionale Dichte und eine intensive sexuelle Kraft, die den Leser wieder und wieder in den Erzählstrom zieht.

Die Geschichte von zwei jungen Liebenden – sie spielt in Frankreich um 1960 – handelt von dem vierundzwanzigjährigen Yale-Absolventen Dean, der mit der jungen französischen Verkäuferin Anne-Marie anbandelt. Gelegentlich berichtet Dean seinem Freund, einem anderen jungen Amerikaner, der durch Frankreich reist und die Geschichte und die Archtitektur dieses Landes studiert, von seiner Affäre.

Dieser Freund ist die erzählende Person des Romans. Er stellt sich vor, wie die beiden miteinander umgehen, und rekonstruiert das Geschehen – und Salter erinnert uns hin und wieder daran, dass dies *seine* Version der Geschichte ist, nicht die von Dean und Anne-Marie: »Ich gebe nicht die Wahrheit über Dean wider, ich erfinde ihn. Ich erschaffe ihn aus meinen eigenen Unzulänglichkeiten heraus, das dürfen Sie nie vergessen.«

Aber selbstverständlich vergessen wir es sehr oft, genau wie der Autor es von uns will, denn die Liebesszenen sind umwerfend real, was uns im Gegenzug immer wieder vor Augen hält, wie einsam die erzählende Person sich fühlt. Er kann nichts anderes tun, als sich in Fantasien über die Affäre eines anderen zu ergehen. Diese Fantasien sind *seine,* die Projektion auf jemand anderen bedeutet Sicherheit.

Ein Beispiel: In der Szene vor der hier abgedruckten, hat Dean mit Anne-Marie über »die Arten der Liebe, die süße Vielfalt« gesprochen. Als sie ihn fragt, welche Arten es gibt, kann er es nicht sagen, obwohl wir – und Anne-Marie – erraten sollen, dass er vor allem neugierig auf Analsex ist. Und daher bezieht sich die Erwähnung von Gleitmitteln und ihre »beängstigende« Präsenz vor allem darauf.

Sie ist in guter Stimmung. Sie ist sehr verspielt. Als sie ihr Haus betreten, wird sie zur Sekretärin. Sie werden ein paar Briefe diktieren. Oh, ja? Sie lebt allein, gesteht sie, und dreht sich auf der Treppe nach ihm um. Ach, tatsächlich, sagt ihr Chef. *Oui.* Im Zimmer ziehen sie sich beide unabhängig voneinander aus ...

»Ah«, murmelt sie. »Was?«

»Eine sehr große *machine à écrire.*«

Als er die Kissen unter ihren schimmernden Bauch geschoben hat, ist sie so nass, dass er mit einer einzigen, langen, köstlichen Bewegung in sie eindringt. Sie beginnen langsam. Immer wenn er nahe daran ist zu kommen, zieht er seinen Schwanz heraus und lässt ihn abkühlen. Dann beginnt er von neuem, lenkt ihn mit einer Hand, führt ihn ein wie in ein Futter. Sie fängt an, mit den Hüften zu kreisen, aufzuschreien. Es ist, als ob man einer Verrückten dient. Schließlich nimmt er ihn wieder heraus. Während er wartet, ruhig, besonnen, fällt sein Blick immer wieder auf Gleitmittel – ihre Gesichtscreme, Flaschen im *armoire.* Sie lenken ihn ab. Ihre Präsenz scheint beängstigend, wie Beweise. Sie fangen erneut an und hören dieses Mal nicht eher auf, bis sie aufschreit und er spürt, wie er in langen, bebenden Strömen kommt und die Eichel gegen Knochen zu stoßen scheint. Sie liegen erschöpft nebeneinander, als hätten sie gerade ein großes Boot ans Ufer gezogen.

»Das war das bisher Beste«, sagt sie schließlich. »Das Beste ... Wir müssen öfter Briefe schreiben.«

Wäre die Szene eine getreue Wiedergabe der Ereignisse zwischen Dean und Anne-Marie, wäre sie ein beeindruckendes und deftiges Textstück. Aber ihr würde die melancholische, selbstquälerische Qualität fehlen, die ihr die Fantasie der erzählenden Person verleiht.

Lesen Sie die Szene noch einmal und achten Sie besonders auf folgende Elemente:

▶ Dics ist eine Fantasie innerhalb einer Fantasie; der Erzähler stellt sich vor, wie Dean und Anne-Marie ihre Fantasie (die in Wirklichkeit seine ist) ausleben.

▶ Es gibt wenig Adverben oder Adjektive.

▶ Die Szene ist nicht einfach in die Erzählung eingestreut worden, sondern besitzt eine Verbindung zu dem, was vorher gewesen ist – nämlich Deans (sprich: des Erzählers) Interesse an Analsex, den er praktizieren möchte, sich aber nicht traut, es anzugehen.

▶ Der Text hat zum Teil eine pornographische Intention und Intensität:

Die oberste Absicht ist, die erzählende Person zu erregen. Die darunter liegende Absicht ist, uns die Intensität seines Verlangens, seiner Einsamkeit und seiner Scham begreiflich – ja, eigentlich *spürbar* – zu machen.

Es ist nicht schwer zu erkennen, dass Voyeurismus und Fantasie sehr starke Elemente in den sexuellen Begegnungen Ihrer Charaktere sein können, aber sie sind weit interessanter, wenn Sie eine Verbindung zu den thematischen und erzählerischen Inhalten Ihres Werks herstellen können. In *Ein Sport und ein Zeitvertreib* wird ein einsamer Erzähler zu einem Voyeur, der sich in seinen Fantasien ergeht und dadurch so unmittelbare, intensive Szenarien entwirft, dass wir vergessen, wer sie erfunden hat – genau wie ein gutes Buch vergessen machen kann, dass der Autor die Geschichte erfunden hat. Sind wir vielleicht alle Voyeure?

EIN LETZTES WORT ÜBER GELEGENHEITSSEX

Es gibt nichts Schöneres, als Sex zu haben, ohne Reue, Scham oder Schuld empfinden zu müssen – ob mit dem langjährigen Ehepartner oder mit einem hitzigen neuen Lover. Für den Belletristikautor bedeutet diese Freiheit, dass er sich sehr anstrengen muss, um aus diesen Liebesszenen etwas wirklich Faszinierendes zu machen. Ohne interne oder externe Dramatik, als Motor für die essentiellen Konflikte, müssen Sie Ihre Charaktere gründlich kennen, sie deutlich von einander unterscheiden und diese Unterschiede mit allen kreativen Möglichkeiten ausarbeiten: mit Ihrer Einbildungskraft, Ihrem Gespür für das Drama, Ihrer Fähigkeit, mit Ihren Figuren mitzufühlen ... und mit Ihrer Entschlossenheit, die Szene so lange immer wieder umzuschreiben, bis sie stimmt!

10

VERBOTENER SEX

Gesetz, Geschichte und Staatsgewalt

»Und Gott der Herr nahm den
Menschen und setzte ihn in den
Garten Eden, dass er ihn bebaute und
bewahrte. Und Gott der Herr
gebot dem Menschen und sprach:
Du darfst essen von allen Bäumen
im Garten, aber von dem Baum der
Erkenntnis des Guten und Bösen sollst
du nicht essen; denn an dem Tage,
da du von ihm issest,
musst du des Todes sterben.«

Genesis 2: 15-17

Ein Seitensprung ist nicht die einzige Möglichkeit, die Früchte des verbotenen Sex zu ernten. Tatsächlich ist Ehebruch noch eine recht zahme Angelegenheit im Vergleich zu den Funken, die fliegen, wenn eine Figur Gesetze und Tabus bricht, die über ihr Ehegelübde hinausgehen. Liebe, die in einer feindseligen Umgebung Fuß fasst und gedeiht, bietet dem Autor eine reiche, komplexe Quelle von Material, die voller Spannung und Möglichkeiten für politische, legale und psychische Auswirkungen sind. Verbotener Sex kann den Plot schüren, Ihren Charakteren ein geheimes Leben geben, die Atmosphäre eines Romans – oder einer ganzen Ära – definieren und Polizei, Geheimdienst und was es sonst noch alles gibt ins Schlafgemach führen, und sei es via Wanze und Kamera. Abgesehen von den unmittelbaren Vorteilen für den Autor, der mit den Figuren arbeitet, die sich Gesetzen und Konventionen widersetzen, kann ein besonders beherzter Charakter für die Leser, die sich in ähnlicher Weise unterdrückt fühlen, durchaus ein Symbol des Widerstandes oder der Befreiung werden.

Im England des neunzehnten Jahrhunderts stand man der Homosexualität besonders feindlich gegenüber, es war sogar üblich, Homosexuelle aus der Arbeiterklasse zu hängen. Oscar Wilde kam noch 1897 wegen seiner ausgelebten sexuellen Neigung für zwei Jahre ins Gefängnis. Ein fiktionaler Charakter dieser Zeit brauchte also nichts weiter zu tun, als eine Nacht mit einer Person desselben Geschlechts zu verbringen, um sich zu einem Helden oder einem Vorbild für Lesben und Schwule zu entwickeln. In *Quell der Einsamkeit* des britischen Autors Radclyffe Hall beschränkt sich die Beschreibung der ersten lesbischen Begegnung seiner Hauptfigur auf die züchtigen Worte: »In jener Nacht wurden sie nicht getrennt.« Aber diese reichten aus. Kurz nach der Veröffentlichung im Jahr 1928 wurde das Buch (bis 1948) auf den Index gesetzt. Zwanzig Jahre später startete E.M. Foster, der durch *Zimmer mit Aussicht* und *Wiedersehen in Howards End* bereits berühmt war, eine Kampagne gegen das Verbot bestimmter Bücher. Sein eigenes Werk, das von Homosexualität handelt – unter anderem *Maurice* – wurde erst nach seinem Tod 1971 veröffentlicht und selbst dann noch von amerikanischen Schriftstellern und Kritikern mit Verachtung und Schwulenhass bedacht.

Die Zeiten ändern sich, feindselige Umgebungen auch. Nathaniel Hawthornes Hester Prynne müsste heute kein scharlachrotes A mehr tragen, Exemplare von *Ulysses* werden heutzutage nicht mehr von US-Zollbeamten eingezogen und die skandalös-gewagten Dialoge aus Mitte aus den 60ern des britischen Bühnenautors Joe Orton sind heute so harmlos wie La Rochefoucaults Aphorismen, verglichen mit der täglichen TV-Kost, die uns bereits im Nachmittagsprogramm serviert wird. Die Apartheid ist offiziell vorbei, der Kalte Krieg ebenso, aber für einen Autor mit einem Gespür für Exotik, gibt es immer noch genug über Sex, der durch Gesetz, Konvention oder Religion verboten ist, zu erzählen.

ALLGEMEINBEDINGUNGEN

Natürlich sind auch in diesem Kapitel viele der Umstände, die den Ehebruch begleiten, allgemeingültig – abzüglich des betrogenen Ehepartners und den Komplikationen, die sich aus dem Betrug ergeben.

1. Der Sex ist vorgeheizt; das Verbotene schürt die Leidenschaft.
2. Die Liebenden treffen sich gewöhnlich heimlich. Es besteht die Gefahr, gesehen zu werden; außerdem sind die Begegnungen oft zeitlich limitiert.
3. Durch die Gefahr befinden sich die Liebenden meist in einem Zustand gesteigerter Wahrnehmung.
4. Figuren, die sich auf verbotenen Sex einlassen, führen ein Doppelleben.
5. Wie Ehebrecher können auch diese Figuren versuchen, Beweise für ihre Liaison zu verbergen. Hier zwar nicht vor einem Ehepartner, aber vielleicht vor einem Elternteil, einem Geschwister, dem Mitarbeiter, einer Respektsperson – vor jedem, der Anstoß nehmen oder gegen die Beziehung vorgehen könnte.
6. Gefühle der Hochstimmung, Befreiung, des Widerstands oder – wie im Fall der Homsexuellen, die sich nicht länger verleugnen müssen – Erleichterung können von Schuldgefühlen begleitet werden.

7. Der Kontext ist alles. Der Autor muss ein lebendiges Bild der Gesellschaft oder des Milieus, das den Sex verbietet, entwerfen, um zu zeigen, wie viel für die betreffenden Figuren auf dem Spiel steht, wenn sie Gesetze und Konventionen brechen.

8. Liebesszenen zwischen Liebenden, die keine sein dürfen, enthalten oft Anspielungen auf die Kräfte der Außenwelt, die der Beziehungen entgegenwirken.

BEISPIELE

In der Kurzgeschichte *Contact* des Australiers John Lonie geht es eher um Erleichterung, denn um befriedigenden Sex, als zwei einsame Schwule sich in einer Umkleidekabine am Strand treffen. Nachdem sie einige Tage lang anonym über Graffiti in einer öffentlichen Toilette kommuniziert haben, schlägt sich der vierzigjährige Erzähler der Story mit dem jungen Kerl, dessen Handschrift auf der Klowand geprangt hat, in die Büsche.

Beide machen mit ihren jeweiligen Familien (Eltern, erwachsene Geschwister) Urlaub in Australien und befinden sich fern der Bequemlichkeiten schwulenfreundlicher Städte. Der Erzähler, der die meiste Zeit damit verbringt, auf seine jungen Nichten und Neffen aufzupassen – er bezeichnet seine Rolle als »die moderne Version der ältlichen Tante der Familie« – betitelt seinen grausamen vierjährigen Neffen Hans als »Schwulen-Schläger in der Ausbildung«. Aus Einsamkeit, Geilheit und Heimweh nach seinem »Stamm« in der Stadt, lässt er sich auf die anonyme Einladung ein. Aber statt des Toilettenveteranen, den er erwartet, taucht ein nervöser Siebzehnjähriger auf, und seine Gegenwart hält uns die Anti-Schwulenhaltung der Gesellschaft und ihre diskriminierenden Gesetze vor Augen.

Am Schluss der Geschichte steht das Treffen, dem der Erzähler sofort ein Ende bereiten will, als er sieht, wie jung der Mann ist:

> Ich will gerade sagen, du bist zu jung für mich und ich zu alt für dich, als ich
> ihn unter meiner Berührung beben spüre, und er legt seine Hand gegen

meine und schmiegt seine Wange daran. Mein Herz schmilzt dahin. Er hat Angst, so sehr, dass er heftig zittert, und ich begreife, dass *er* es ist, der ein gewaltiges Risiko auf sich genommen hat, nicht ich. Ich schlinge meine Arme um ihn und halte ihn, und er klammert sich an mich, fest, so fest.

Seine Erektion hat nicht nachgelassen, und plötzlich schaudert er und packt mich fest, während ich spüre, wie er an meinem Schenkel kommt. Ich halte ihn eng an mich gedrückt und lege mein Gesicht an seines, wobei ich seinen Nacken und seinen Hinterkopf streichle. Dann spüre ich Feuchtigkeit an meiner Wange und sehe, dass er leise weint. Schon gut, sage ich in der Hoffnung, dass er sich bei mir sicher fühlt, wein so viel du willst. Und das tut er.

Eine Ewigkeit stehen wir da. Er klammerte sich noch immer fest an mich. Ich kann seinen Herzschlag hören und das Rauschen des Blutes, das durch seine Adern strömt, durch die Adern dieses Fremden. Ich sollte auf *ihn* aufpassen, nicht auf diesen kleinen Schurken Hans oder irgendeine Nichte. Sie haben ihre Eltern. Der hier, der ist aus meinem Stamm, das steht fest. Wer kümmert sich um ihn? Wer kümmert sich in solch einer Zeit um irgend jemanden von uns?

Ich sage ihm, wie mutig es von ihm war, ein solches Risiko einzugehen. Von dir auch, antwortet er, wir sind hier oben illegal. Nicht »es ist« illegal, sondern »wir«. Er ist einsam, so einsam, dass man das Verlangen auf seiner Haut schmecken kann.

Multiplizier´ ihn mit Tausend und noch mal Tausend. Welche Möglichkeiten haben wir schon außer Umkleiden oder öffentliche Toiletten, deren Wände zu einem *Samizdat* geworden sind? Und wenn wir als Fremde in diesem flüchtigen Moment aufeinandertreffen, erzeugt die gewaltige Reichweite der Gefühle zwischen uns eine solche Nähe, dass wir anschließend ständig danach suchen, uns verzweifelt wünschen, nur noch einmal die Köstlichkeit zu schmecken, die die Nähe mit sich bringt.

Der Erzähler gibt seinem Wunsch nach einem anonymen One-Night-Stand nach und bekommt am Ende weit mehr, als vereinbart war – ist am Ende überrascht von der Tatsache, wie weit das, was er wollte, und das, was er bekommen hat, auseinander klaffen. Das Bedürfnis nach anonymen Sex ist egoistisch und schlicht, aber das Streben nach Erfüllung – selbst wenn das Streben so zielgerichtet ist wie dieses – ruft unberechenbare Kräfte auf den Plan: die Bedürfnisse und Verletzlichkeiten anderer menschlicher Wesen. Hätte der Erzähler genau das bekommen, wonach er gesucht hat – eine sexuelle Begegnung am Strand – hätte es weder für uns noch für ihn eine Überraschung gegeben. Und auch keine Geschichte, die zu erzählen lohnt.

In einer Szene über verbotenen Sex wie dieser kann eine der beiden Figuren möglicherweise mehr Angst empfinden als sexuelle Erregung – die Angst, sich einzugestehen, was man tut, die Angst vor Entdeckung, vor Bloßstellung, vor Bestrafung. Wenn Sie diese Szene noch einmal lesen, sollten Sie jede Stelle markieren, an der die eine Figur ihre Angst ausdrückt und der andere sie erkennt. Der Autor nutzt diese Emotion, um die Szene voranzubringen und um uns das rechtliche und politische Klima, das solch eine Angst erzeugt, zu vermitteln.

▶ Der ängstlichere Charakter wird von dem Erzähler getröstet, dessen eigene Besorgnis von der des Jungen übertroffen wird.

▶ Der Erzähler entwickelt in Bezug auf den Jungen eine tröstende Kraft, statt sich noch länger wie ein Raubvogel auf Beutezug zu fühlen.

▶ Die Furcht des Jungen bringt den Erzähler dazu, über seinen Platz in der Familie und in seiner Gesellschaft nachzudenken und zu begreifen, wem seine Loyalität gehören sollte.

▶ Der letzte Absatz verschiebt die Begegnung von der persönlichen auf eine politische Ebene, indem der Erzähler das Klowand-Gekritzel mit einem *samizdat* vergleicht und damit sowohl das Risiko, das all diese Männer eingehen, als auch das noble Motiv des Rechtes auf freie Meinungsäußerung, das sie sich mit ihren Botschaften nehmen, hervorhebt.

Ältere Männer und weibliche Teenager oder noch jüngere Mädchen – Vladimir Nabokov hat nicht das Begehren erfunden, dem Syndrom wohl aber einen Namen gegeben: Lolita. In den beiden Kinofilmen, die nach dem Buch entstanden sind, wird das Mädchen von einem gut gebauten Teenager dargestellt, doch in dem Roman ist Lolita eine frühreife Zwölfjährige von siebzig Pfund. Humbert ist von einem mageren Kind besessen. Nabokov dagegen ist von Sprache, nicht von Sex besessen. Aber ganz sicher hätte auch Humbert alles weggelassen, was eindeutig hätte sein können, denn als der Roman 1955 erschien, war das Thema derart schockierend, das expliziter Sex eine Veröffentlichung gänzlich unmöglich gemacht hätte.

Die Leser waren damals gleichermaßen entsetzt von Humberts unverhohlenem Verlangen nach der Tochter seiner Vermieterin, die später seine Frau wird, wie von Lolitas unbekümmerter Komplizenschaft in diesem Verbrechen gegen sie. Dichte und Rhythmus von Nabokovs Prosa sind die eines keuchenden Mannes, eines Mannes, der sich – wie Humbert sich selbst beschreibt – »in einem Zustand der Erregung, die an Geisteskrankheit grenzt« befindet. Die Sprache bebt vor unterdrückter Begierde, vor Begierde, die nicht unterdrückt werden kann, vor launischen, witzigen, treffenden Wortspielen. Doch was die physischen Einzelheiten ihrer ausgiebigen Liebesspiele betrifft, zieht Humbert kluge Andeutungen immer dem Ausdrücklichen vor – und das muss er auch, denn er berichtet aus einer Gefängniszelle heraus. Warum noch mehr Aufmerksamkeit auf das Wesen seines Verbrechens lenken, das er doch bereits gestanden hat? Hier ist seine schwülstige Wiedergabe des ersten Males mit Lolita:

Meine frigiden Damen Geschworenen! Ich hatte geglaubt, dass Monate, vielleicht Jahre vergehen würden, bevor ich es wagen würde, mich [Lolita] zu erklären, aber um sechs war sie hellwach und um viertel nach sechs waren wir technisch betrachtet Liebende. Ich werde Ihnen etwas sehr Seltsames erzählen. Sie war es, die mich verführt hat ...

Ich will meine gelehrten Leser nicht mit einem detaillierten Bericht von Lolitas Anmaßung langweilen. Es genügt zu sagen, dass ich keinen Hauch von Schamgefühl in diesem wunderschönen, noch kaum geformten jungen Mädchen entdeckte, das von der modernen Gemeinschaftserziehung, den jugendlichen Sitten, dem Campfeuer-Spektakel und so weiter gründlich und hoffnungslos verdorben worden war. Sie sah den nackten Akt ausschließlich als Teil der heimlichen Welt der Jugend, die den Erwachsenen nicht zugänglich ist. Was Erwachsene zum Zweck der Zeugung tun, interessierte sie nicht. Mein Leben wurde von der kleinen Lo auf eine energische und nüchterne Art bestimmt, als sei es ein gefühlloser Apparat, der keine Verbindung zu mir hatte ... Aber eigentlich sind dies irrelevante Tatsachen. Ich bin an dem sogenannten »Sex« nicht interessiert. Jeder kann sich diese animalischen Elemente vorstellen. Ein größeres Streben treibt mich an: ein für alle Mal den gefährlichen Zauber der Nymphen darzulegen.

Der Kalte Krieg hatte Sex mit dem Feind zu einer Art Berufsrisiko für Generationen von westlichen Diplomaten und Militärangehörigen, die in kommunistischen Ländern stationiert waren, gemacht. Sobald die Mauer niedergerissen worden war, waren es nicht nur die Thriller-Autoren der Kalten Kriegs, die sich neue Feindbilder suchen mussten; der grenzüberschreitende Sex verlor einen großen Teil seines bedrohlichen Touches. Zu der Zeit, als er noch gefährlich heiß war, bandelt der männliche Protagonist meines Romans *Safe Conduct* (1993), der Diplomat Eli »Mac« MacKenzie, der im amerikanischen Konsulat in Leningrad arbeitet, mit der jungen Russin Lida an. MacKenzie ist zwar verheiratet, aber er und seine Frau, die in den USA geblieben ist, führen eine »offene« Ehe, in der sie sich sogar gegenseitig von ihren Liebschaften erzählen. Als er wieder in die Staaten zurückgekehrt ist, werden er und Lida von den jeweiligen Regierungen für ihre Affäre bestraft und dürfen keinen Kontakt mehr miteinander haben. Siebzehn Jahre später, nach dem Fall der Berliner Mauer, meldet sich Lida, die inzwischen im Westen lebt, bei Mac und sie verabreden sich. Mac ist inzwischen mit einer anderen Frau verheiratet – mit Kate Lurie, die von der Beziehung weiß und Mac zu seinem Treffen begleitet. Sie ist auch die Erzählerin, die sich an die Geschichte erinnert, die Mac ihr Jahre zuvor erzählt hat, als ein Wiedersehen mit seiner russischen Affäre so unwahrscheinlich war wie ein Zusammenbruch des russischen Imperiums.

Die Ereignisse durch Kate erzählen zu lassen, verleiht der Geschichte und den Liebesszenen eine Vielzahl an Dimensionen. Die Liebesszenen können von weit mehr handeln als nur dem, was zwischen den beiden Personen vor sich geht oder gegangen ist.

Hier ist ein Auszug aus Kates Rekonstruktion von Macs und Lidas erster gemeinsamen Nacht in seiner Leningrader Wohnung. (Mac hat Kate zuvor erzählt, dass seine Wohnung verwanzt war; Lida hat ihm erklärt, dass das »Komitet« die sowjetische Umschreibung für den KGB ist.)

»Und deine Frau – meinst du wirklich, sie ist glücklich, dass du mit mir im Bett liegst?«

»Lida, du sollst nicht denken, dass dies hier sich zu irgendwas anderem entwickelt. Ich –«

»Hör auf, ich mach nur Witze. Sei nicht immer so ernst.«

»Aber ich meine es ernst.« Er hatte nicht so streng klingen wollen. Er strich mit der Hand über ihren üppigen Körper. »Das hier meine ich ernst.«

»Das tust du wirklich, was?« Es war keine Frage. Sie streckte sich auf dem Bett aus. »Sehr ernst.«

»Und das auch.«

Sie nickte und stieß einen Laut aus, der ganz tief aus ihrer Kehle kam. Sie bog den Rücken durch, ihre Beine fielen auseinander. Als er den Kopf hob, um ihr Gesicht zu betrachten, ihre geschlossenen Augen, ihre Wange, die ans Kissen geschmiegt war, bemerkte er eine kleine Narbe. Ein paar Sekunden lang war er davon abgelenkt. Dann begann sie, die Hüften zu bewegen, und er war erstaunt, sie reden zu hören. »Geben wir ihnen etwas, an das sie sich erinnern können.«

»Wem?«

»Dem Komitet. Und allen anderen, die zuhören.«

Im weiteren Verlauf des Buches, ruft Lida von Macs Wohnung aus einen alten Schulfreund an, der für den KGB arbeitet, nur für den Fall, dass sie sich an ihn wenden kann, falls sie Schutz brauchen wird: Sie geht ein hohes Risiko ein, mit einem US-Diplomaten zu schlafen, der automatisch als Spion betrachtet wird.

Nach dem Anruf fragt sie Mac, was sie tun soll, falls der KGB mit ihr Kontakt aufnimmt und sie über ihre Beziehung zu ihm ausfragen sollte. »Du kannst ihnen alles sagen«, was ich dir gesagt habe«, antwortet er. Sie wollen in eine Bar gehen, und sie will sich ein Hemd von ihm leihen. Wieder ist es Kates Rekonstruktion, die das Geschehen aus Macs Sicht wiedergibt:

Die Gesetze hier sind nur dazu da, um dich in ständiger Unruhe zu halten, um dich rätseln zu lassen, wo nun die wirkliche Gefahr liegt. Sie ist überall, richtig? Das wollen sie dich jedenfalls glauben machen. Vielleicht stimmt es. Aber wer immer am Kopfhörer sitzt und die Bänder etikettiert und katalogisiert – er kann nur zu einem einzigen Schluss kommen: Lida und Mac sind quasi ausgehungert. Sie dreht sich um und fragt nach einem Hemd, das sie anziehen kann, und es ist das verblüffende Aquamarin ihrer Augen, das ihn quer durchs Zimmer zu ihr zieht. Sie öffnet mit einer Hand seine Hose, die Knöpfe ihrer Bluse mit der anderen. Was ihn mehr als jede Empfindung erregt, ist die unverhüllte Direktheit ihres Verlangens. Sie will ihn genauso, wie er sie ... Sie kniet sich hin und reibt ihre Nippel an seinen Knien, lässt ihre Zunge zum Ansatz seines Hodens gleiten. Er wird [seiner Frau] ihren Namen verraten, wird ihr erzählen, dass sie sich in einem Restaurant kennen gelernt haben, dass ihr Vater beim Militär ist ... aber wie soll er ihr erzählen, dass diese Liebesaffäre vor den Augen des Geheimdienstes, der jeden einzelnen Seufzer auf Band aufnimmt – wie soll er seiner Frau erzählen, dass er in diesem Land der vielzähligen, unaussprechlichen Ängste, wo die Wochenschau aus seiner Kindheit ... unverändert rund um die Uhr läuft – dass er in diesem Land glücklicher ist als all die langen Jahre zuvor?

Obwohl keine der beiden Szenen besonders ausdrücklich ist, zeichnen beide ein Bild von Oralsex: Im ersten Beispiel geht es um Cunnilingus, im zweiten um Fellatio. In beiden sind die Augenblicke des sexuellen Kontakts komprimiert und weit weniger direkt, als ich sie durch Beschreibung hätte darstellen können. In beiden Fällen wollte ich den Leser ein bisschen selbst arbeiten lassen, wollte ihn dazu bringen, selbst herauszufinden, welche Körperteile gerade wo sind. Außerdem habe ich mich statt auf den Verlauf der sexuellen Aktivität auf die Figuren, die sich der Beobachtung durch den KGB bewusst sind, konzentriert. Ich erlaube meinen Figuren, sich dadurch erregen zu lassen, aber ich will auch, dass der Leser sich – ein bisschen entsetzt vielleicht – daran erinnert, dass es Kate ist, die diese Geschichte erzählt und erfindet. Der Leser soll zu dem Schluss kommen, dass Kate sich durch ihre eigene Fantasie gleichermaßen erregt und bedroht fühlt ... und dass sie in ihrer Paranoia und ihrem Voyeurismus den Platz des KGB eingenommen hat.

▶ Wenn über Sex in einem Polizeistaat oder unter Überwachung geschrieben wird, kann die Gegenwart fremder Augen und Ohren die Figuren durch Fantasie und den Gedanken an Voyeurismus in eine besondere Art der Erregung versetzen.

In einer Situation, in der die Regierung Sex benutzt, um ihre Gegner zu erpressen, können Sie wunderbar politische Aspekte in Sexszenen und sexuelle Elemente in politische Szenen bringen, wie Julius Lester es sehr gekonnt in *And all our Wounds Forgiven* (1994), der teilweise auf der Biographie Martin Luther King Jr. basiert, tut. Der Roman spielt in der Gegenwart und wird von vier Figuren erzählt, die auf die turbulenten 60er zurückblicken: unter anderem von der Frau des ermordeten Bürgerrechtlers John Calvin Marshall, seiner jungen blonden Geliebten Elizabeth und von Marshall selbst, der zu uns (in Kleinbuchstaben) aus dem Jenseits spricht.

Am Abend nach einer großen Demonstration in Washington D.C., wird Marshall aus seinem Hotelzimmer, das er mit Elizabeth teilt, zum Büro des FBI-Direktors gerufen, der große Ähnlichkeit mit J. Edgar Hoover besitzt. Diese politische Konfrontation hat eine starke sexuelle Komponente und ist essentiell für unser Verständnis dieser Zeit, von Marshalls Charakter und Engagement und im Kontext seiner intensiven sexuellen Verbindung mit Elizabeth. Der FBI-Direktor ist der erste, der spricht:

»ich habe ihre rede von gestern gehört und mir ist schlecht geworden ...«
er hatte vor sich eine akte liegen, die er mir nun über den tisch hinweg zuschob.

»was meinen sie, was das amerikanische volk denken würde, wenn es diese bilder sehen würde? ich habe auch tonbandaufnahmen. ganz unter uns: sie können wahrhaftig bettfedern quietschen lassen.«

ich öffnete den ordner und sah ein körniges foto der nackten elizabeth, die neben mir ausgestreckt lag. darunter entdeckte ich noch mehr: sie mit meinem penis im mund, ich mit dem kopf zwischen ihren beinen, ich auf ihr, ich, der anal in sie eindrang.

in mir entstand ein aufruhr der gefühle: verlegenheit, schock und wut und empörung, dass ich nun kein privatleben mehr hatte. aber ich war auch fasziniert. wir alle besitzen fotos von uns bei einem picknick, bei familienfeiern, hochzeiten, abschlussfeiern. aber ich hatte noch nie die chance gehabt, mich beim liebesspiel zu sehen. ein teil von mir wollte, dass elizabeth die fotos sah und sich gemeinsam mit mir genussvoll daran erinnern, was wir auf diesem foto, was auf dem anderen getan hatten.

unter dem stapel lag ein bündel papiere, eine aufstellung der hotels und motels, in denen wir uns geliebt hatten. ich wusste, dass wir uns oft geliebt hatten, aber es auf diese art dokumentiert zu sehen, beeindruckte mich unwillkürlich.

Der Direktor droht Marshall anschließend damit, die Fotos an die Presse *und* seine Frau zu schicken, wenn er sich nicht von den politischen Aktivitäten zurückzieht. Marshall antwortet: »soll ich ihnen beim anlecken der briefmarken helfen?«

Dies ist eine Konfrontation zwischen Gut und Böse, zwischen einem Mann mit unbegrenzter Macht und ohne Skrupel und einem Underdog, der für seine Sache kämpfen will. Die Überraschung für Malcolm hier besteht darin festzustellen, dass er selbst beim Sex eine öffentliche Person zu sein scheint; dass seine Feinde bereit sind, alles – seine sexuellen Begierden eingeschlossen – zu verwenden, um ihn von seinem Ziel abzubringen. Die Überraschung für den Leser in dieser Szene liegt in Marshalls unerwartetem Entzücken, das er über den Stapel Beweise, die gegen ihn verwendet werden sollen, empfindet.

Natürlich ist dies keine Liebesszene, aber es ist eine Szene, in der eine korrupte Regierung dargestellt wird, die versucht, Sex als Waffe und Druckmittel einzusetzen.

▶ In Texten über Menschen, die überwacht oder erpresst werden, können die Erpresser zu einer Figur in der Geschichte werden, ob sie nun tatsächlich der betreffenden Person begegnen oder nicht. Wenn sie es aber tun, sind diese Konfrontationen Momente voller Dramatik, in der das Opfer auf den Erpresser reagieren kann.

Sex und Politik müssen nicht mit einem solch hohen Einsatz zusammenspielen, um Spannungen zu erzeugen. In dem finster-erotischen Roman *Sea Level* des Briten Roger King, ist die jeweilige Haltung der Personen Sex gegenüber essentiell für die Geschichte. Diese wird von einem unzufriedenen Volkswirt, Bill Bender, erzählt, dessen Beratertätigkeit ihn immer wieder in Dritte-Welt-Länder führt, wo er die Lebensbedingungen der Armen verbessern soll. Bender ist verheiratet, doch die Beziehung zu seiner Frau Mireille, einer sexuell gehemmten Upper-Class-Französin, ist gestört – das Paar hat sich entfremdet. Als eine Kollegin –

eine tatkräftige, sehr direkte Chinesin namens Han – ihn bittet, sie auf eine Reise in die Dritte Welt zu begleiten, auf der sie Erfahrungen sammeln will, um von der »Statistikassistentin« in die Riege der Profis befördert zu werden, ist er reif für eine Affäre:

Sie war intelligent, verstand ihr Geschäft, kam direkt auf den Punkt. Anders als die vornehme Mireille fühlte sie sich nackt überaus wohl, ihre Knie öffneten sich. Sie mochte es bei Licht, an gefährlichen Orten. Sie hatte Energie, war hungrig; wir waren eindrucksvoll. Mein Vater, da war ich mir sicher, hätte die Geilheit in ihr gespürt, das Fehlen von Nettigkeit, und wäre entsetzt gewesen. Mir gefiel auch das, der Bruch, das Fallenlassen all dieser sklavischen Ängste, des Respekts vor den Besseren, des sich Zufriedengebens mit der Hälfte. Sie verlangte von mir kein Pflichtbewusstsein, forderte keinen Gehorsam, sie lud mich einfach nur ein, mit ihr zu kommen. So schien es mir wenigstens.

An jenem Abend in meinem Büro [als sie mich bat, mit auf die Reise zu gehen] hatte ich, ganz nach ihrer Vorgabe, gesagt: »Und was tust du dann für mich?« Sie hatte die Klischeechinesin gespielt und ihre Schulmädchenbrille mit kalkuliertem Liebreiz den Nasenrücken hinuntergeschoben: »Schwanz lutschen?« Da hatte sie mich. Ich war verloren.

Benders Vergleich seiner Frau mit Han ist ebenso ein Versuch, die beiden Frauen zu verstehen, wie zu verstehen, was ihn zu beiden hinzieht. Auf der Reise nach Liberien lässt er sich von Hans dreistem Exhibitionismus anstecken.

Ich, nicht jedoch Han, sehe in das Gesicht der alten Frau, das sich an unser Autofenster drückt. Sie ist arm, einer von jenen Menschen, unter die sich Han mischen wollte, um das hier zu tun. Die Frau scheint beinahe blind zu sein, was erklären würde, warum sie so dicht ans Auto gekommen ist; ich kann es nicht an ihren trüben Augen erkennen. Han sieht die Frau nicht an, sondern hat sich halb umgedreht, um mich anzusehen. Sie trägt nur eine Bluse, die offen steht. Sie sitzt auf meinem Schoß und ich bin immer noch tief in ihr drin; ihre Hand befindet sich noch immer unter sich. Sie ignoriert die alte Frau, die nur eine Handlänge entfernt ist und deren ausdrucksloser Blick von mir zu ihr und zurück wandert. Auf unserer Seite der Scheibe ist die Temperatur erträglich. Auf der Seite der Frau ist sie über 38°C. Wir sind in Liberien. Han hat sich zu mir umgedreht, ein schelmisches Lächeln, irgendwie zufrieden, auf dem Gesicht. Ich schaue von der alten Frau, deren Brüste, leere Schläuche, sich gegen unsere Tür pressen – das Blech muss auf ihrer Haut glühen –, zu Hans zufriedenem Lächeln. Obwohl ich sie nicht hören kann, hat sie gerade in einem Tonfall tiefster Genugtuung »Das war verrückt!« gesagt. Da bin ich definitiv Hans Meinung.

Bender erzählt uns später, dass er sowohl Erregung als auch Abscheu gespürt hat, »entweder vor dem Akt oder vor der Tatsache, dass sie einen Narren aus mir gemacht hat.« Sex hat eine solche Macht, dass er uns dazu bringen kann, etwas zu tun, was andere beleidigt, uns Gefahr auszusetzen und unsere Ziele zu verspotten und in den Schmutz zu ziehen – wie es hier mit dem Anliegen, der armen Bevölkerung Liberiens zu helfen, geschieht.

▶ Um eine exhibitionistisch veranlagte Figur glaubhaft zu machen, muss der Autor bereits vorher Wesenszüge andeuten, die vermuten lassen, dass ein solches Verhalten dem Charakter entspringt. Da Bender sich fügt, müssen wir genügend über ihn wissen, um seine Handlungen als glaubwürdig einzustufen.

Der Erzähler in *The Final Opus of Leon Solomon* von Jerome Badanes ist ein Auschwitz-Überlebender und ein Gelehrter der jüdischen Geschichte, der kurz davor steht, Selbstmord zu begehen. Nun, im New York der 80er, wird Leon Solomon von Erinnerungen an seine Vergangenheit gequält – der frühe Tod seiner Eltern, seine Schwester, die von Nazis ermordet wird, seine gescheiterte Ehe. Gleichzeitig sieht er sich einer tristen Zukunft gegenüber: Da er jüdische Dokumente aus der Forty-Second Street Library gestohlen hat und sie der Harvard Judaica Society verkauft hat, wurde er mit einem lebenslangen Hausverbot für Bibliotheken belegt. Er checkt in einem einst prächtigen, doch inzwischen leicht schäbigen Hotel ein und verfasst auf einem Stapel gelber Formularblätter sein letztes Opus: Er will die Geschichte seines Lebens aufschreiben.

The Final Opus hat viele Leser mit expliziten Liebesszenen überrascht, von denen beinahe alle von verbotenem Sex handeln: der Fast-Inzest mit seiner schwer an Arthritis erkrankten Schwester, als sie im von den Nazis besetzten Warschau versuchen, als Arier durchzugehen; Sex, den die Nazis dem jungen Solomon und einer Prostituierten aufzwingen, während sie zusehen; und die stürmische dreinächtige Affäre zwischen Solomon und seiner New Yorker Nachbarin Kirstin Dietrich, der Tochter eines Gestapo-Offiziers.

Während der Zeit in Warschau hat Solomon beinahe mit seiner kranken, jüngeren Schwester geschlafen – nun bereut er, dass er es nicht getan hat. »Meine Zurückhaltung war ein Verbrechen an meiner dem Untergang geweihten Schwester. Ich betrachte diesen Mangel an Widerstand gegen die Nazis – und auch gegen Gott, wenn man so will – als meine schlimmste Sünde.« Seine andere Sünde gegen sie war es, sie nicht zu vergiften, bevor die Nazis sie zu Tode prügelten und auf einem öffentlich Platz liegen ließen, »um jedem Polen, der noch Juden Unterschlupf gewährte, panische Angst einzuflößen.« In der Welt, die Hitler geschaffen hat und die Badanes in seinem Roman darstellt, kann Mord und Inzest ein Akt der Gnade sein. Seine Schwester war eine vielversprechende Konzertpianistin gewesen, die als junges Mädchen durch Arthritis verkrüppelt wurde.

Danach wusch ich Malkele jeden Abend von ihrem langen, anmutigen Hals hinab bis zu jedem einzelnen Zeh. Obwohl ihre Glieder verkrümmt und ihr Rückgrat leicht eingebogen war, waren ihre kleinen Brüste mädchenhaft geblieben und noch so schön wie ihr Gesicht. Malkele einzuseifen, langsam, zärtlich, schweigend, wurde für uns zu einem *Kaddish* für unsere getrübt Kindheit und für unsere toten Eltern. Dieses Einseifen war unsere einzige Verteidigung gegen die drohende Todesmaschinerie der Nazis. Am Tag sehnten wir uns nach diesen kurzen Momenten glitschiger Zärtlichkeit. Meine Muskeln verzehrten sich genauso danach wie ihre.

Ja, ja, wir, Malkele und ich, waren in gewisser Weise Liebende. Aber wir gehorchten dem letzten Tabu – wir trieben niemals, um es kalt und deutsch auszudrücken, Unzucht. Ich wusch ihr Haar. Sie fluchte jedes Mal und drohte mir. Ich seifte jeden Zentimeter ihres Körpers ein. Ich liebkoste ihre spitzen Brustwarzen mit meiner Handfläche. Ich trocknete sie ab und half ihr in ihr Nachthemd. Ich trug sie in ihr Bett. Ich bürstete im Kerzenschein im Schlafzimmer ihr rötlichschwarzes Haar. Einmal flüsterte sie mir zu: »Für was sind

Chopins Préludes ein Präludium?« und ich küsste sie. Eine Weile danach legte ich mich zu ihr. Wir küssten uns auf die Lippen und umarmten uns, aber ich drang nie in sie ein. Diese Zurückhaltung, an die ich mich streng hielt – Malkele hätte es, da bin ich sicher, begrüßt, obwohl sie nie kühn genug war, darum zu bitten ...

Das Bedürfnis Solomons, ins Detail zu gehen und dadurch einen »historischen Bericht« zu verfassen, ist sowohl persönlich als auch professionell. Er ist entschlossen, Leben und Tod seiner Schwester so exakt wie möglich nachzuzeichnen, um darüber seine eigenen Schuldgefühle zu verarbeiten und – in seiner Eigenschaft als Historiker – um die Berichte zu vervollständigen, die genau wie das Leben vieler Juden unter den Nazis vernichtet worden sind.

▶ Szenen, die sich um verbotenen Sex drehen, müssen mindestens von zwei Dingen – wenn nicht mehr – zugleich handeln: Sex und Politik, Sex und Geschichte, Sex und Widerstand.

Der Preis für sexuelle Leidenschaft spielt im Werk von Joyce Carol Oates eine tragende Rolle. Und nirgendwo ist er maßgebender und verbotener als in der Novelle *I Lock My Door Upon Myself* (1990), die um die Jahrhundertwende im Staat New York spielt.

Dies ist die Geschichte der erzwungenen Ehe zwischen der vergeistigten Calla und einem brutalen, älteren Mann. Aus den Vergewaltigungen entstehen drei Kinder, bis Calla es schafft, sich gegen die Übergriffe ihres Gatten zu wehren. Bald darauf verliebt sie sich zum Entsetzen ihrer Familie, ihrer unmittelbaren Umgebung und zahlreichen unbeteiligten Menschen in Tyrell Thompson, einen Schwarzen, der als Wünschelrutengänger mit gegabeltem Ast in ihr Haus kommt, um versteckte Wasserdepots ausfindig zu machen. Er ist der erste Schwarze, den sie je gesehen hat, und sie identifiziert sich augenblicklich mit der Andersartigkeit, die seine Rasse ihm auferlegt hat: »*Genau wie ich sind sie Ausgestoßene in diesem Land. Nein, nicht wie ich: Sie sind wahre Ausgestoßene.*« Ihr Mann versucht, sie umzubringen, die Männer aus der Stadt binden Tyrell die Beine zusammen und werfen ihn in einen Fluss (er überlebt:

»Als ob es wahr sei, dessen er sich immer brüstete – Wasser war sein Freund und seine Kraft«). Calla wird schwanger von ihm und verlässt schließlich ihre Familie. Tyrell bittet sie, mit ihm in einem alten Boot den Fluß hinunter zu fahren, »an einem Tag, an dem sie jeder, der sie sehen wollte, sehen würde, und sie steuerten absichtlich auf die Fälle bei Tintern zu, die nicht die Macht hatten – wie er prahlte oder zu prahlen vorgab – sich der gottgegebenen Herrschaft Tyrell Thompsons über das Wasser zu widersetzen.«

Als sie sich, kurz nachdem er sie gefragt hat, lieben, tun sie es gröber als üblich. Calla ist entgeistert über das Fehlen der üblichen Präliminarien und liegt danach

> betäubt da, Tränen rannen aus den Winkeln ihrer zugekniffenen Augen, ihr ganzer Körper schmerzte, als sei sie aus großer Höhe gestoßen worden, um nun hier mit gespreizten Gliedern und machtlos auf dem Rücken zu liegen, im Vertrauen darauf, dass dieser riesige schwarze Mann ihr nicht die Knochen brach oder sie mit seinem Gewicht erdrückte, und obwohl er nun sagte, wie sehr er sie liebe, Oh Liebling oh Liebling, spürte sie, wie ihr Bewusstsein sich der Auslöschung näherte und sie blickte in den Himmel, der leicht mit Wolken, Schicht über Schicht blasser Wolken, wattiert war, und er war so leer, so frei von Trost oder sogar der Illusion davon, dass Calla spürte, wie sich ihr Mund unwillkürlich zu einem Lächeln verzog.
>
> Wann habe ich aufgehört an, was ist es – Gott? – und Jesus Christus Seinen einzigen Sohn zu glauben? Nachdem ich Tyrell Thomson geliebt habe oder schon davor?

Diese Liebesszene, die letzte der vielen, die sich zwischen ihnen abspielt, steht unmittelbar vor ihrer tollkühnen Bootsfahrt, die mit Tyrells Tod und Callas Fehlgeburt endet. Die Szene ist unruhig und beängstigend und Tyrells Grobheit spiegelt die Gewalt, die man dem Paar angetan hat und die sie sich nun selbst antun wollen, wieder. Indem sie in den Himmel blickt und erkennt, dass sie nicht länger an Gott glaubt, ist Calla nun noch enger an Tyrell und ihren irrsinnigen Trip den Fluss hinab gebunden.

Die Szene verdeutlicht erneut, wie wichtig es ist, die Grenzen und Bigotterie der Gesellschaft, in der die verbotene Liebe stattfindet, aufzuzeigen, um eine Verbindung zwischen der Intensität der Liebesszene und dem Status der Liebenden als Ausgestoßene herzustellen.

LETZTE WORTE ÜBER VERBOTENEN SEX

Ob Ihre erzählende Person sich nun bei Szenen über verbotenen Sex direkt oder auf Umwegen ausdrückt – es ist Ihre Aufgabe, das gesamte komplizierte Bild zu übermitteln: Wer sind Ihre Figuren, wie fügen sie sich in die Gesellschaft ein, die den Sex zwischen ihnen verbietet, um welche Art von Gesellschaft handelt es sich und welchen Preis zahlen Ihre Protagonisten für ihre verbotene Zusammenkunft?

11

SOLO SEX
Allein, am Telefon und im Internet

»Da Philip Roth uns nun einmal dieses Gebiet
der Leibesübungen zugänglich gemacht hat,
vermute ich, dass es bald mit jungen und alten
Männern mit offenem Hosenstall bevölkert sein
wird, die ihre warzenfarbigen Schwengel mal-
trätieren und diverse Mengen an Säften an die
Tapete spritzen. Aber Freimütigkeit ist wohl
nicht das einzige, was vonnöten ist.«

John Cheever
Journals

»Frauen schreiben, Männer schreiben –
zumindest Menschen, die sich als Mann und
Frau identifizieren. Ich höre von Titten und
Ärschen, Lederfreaks, Gummifetischisten,
Peitschenmeistern und so weiter. Die Briefe
sind gedacht als Lines zum Schnupfen oder
Substanzen, die man in Papier einrollt und
raucht. Einweg-Drogen. Etwas, das mich oder
den Autor zum Höhepunkt bringt.
So regelmäßig wie Brieftauben auf dem
Fensterbrett und die New York Times
auf der Schwelle tauchen neue auf.«

Laurie Stonee
Perverts.com

Obwohl der Solo-Sex-Akt in den letzten sechs Jahren etwas, das man Runderneuerung nennen könnte, erfahren hat (ein neues Image, einen Popularitätsschub und das Präsidenten-Siegel der Billigung), ist er immer noch der Akt, über den zu sprechen am schwersten fällt. In manchen Fällen stehen die Begriffe »Cybersex« und »Telefonsex« zu Verfügung, um die Quelle der Inspiration – oder die Ausrede dafür – zu benennen. Ansonsten aber haben wir gewöhnlich nur die medizinischen Begriffe oder Slangworte dafür. Da hätten wir zum Beispiel das populäre Slangwort »Wichsen«. Weniger populär, aber viel poetischer ist »Taschenbillard spielen«. Aber wie wir es auch bezeichnen wollen, fest steht, dass dieser Akt mit sich selbst von einer schlicht peinlichen Sache, die man tut, wenn man keine besseren Angebote hat, zu einer peinlichen Sache geworden ist, die man am Telefon mit einem Geliebten oder einem Fremden tut. Oder auch online mit einem Chat-Partner. Oder im fahlen Licht des Monitors mit einem lebensnahen Internet-Bild.

Die essentielle Handbewegung, die physiologischen und psychologischen Aspekte haben sich nicht geändert, große Stücke der Umgebung dagegen schon.

Ein übliches Haushaltsgerät in englischen Familien im ausgehenden neunzehnten Jahrhundert war ein in Deutschland gefertigtes *korsette*, eine kleine metallene Rüstung, die über den Genitalien getragen wurde und von nervösen viktorianischen Eltern dazu eingesetzt wurde, ihre Kinder davon abzuhalten, sich selbst anzufassen. Gut hundert Jahre später, im Jahr 1994, fünfundzwanzig Jahre nach der Veröffentlichung von Philip Roths *Portnoys Beschwerden*, waren wir immer noch höchst verlegen, was dieses Thema betraf: Man feuerte die amerikanische Generalstabsärztin für ihre Bemerkung, dass Masturbation eine anerkannte Form der menschlichen Sexualität sei und mit High-School-Schülern im Unterricht besprochen werden müsse. 1999 setzte man beinahe den Mann, der sie gefeuert hatte, an die Luft, weil er abgestritten hatte, mit einer Angestellten (Telefon- und Oral-)Sex gehabt zu haben, und überführt werden konnte. Ein Jahr später erschien ein Artikel von Jane Brody in der *New York Times*, in dem behauptet wurde, dass eine exzessive Ausübung von Cybersex ernsthafte Suchterscheinungen erzeugen könne – und dass gut 200.000 Menschen in den Vereinigten Staaten bereits abhängig seien. Ein Psychologe nannte Cybersex »das Crack-Kokain der sexuellen Zwanghaftigkeit.«

Waren das noch Zeiten, als Selbstbefriedigung bloß ein bisschen Spaß unter der Bettdecke bedeutete!

Für mich ist es interessant festzustellen, wie sehr unsere sich verändernde, aber noch immer sehr gequälte Haltung und die neuen Technologien die literarische Fiktion, die wir lesen und schreiben, beeinflusst, wenn es um das Thema ... tja, Taschenbillard geht. Wenn ich mir die vielen literarischen Beispiele ansehe, die ich gesammelt habe – einige habe ich schon in der ersten Ausgabe des Buches verwendet –, stelle ich fest, dass man sie inzwischen in vier verschiedene Kategorien einteilen kann: Selbstbefriedigung ganz allein, Selbstbefriedigung in Gesellschaft; Telefon-Sex; Intimitäten im Internet.

Bevor wir uns den Beispielen zuwenden, ist es sinnvoll zu vergleichen, wie sich das Schreiben über Masturbation sich vom Schreiben über andere Arten von Sex unterscheidet.

In seinem einsamen, asozialen Aspekt ist Selbstbefriedigung grundlegend anders als all die anderen paarbezogenen sexuellen Aktivitäten, die wir untersucht haben. Eine mitreißende Sex-Szene hat gewöhnlich mit einer *Begegnung* zu tun, mit Figuren, die sich durch den Akt aufeinander zu bewegen oder auseinanderdriften, Figuren, die zusammen sein *wollen,* darum kämpfen und manchmal in ihrem Bestreben scheitern. Das Verlangen des einen Protagonisten nach dem anderen unterstützt die Dynamik Ihrer Geschichte. Konflikte zwischen den Liebenden oder den beiden Liebenden und der feindlichen Außenwelt kann eine Liebesszene mit Dramatik und Bedeutung anreichern. Aber wenn die sexuelle Aktivität Selbstbefriedigung heißt, ist selten eine andere Person präsent, deren Individualität Spannung und Konflikte erzeugen kann.

Der Partner ist die Fantasie, und der eingebildete Dialog ohne Ausnahme pornographisch – in dem Sinne, dass er nur den Sinn hat, den Betreffenden zum Orgasmus zu bringen. Telefon- und Cybersex bieten jenen, denen die eigene Vorstellungskraft nicht ausreicht, pornographische Dialoge und Bilder – genau wie Pornofilme es tun. (Im Gegensatz dazu kann Telefonsex mit einem Liebhaber genau wie Selbstbefriedigung in Gegenwart eines Liebhabers ein Ausdruck – oder, wie manche sagen würden, eine andere *Art* von Ausdruck – von Vertrauen und Nähe sein.)

Die berühmteste Masturbationsszene in der Literatur – nicht, dass es für diesen Titel viel Konkurrenz gegeben hätte – stammt von Philip Roth. In einem Abschnitt, der ganz typisch für den überspitzten Tonfall in *Portnoys Beschwerden* ist, plaudert der Teenie Alex Portnoy aus dem Nähkästchen:

> Auf einem Familienausflug ins Grüne entkernte ich einmal einen Apfel, sah zu meinem Erstaunen (und mit Hilfe meiner Besessenheit), wie er aussah, und rannte in den Wald, um über die Öffnung in der Frucht herzufallen, wobei ich mir vorstellte, dass dieses kühle und mehlige Loch sich tatsächlich zwischen den Beinen jenes mythischen Wesens befände, das mich stets Big Boy nannte, wenn es um das bat, das noch kein Mädchen in der überlieferten Historie je bekommen hatte. »Oh, schieb ihn rein«, schrie der entkernte Apfel, den ich auf diesem Picknick wie verrückt nagelte. »Big Boy, Big Boy, oh, gib mir alles, was du hast«, bettelte die leere Milchflasche, die ich in unserem Vorratsschrank im Keller versteckt hatte, um es nach der Schule mit meinem mit Vaseline eingeschmierten Ständer wild zu treiben. »Komm, Big Boy, komm«, schrie das vor Leidenschaft verrückte Stück Leber, das ich in meinem Irrsinn eines Nachmittags bei einem Fleischer kaufte und – ob Sie es glauben oder nicht – hinter einer Reklametafel auf dem Weg zu einer Bar-Mizwa-Lektion vergewaltigte.

Wie alle sexuellen Aktivitäten – in der Literatur und in der Wirklichkeit – hat auch Masturbation seine Grenzen. Auch wenn wir vielleicht hinter vorgehaltener Hand zugeben, dass sie die ursprünglichste sexuelle Aktivität der Menschheit ist, tut man es gewöhnlich nur dann, wenn sich gerade nichts anderes ergibt. Wenn man allein ist (sprich: einsam, verlassen) oder wenn man das Gefühl hat, man sei es so gut wie. Die Wahrheit ist, dass Selbstbefriedigung nichts dazu beiträgt, das eigene gesellschaftliche Leben zu bereichern. Leider ist sie oft ein Hinweis darauf, dass man niemanden hat oder dass dem, den man hat, irgendetwas fehlt.

Dennoch *ist* sie ein Bestandteil unseres Lebens, und seit der Veröffentlichung von *Portnoys Beschwerden* im Jahr 1969 ist sie auch oft in literarischen Texten zum Thema gemacht worden. In meinen Augen sind die interessantesten Beispiele die, die die komplizierten Empfindungen, die Selbstbefriedigung erzeugt, berücksichtigen. Der innere Konflikt der Figur (Erregung kontra Scham; Erregung kontra Angst, erwischt zu werden) kann Teil der dramatischen Spannung sein, die so wichtig für eine überzeugende Szene ist.

Wenn Sie Ihre Aufmerksamkeit diesem Thema zuwenden, über das nachzudenken wir nicht oft gebeten werden, schauen Sie sich noch einmal die Grundlagen aus Kapitel 2 und 3 an und überlegen Sie, welche sich auf das Schreiben von Szenen über Selbstbefriedigung anwenden lassen. (Alle, denke ich.) Die zwei folgenden Vorschläge möchte ich noch hinzufügen:

1. IGNORIEREN SIE IHR UNBEHAGEN NICHT. Wenn das Schreiben über Sex in Ihnen Unbehagen weckt, dann müssen Sie sich nicht erst davon befreien, um fortzufahren. Wie Dorothy Allison lehrt: Stehen Sie zu Ihrer Furcht und schreiben Sie dementsprechend! Ergründen Sie Ihr Unbehagen während des Schreibens. Benutzen Sie es. Beuten Sie es aus. Vererben Sie es Ihren Figuren. Machen Sie die Schüchternheit, das Unbehagen, die Scham, die Schuldgefühle oder die Angst, erwischt zu werden, zu einem Teil der Szene.

2. SCHREIBEN SIE EINFACH DARÜBER. SIE HABEN ANSCHLIESSEND ALLE ZEIT DER WELT, DIE SZENE UMZUSCHREIBEN – ODER ZU LERNEN, MIT IHRER VERLEGENHEIT UMZUGEHEN! In meinem Interview mit dem Romanautor Joseph Olshan, erklärte er mir recht ausgiebig, wie »erschreckend« es für ihn war, für seinen *Nachtschwimmer* explizite Schwulensex-Szenen zu entwerfen. Obwohl wir über die Sexszenen im Allgemeinen sprachen, sich darunter aber auch eine sehr kühne und bewegende Masturbationsszene befindet, möchte ich einige seiner Bemerkungen hier abdrucken:

Ich schrieb ein paar Szenen und dachte, »Oh Gott, ich kann nicht glauben, dass ich das wirklich geschrieben habe.« Trotzdem zwang ich mich dazu, es zu tun. Aber selbst heute noch zucke ich manchmal zusammen, wenn ich gewisse Passagen lese ... Ich erinnere mich noch an eine Beschreibung, bei der eine Figur schließlich Analsex hat, und ich dachte, »Was wird mein Vater nur denken, wenn er das liest?« Gegen Ende des Semesters erzählte mir eine Studentin, sie hätte meinen Roman gelesen, und ich dachte wieder:

»Oh, Gott, dann hat sie auch die Szene gelesen!« Wenn man sich hinsetzt, um zu schreiben, muss man all diese Gedanken aus seinem Kopf verbannen und sich sagen: Ich muss es tun, muss es rauslassen. Es kann sein, dass ich letztendlich zu dem Schluss komme, die Szene sei dann doch unangebracht, aber bis dahin ist es eine Art von Schreibübung für mich. Ich stelle fest, wie weit ich gehen kann, und genau so weit gehe ich dann. Aber wenn ich daran denken würde, dass es veröffentlicht wird, würde ich mit Sicherheit ein arges Problem damit bekommen.

ALLGEMEINBEDINGUNGEN

1. Jeder onaniert. Keiner will darüber reden.

2. Die meisten Menschen reagieren mit Unbehagen auf Selbstbefriedigungsszenen.

3. Wenn man mit sich allein ist, möchte man nicht erwischt werden oder Beweise für die »Tat« hinterlassen. Wenn man mit einem oder mehreren Partnern zusammen ist, möchte man gewöhnlich nicht, dass jemand Außenstehendes davon erfährt.

4. Fantasien spielen gewöhnlich bei der Selbstbefriedigung eine wichtigere Rolle als beim Sex mit einem Partner.

5. Historisch betrachtet, ist die Selbstbefriedigung immer schon eher bei Männern als bei Frauen akzeptiert, erwartet, besprochen und verulkt worden.

6. Onanie kann eine Trostquelle sein.

7. Sie kann auch eine unwiderlegbare, wenn auch flüchtige Erinnerung daran sein, dass man einsam ist ... und dass man nicht einsam zu sein hat.

GANZ ALLEIN MIT SICH SELBST

Mitte der 90er wurden drei amerikanische Romane veröffentlicht, die – teils sehr verwegene – Szenen über Figuren, die sich selbst befriedigen, enthielten. Durch die pure Kraft ihrer Kühnheit und literarischen Autorität, provozieren sie uns, unsere Animositäten gegen diese Art von sexueller Aktivität ein für alle Mal zu vergessen.

Susanna Moores *Der Aufschneider* ist ein straff geschriebener, erotischer Thriller; ihre Prosa besitzt die glasklare Schärfe einer Joan Didion. Frannie, eine geschiedene, bemerkenswert furchtlose und weltkluge Lehrerin für Kreatives Schreiben lässt sich mit einem ruppigen Detective des Morddezernats ein, nachdem sie ihn im Basement einer Bar zufällig auf einer Couch mit einer, wie sie sagt, Frau zwischen seinen Beinen antrifft. Als einige Tage später ein Detective Malloy in ihre Wohnung kommt, um im Zuge der Ermittlungen in einem Mordfall die Nachbarschaft zu befragen, erkennt sie ihn nicht sofort. Offenbar wurde ein Teil eines Frauenkörpers im Washington Square Park gegenüber von ihrem Wohnhaus gefunden. Ob Frannie in jener Nacht irgendetwas Ungewöhnliches gehört habe? Und so beginnt ein elekrisierender Tanz zwischen diesen beiden starken, sexuell abenteuerlustigen Charakteren.

Frannie beschreibt ihre sexuellen Begegnungen mit einer ungedrosselten, pornographischen Intensität; sie will, dass wir die Kraft spüren, die in dieser gefährlichen Anziehungskraft von Malloy steckt. Ihr erstes Zusammentreffen ist rein geschäftlich und nur durch einen Flirt aufgelockert, aber als er fort ist und sie allein zu Bett geht, träumt sie von ihm. Und als sie sich früh am nächsten Morgen selbst befriedigt, ist er das Subjekt ihrer Fantasie:

Ich schob meine Kissen beiseite und drehte mich auf den Bauch. Meine Füße hingen über die Bettkante, meine Zehen hakten sich ein. So mache ich's immer. Dann legte ich zwei Finger meiner rechten Hand durch mein Baumwollnachthemd auf meine Klitoris und dachte an ihn. Wie er im Zimmer stand, auf mich zukam, mir beim Ausziehen zusah ... (Es muss immer durch ein Nachthemd oder einen Slip sein. Ich habe mich schon gefragt, ob es daran liegt, dass dann die Reibung größer ist. Sicher ist das auch ein Grund, aber es steckt mehr dahinter, vielleicht die Erinnerung an das unglaubliche Prickeln, das ich zum ersten Mal als Kind gespürt hatte, als ich meine Finger an mich legte, während der Stoff zwischen meinen Fingern und meiner Vagina vermittelte, zwischen Scham und Wonne vermittelte) ...

Eines Sonntagmorgens im Internat entdeckte ich meine Zimmergenossin in der Duschkabine auf dem gekachelten Boden auf dem Rücken liegen. Ihre Beine ... stemmten sich an die Wand links und rechts von den Wasserhähnen und das Wasser stürzte zwischen ihre schlanken, muskulösen Schenkel

... Bis zum heutigen Tag ist sie die einzige Frau, die ich kenne, die offen über Selbstbefriedigung spricht. Sie drängte mich, es auch zu versuchen. Ich hatte nicht den Mut, ihr zu sagen, dass ich meine eigene Methode gefunden hatte. Frauen reden über alles – über Eifersucht, Fremdgehen, die Vorzüge von Muschilecken und Schwanzlutschen – aber sie reden niemals darüber, wie sie es sich selbst machen.

Hier war also Detective Malloy und sah zu, wie ich mich auszog.

Meine Klitoris schwoll unter meinen Fingern an ... Es ist nicht dasselbe, wenn der Finger eines Mannes dort ist ... Ich bin selbstsicher, wenn es meine Hand ist. Manchmal ... kriege ich einen fürchterlichen Krampf in der Wade und muss aufspringen und durchs Zimmer humpeln, bis er wieder weg ist.

Es machte Malloy gar nichts aus, zu warten.

Dieser Auszug stellt eine komplette Sozialgeschichte unserer Gesellschaft zum Thema Frauen und Selbstbefriedigung dar – eine Geschichte des Schweigens und der Scham. Die Kraft des Textes liegt in Frannies Direktheit, dem Spezifischen und in ihrer Aufrichtigkeit und der Spannung, die aus dem Zusammentreffen von Vergnügen und heimlicher Scham entsteht. Die Szene bewegt sich aus Frannies Kindheit über ein Internatserlebnis bis hin zur Gegenwart einer Frau, die weiß, wie außergewöhnlich ihr Schulerlebnis mit der Freundin gewesen ist, und mündet schließlich in diesen besonderen Moment, in dem Malloy sie in ihrer Fantasie beobachtet. Wir sollen uns vorstellen, dass Frannie, während sie sich selbst befriedigt, in der Zeit zurückkreist und tief in ihre eigenen Psyche dringt. Die Rückkehr von Malloy, der ihr zusieht, ist wie eine Art Trost, eine Erleichterung von dem Druck der Erinnerungen und dem Gefühl der Scham, welches sie mit sich bringen. Der Zuschauer Malloy ist wie eine Billigung dessen, was sie tut; und später, als sie dann tatsächlich miteinander schlafen, sieht Malloy tatsächlich zu, wie sie sich selbst befriedigt.

Im Gegensatz dazu gibt es in der Welt der Jungen und Männer weniger Komplikationen: Die andere Hälfte der Menschheit darf relativ unbelastet über Masturbation reden, scherzen und – seit Philip Roth – sogar auf witzige Weise darüber schreiben. Männliche Onanie und die typischen Handbewegungen sind ein Gemeinplatz der vulgären Umgangssprache, etwas, das Kinder hinter dem Rücken anderer tun, etwas, das wir im Kino, wenn nicht im wirklichen Leben, schon oft gesehen haben. Es gibt eine sehr lebendige Szene in Frederico Fellinis autobiographischem Film *Amarcord*, in dem eine Gruppe rolliger, rowdyhafter Teenies in ihrer orgasmischen Extase ein Auto zum Schwanken und die Scheinwerfer zum Blinken bringen.

Rick Moody, zweifellos Kenner der männlichen Masturbationskultur, hatte in seinem bissigen Eröffnungskapitel von *Der Eissturm* offenbar einen Riesenspaß, als Benjamin Hood, ein verheirateter Mann mittleren Alters, darauf wartet, dass seine Geliebte wieder zurück ins Bett im Gästezimmer ihres Vorstadthauses kommt, in dem sie – nur ein paar Häuser von Ben und seiner Familie, mit ihrem Mann und ihren Kindern lebt. Nachdem er lange genug gewartet hat, wandert er durch ihr gut gepflegtes Haus. Als er das Zimmer ihres Sohnes im Teenageralter betritt, betrachtet er die Hippie-Dekoration (wir schreiben das Jahr 1973) und stellt sich vor, dass zwischen den Matratzen Pornohefte versteckt sind

[und] Socken, die mit seinem getrockneten Samen verkrustet sind. Scham und Einfallsreichtum des Onanisten verbinden sich zu höchster Kunst ... Mikes Wäsche war vermutlich mit seinem Samen zusammengeklebt.

Man musste sich nur einmal die pure Fülle davon in nach Geschlechter getrennten Schulen und Schlafsälen vorstellen! Man musste nur nachrechnen, wie oft ein Durchschnittsamerikaner im Jahr 1973 masturbierte. In jenem Jahr gab es, sagen wir, 100 Millionen Männer, von denen zwei Drittel in der Lage waren, einen Orgasmus zu bekommen. Ging man nur von einmal pro Woche aus, waren das fast 3.432.000.000 Ejakulationen per anno ....

[Hood] hatte einmal versucht, seinem Sohn das Thema Selbstbefleckung zu erklären, und dies war eines der Gespräche gewesen, die nicht besonders gut verlaufen waren. Er setzte sich zu seinem Sohn in dessen Zimmer und bat ihn, es nicht unter der Dusche zu tun, weil er damit Wasser und Strom verschwendete und weil ohnehin jeder erwartete, dass er es dort tun würde, [und er bat ihn], es nicht auf dem Bettuch zu tun und nicht mit der Unterwäsche seiner Schwester oder irgendwelchen Kleidungsstücken seiner Mutter, und auch nicht mit dem Hund. Der beste Moment war dann, wenn er sicher war, ganz allein zu Hause zu sein. Der beste Ort war im Klo, wo es keine Sauerei geben würde und es sich mit den anderen traurigen Abfallprodukten Amerikas mischen würde. Wenn er sich irgendwann Sorgen zu machen begann, er würde irgendeine Form einer Perversion entwikkeln, solle er keine Hemmungen haben, darüber zu sprechen. Gemeinsam konnten sie in medizinischen Büchern nachschlagen.

Gegen Ende seines Monologs blickte [sein Sohn] ihn an, als habe er gerade vom finanziellen Ruin seiner Familie erfahren.

Ein paar Seiten später onaniert Hood, der immer noch vergeblich auf seine Geliebte wartet, selbst auf ihren liegen gelassenen Strapsgürtel und versteckt ihn schließlich ganz hinten im Schrank des Sohnes. Natürlich ziehen sich die Auswirkungen dieser Tat durch den kompletten Plot und wirken auf die miteinander verbundenen Familien ein.

Der prahlerisch komische Tonfall des Auszugs könnte sich nicht stärker von der Szene aus Susanna Moores Roman unterscheiden. Die emotionale Kraft von Moores Text entsteht zum großen Teil aus der Direktheit, mit der ihre Protagonistin das Thema anspricht. In Moodys Szene ist es die verquere Ansicht des Vaters, sein lehrreicher Monolog sei mit so etwas wie Nähe zwischen Vater und Sohn gleichzusetzen. Doch noch bevor er von seinem Vater-Sohn-Gespräch erzählt, verdeutlicht seine Onanie-Fixierung – er findet nicht einmal Pornomagazine, er stellt sich bloß vor, dass sie da sind – und seine makro-männlichen Überlegungen zu diesem Thema, dass Männer und Frauen eine grundverschiedene Einstellung zur Selbstbefriedigung haben.

Vom Text her haben beide Beispiele eine ganze Reihe von Gemeinsamkeiten. Sprache und Worte sind spezifisch für die Figuren, Ausdruck und Tonfall des jeweiligen Buches. Die Selbstbefriedigungsszenen leiten jeweils einen neuen Abschnitt ein oder lassen ahnen, dass noch andere Sex-Szenen folgen werden. In Frannies Fall vermittelt uns die Szene weit mehr über sie, als es jede andere Art der Enthüllung, dass sie sich von Malloy angezogen fühlt, könnte. Aber was beide Beispiele gleichermaßen auszeichnet, ist die draufgängerische Darstellung des Themas.

Das dritte Beispiel aus Philip Roths *Sabbaths Theater* ist wieder ein typischer Roth'scher Exzess, ein denkbarer Schnappschuss von Portnoy mit vierundsechzig, der auf das Grab seiner Geliebten Drenka onaniert, die nur fünf Monate zuvor mit zweiundfünfzig Jahren an Krebs gestorben ist. Dreizehn Jahre lang haben die beiden ein aggressives, barockes, abenteuerlustiges Liebesleben geführt; beide sind verheiratet gewesen und haben noch andere Liebhaber gehabt. Der Roman beginnt damit, dass Drenka, natürlich noch lebendig, von ihm verlangt, mit keiner anderen Frau außer ihr mehr zu schlafen. Er weigert sich – obwohl wir sehr bald erfahren, dass er zu diesem Zeitpunkt nur noch vorgibt, auch andere Affären zu haben. Sechs Monate später ist sie tot, und Sabbath ist allein.

Er kommt an vielen Abenden zu ihrem Grab. Nun, da sie tot ist, will er sie natürlich heiraten.

»Jetzt also willst du mich ganz für dich allein. Jetzt«, sagte sie, »wo du dich nicht nur mit Männern begnügen musst, nicht nur mit mir leben musst und ich dich nicht langweilen kann – nun bin ich also gut genug, um deine Frau zu werden.«

»Heirate mich!«

Einladend lächelnd erwiderte sie: »Dann musst du zuerst sterben«, und hob Silvijas Kleid hoch, um ihm zu zeigen, dass sie keinen Slip trug – dunkle Strümpfe und Strapse, aber keinen Slip. Sogar im Tod verschaffte sie ihm einen Ständer – lebendig *oder* tot. Drenka gab ihm das Gefühl, wieder zwanzig zu sein. Selbst bei Temperaturen unter Null würde er hart werden, wenn sie ihn aus ihrem Sarg heraus so anmachte. Er hatte gelernt, seinen Rücken nach Norden zu drehen, so dass der kalte Wind nicht direkt auf seinen Schwanz wehen konnte, aber er musste immerhin noch einen Handschuh ausziehen, um erfolgreich zu wichsen, und manchmal wurde die Hand so kalt, dass er den Handschuh wieder anziehen und wechseln musste. Er kam an vielen Abenden auf ihrem Grab.

ALLEIN ZU ZWEIN ODER MEHREREN

In der erzählenden Literatur und bei Selbstbefriedigung gilt oft: Je mehr Beteiligte, desto spaßiger. Wenn ein Autor eine sehr einsame Aktivität in ein Gruppenszenario verlegt, potenzieren sich auch die Möglichkeiten für Dramatik, Konflikte und die Entwicklung der Charaktere und des

Plots. Eine einzelne Figur kann ein durchaus interessantes Innenleben haben, aber zwei Figuren zusammen können Funken sprühen lassen – ob sie sich nun lieben, masturbieren oder einen Mordfall lösen. Im Beispiel von Alice Lukens verleiht eine Gruppe Schülerinnen, die sich mit Kletterseilen befriedigen und sich als Folge daraus die »Vine sisters« nennen, dem Begriff Schwesternschaft eine neue Bedeutung. Und in den Auszügen aus *Kuckuckskinder* ist es das stillschweigende Einverständnis Ruth Annes und ihrer Schwester über ihre gemeinsame nächtliche Aktivität, die ihnen eine flüchtige Nähe erlaubt, welche durch keinen anderen Aspekt ihrer Beziehung erzeugt werden könnte.

Ruth Anne Boatwright, die Erzählerin in *Kuckuckskinder* – Dorothy Allisons Roman über Inzest und Gewalt in der Familie –, spricht so ungeniert über ihre Einstellung zur Selbstbefriedigung wie über alle anderen Themen auch. Als Kind wird Ruth Anne von ihrem Stiefvater – Daddy Glen – vergewaltigt und wiederholt verprügelt, während ihre Mutter nebenan lauscht, ihr nachher das Gesicht wäscht und sie ermahnt, »nicht so dickköpfig zu sein, ihn nicht wütend zu machen.« Als Ruth Anne im Schlafzimmer, das sie sich mit ihrer Schwester teilt, zu onanieren beginnt, lässt sie in ihrer Fantasie Leute dabei zusehen, wie Daddy Glen sie schlägt, wodurch sie eine qualvolle Verbindung zwischen der Gewalt, die ihr angetan worden ist, und dem Vergnügen, das sie sich selbst verschafft, herstellt. Ihre Erzählsprache drückt das Entsetzen eines Kindes und seine Sehnsüchte aus und kombiniert dies mit dem kühlen Blick eines Erwachsenen, der – anders als ein Kind – die komplexe Kraft der Fantasie und der innersten Gefühle begreift.

Wenn er mich schlug, schrie ich und trat um mich und weinte wie das Kind, das ich war: Aber manchmal, wenn ich allein und sicher war, stellte ich mir diejenigen vor, die zusahen. Jemand musste zusehen – irgendein Mädchen, das ich bewunderte und das kaum wusste, dass es mich gab, irgendein Mädchen aus der Kirche oder aus unserer Straße … In meiner Vorstellung war ich stolz und trotzig. Ich starrte ihn mit angespannten Kiefermuskeln an, ohne einen Laut von mir zu geben, kein beschämender Schrei, kein Flehen. Die, die zusahen, bewunderten mich und verabscheuten ihn. Während ich mir das vorstellte, schob ich die Hand zwischen meine Beine. Ich hatte Angst, aber es war auch aufregend. Die, die mir zusahen, liebten mich. Es war, als würde ich für sie geschlagen. In ihren Augen war ich wundervoll ...

Ich schämte mich, für die Dinge, an die ich dachte, wenn ich meine Hand zwischen meine Beine schob, schämte mich mehr, dass ich zu der Fantasie, geschlagen zu werden, masturbierte, als dafür, überhaupt geschlagen zu werden. Ich lebte in einer Welt der Schamgefühle. Ich verbarg meine blauen Flecken, als seien sie Beweise für ein Verbrechen, das ich begangen hatte. Ich wusste, dass ich eine kranke und widerwärtige Person war. Ich konnte meinen Stiefvater nicht davon abhalten, mich zu schlagen, aber *ich* war diejenige, die onanierte. ... wie sollte ich irgendjemandem erklären, dass ich es hasste, geschlagen zu werden und mich trotzdem zu der Geschichte, die ich mir ausdachte, selbst befriedigte?

Ja ... ich liebte diese Fantasien, obwohl ich überzeugt war, dass sie etwas Furchtbares waren. Sie mussten es sein: Sie waren egozentrisch und verschafften mir bebende Orgasmen. In [diesen Fantasien] war ich etwas ganz Besonderes. Ich triumphierte, war bedeutend. Ich schämte mich nicht. Wenn wirklich geprügelt wurde, gab es keine Heldenhaftigkeit. Da gab es nur Prügel, bis ich mit Rotz und Elend besudelt war.

Später entdeckt Ruth Anne, dass auch ihre Schwester oft masturbiert, manchmal auch in dem gemeinsamen Bett, in dem sie nachts schlafen. Sie sind stillschweigend überein gekommen, dass jeder der anderen Zeit gönnt, die sie allein in ihrem Zimmer verbringen kann, wenn sie nachmittags von der Schule zurückgekehrt sind. Eines Tages platzt Ruth Anne herein und sieht ihre Schwester mit einer Unterhose ihrer Mutter auf dem Gesicht auf dem Bett liegen. In ihrer Verschwörung aus Schweigen und Scham nimmt sich Ruth Anne das Buch, das sie gerade liest und tut so, als ob sie nichts gesehen hat. Während dieser Zeit reden die Schwestern kaum miteinander, »aber wir sorgten dafür, dass niemand sonst ins Zimmer ging, wenn eine von uns dort allein drin war.«

Allison legt die Betonung in all diesen Szenen nicht auf Einzelheiten der Stimulation; die Erzählung führt nicht auf den Orgasmus zu. Wie könnte sie auch? Die schönen, körperlichen Empfindungen sind durch Ruth Annes Erinnerungen und durch die verstörenden Fantasien so befleckt und pervertiert, dass die Selbstbefriedigung zu einer Art Selbstbestrafung wird, von der sie aber nichtsdestoweniger nicht lassen kann. Die Erzählung steuert stattdessen auf Selbsteinsicht und Erleuchtung zu und versucht zu ergründen, wie sich diese Ereignisse auf das Kind Ruth Anne ausgewirkt haben und wie sie im Rückblick zu erklären sind.

Ruth Anne ist zum Thema Selbstbefriedigung genauso so aufrichtig wie dann, wenn sie über die Brutalität ihres Stiefvaters oder die geteilte Loyalität ihrer Mutter berichtet; sie versucht nicht einmal, die Dinge zu beschönigen, Demütigungen zu übertünchen oder die Figuren besser aussehen zu lassen, als sie es tatsächlich sind.

In der Szene mit der Schwester nutzt Dorothy Allison eine der Allgemeinbedingungen der Masturbation: Wir wollen nicht erwischt werden! Die Schwestern wissen es voneinander, doch als sie es herausfinden, ist der Akt an sich so flüchtig, dass es zu keiner Konfrontation kommt. Die Abschnitte sind deswegen so bewegend, weil sie auf eine Loyalität und Nähe zwischen den Schwestern hindeuten, die an keiner anderen Stelle des Buches oder durch keine andere Situation ausgedrückt oder angesprochen wird. Ihr gemeinsames Geheimnis scheint die einzige Basis für überhaupt irgendeine Art von Nähe zwischen ihnen zu sein.

▶ Diese Beispiele sollten uns in Erinnerung rufen, dass Selbstbefriedigungsszenen – wie jeder andere Sex-Szene – nicht einfach planlos in den Text eingestreut werden können – weder um den Leser zu erregen, noch um Zeilen zu schinden. Sie müssen mit dem Plot verwoben werden und den Kontext ergänzen.

Während Selbstbefriedigung für Ruth Anne mit Angst und Schuld durchzogen ist, ist sie in Alice Lukens grundverschiedenem Universum eine Möglichkeit, weibliche Verbindungen zu schaffen, albern zu sein, Spaß zu haben und sich über die Verlegenheit hinwegzusetzen. Diese Auszüge stammen aus der Kurzgeschichtensammlung *The Vine Sisters*, die Alice Lukens als Abschlussarbeit in Kreativem Schreiben an der Princeton University im Jahr 1995 verfasste. Es sind die einzigen Szenen, die ich habe finden können, in denen weibliche Protagonisten Gruppenmasturbation anerkennen und ausleben.

Die folgende Szene stammt aus der titelgebenden Story *The Vine Sisters*. Die Erzählerin Kate beschreibt, was nach dem Mittagessen in der Privatschule für Mädchen passiert:

Manchmal schwangen wir uns einfach aus purem Übermut von Seil zu Seil wie Tarzan und Jane. Wir hingen kopfüber an den Stricken und schlugen Purzelbäume, wobei unser Uniformröcke über unsere Gesichter fielen. Unsere Hemden lösten sich aus dem Bund, unsere Strümpfe rutschten auf die Knöchel und es gab niemand, der uns anbrüllen oder deswegen nachsitzen lassen konnte. Aber meistens gingen wir hin, um ES zu tun.

Ich entdeckte ES zum ersten Mal, als ich eines Tages in der ersten Klasse eine Stange hinaufkletterte. Ich erreichte ES, indem ich auf Bäume und an Seilen und Felsen hochkletterte, mich an einem alten Holzpferd im Schulhof rieb, das Schaukelgestell erklomm, mich zu Hause an Türen, den Bettpfosten, meinem Schreibtisch, meinen Kissen, meinen Stofftieren rieb. Kay schaffte ES allein durch spreizen und kreuzen der Beine. Ich bekam ES so nicht hin, oder höchstens ein bisschen, aber nicht so, wie an einem Seil. Kay erzählte mir, sie habe ihre Schwester beim Kreuzen und Lösen der Beine in der Küche beobachtet, als sie dachte, es würde niemand hinsehen. Diana, Beth und ich hatten keine Schwestern, nur Brüder. Aber sowohl Diana und Beth behaupteten wie ich, dass sie ES schon lange kannten, so lange, wie sie sich zurückerinnern konnten.

In der vierten Klasse erfuhren wir es voneinander. Es geschah, als wir die Seile hochkletterten. Ich erlaubte mir nie, ES zu fühlen, bis ich ganz oben war, bis ich die Decke berühren konnte. Dann blieb ich dort oben eine Weile sitzen, hing nur da und fühlte ES zwischen meinen Beinen, während ich die anderen unten am Boden beobachtete. Irgendwann bemerkte ich, dass Diana und Kay dasselbe taten, wenn sie hinaufkletterten, dass sie sich beim Hochziehen gegen den Strick pressten und dann einfach nur dort oben hingen, die Beine leicht bewegten und auf die anderen unten herabschauten. Und so erfuhr ich es. Wir waren die einzigen, die ganz bis nach oben klettern und die Decke berühren konnten ...

Wir nannten uns die Vine Sisters. Es gab zwei Bedingungen für die Mitgliedschaft. ES und Stillschweigen. Manchmal sagte jemand im Unterricht plötzlich ES und meinte etwas ganz anderes, aber wir sahen uns nur verstohlen an, lachten und dachten, *Wenn die wüssten.* Manchmal reichte alleine der Gedanke daran, dass ES zwischen unseren Beinen den einen oder anderen Purzelbaum schlug.

Ein Jahr später bemerkt Kate ein schüchternes Mädchen am Seil, dass ES auch zu empfinden scheint, und sie und ein paar der Vine Sisters beschließen, »ein neues Mitglied, Cary, zu rekrutieren.« Sie bringen sie in den Waschraum, um sie auszuquetschen:

> »Wir wollen dich was fragen«, sagte Kay.
>
> »Okay«, antwortete Cary.
>
> »Wenn du an den Seilen hochkletterst«, platzte es aus mir heraus, »fühlst du dann irgendwas zwischen deinen Beinen?«
>
> »Wir alle schon«, sagte Beth, »also mach dir nichts draus, wenn's bei dir so ist.«
>
> Cary brach zu unserer aller Überraschung in Tränen aus.
>
> »Nicht weinen!«, rief Kay. »Wir fühlen es alle. Es ist herrlich! Wir haben einen Club gegründet. Wir nennen uns die Vine Sisters un-«
>
> Die Tür des Waschraums flog auf, und Ms. Richter, unsere Mathe-Lehrerin trat ein. Wir verstummten grinsend.

Cary rennt davon. Die Vine Sister beraten sich und kommen zu dem Schluss, dass Cary ihnen wahrscheinlich keine Schwierigkeiten macht, weil »es ihr so peinlich ist, dass sie noch nicht mal mit uns darüber reden kann.« Sie beschließen, keine neuen Mitglieder mehr zu werben und ihre Geheimgesellschaft so zu belassen, wie sie ist.

Obwohl die Vine Sister sich nicht dafür schämen, was sie in Gegenwart der anderen tun, wissen sie sehr gut, dass ES ein Tabu ist und geheim gehalten werden muss. Die Autorin benutzt diesen Geheimbundcharakter des Grüppchens, um eine dramatische Spannung zu erzeugen, die die Geschichte vorwärts bringt und Konflikte zwischen den Figuren (die Gruppe und Cary, die Gruppe und Ms. Richter) entstehen zu lassen.

In meinen Augen ist die schönste Überraschung in diesen Szenen die frische Offenheit der Erzählerin diesem Thema gegenüber. Sie ist untypisch mutig, freimütig und anscheinend völlig frei von Scham oder Verlegenheit, was ES angeht. Und die Tatsache, dass ES für sie kein Privatvergnügen ist, sondern eine Vergnügungsverschwörung, ein privater Club, der CIA-mäßig verdeckt in der Öffentlichkeit operiert, verschafft dem Leser ein prickelndes, literarisches Vergnügen.

TELEFONSEX

Nicholson Bakers Bestseller *Vox* von 1992 fügte den Telefonsex in die literarischen Landschaft ein. Dieser kurze Roman, der sich als Niederschrift einer einzigen Telefonsex-Konversation zwischen zwei Fremden tarnt, überraschte seine Leser mit seiner pornographischen Ausdrücklichkeit und, wie ich denke, dadurch, dass sich die Figuren auf 161 Seiten und mit exorbitanten Telefonkosten haarklein über ihre jeweilige sexuelle Vergangenheit und ihre Selbstbefriedigungsstrategien auslassen. Der Mann und die Frau sind sich zu dem Zeitpunkt, als sie schließlich ihren gemeinsamen Orgasmus inklusive verbalem Soundtrack haben, nicht mehr ganz fremd. Der letzte Satz, »Sie legten auf«, sagt genauso viel über die isolierte Welt des Buches und ihr emotionales Terrain wie die erste Zeile: »Was hast du an?‹, fragte er.«

Der folgende Auszug aus Joseph Olshans *Nachtschwimmer*, eine traurige und romantische Geschichte aus dem schwulen New York der 90er, behandelt Telefonsex als ein Ereignis im Leben des Protagonisten, anstatt es zu einer fiktionalen Identität zu machen, wie Baker es tut. Außerdem verwendet Olshan ein weiteres Element unseres modernen, telefonischen Lebens: das »Call Waiting« – Anklopfen –, welches, wenn es zu der Zeit, als Baker *Vox* geschrieben hat, bereits weitgehend üblich gewesen wäre, dessen Spielraum erheblich erweitert hätte.

In dieser Szene aus *Nachtschwimmer* hat Will, die Hauptfigur, eine Telefonsex-Gesellschaft angerufen und spricht nun ausgiebig mit seinem »Telefonsex-Partner«, während er masturbiert. Er steht kurz vor dem Orgasmus, als auf der anderen Leitung »angeklopft« wird. Er nimmt den Anruf an in der Hoffnung, seinen neuen dran zu haben, findet jedoch seinen eifersüchtigen Freund Peter in der Leitung, der ihn ursprünglich seinem neuen Lover vorgestellt hat. Nachdem sie sich ein paar scharfe Worte an den Kopf geworfen haben, trennt Will die Verbindung, um erneut die Sex-Line anzurufen. Doch es ist nicht nötig; sein »Partner« ist dank Call Waiting noch in der Leitung.

> Ich hatte seinen Namen schon vergessen. Nicht, dass es wichtig war, da er mir wahrscheinlich sowieso einen falschen genannt hatte.

»Wow!«, sagte ich. »Du hast auf mich gewartet.« Ich empfand eine erstaunliche Zärtlichkeit für diese körperlose Stimme, die wahrscheinlich über ihr Aussehen gelogen hatte, aber so geduldig, vielleicht sogar treu war. Plötzlich glaubte ich, seine Einsamkeit dort draußen in dem Bezirk, der an den La Guardia Flughafen und Flushing Bay grenzte, zu spüren, dort draußen in dem vornehmen Wohngebiet, das von der Manhattan-Elite verächtlich als heruntergekommen bezeichnet wurde. Und während ich begann, diesen Burschen und mich auf einen Late-Night-Höhepunkt hinzutreiben, kam mir in den Sinn, dass ich ihn ja vielleicht überreden konnte, mein monogamer Telefonlover zu werden.

Das Geschehen in dieser Szene ist simpel: Will befriedigt sich selbst, während er mit einem Fremden am Telefon spricht. Doch worum es wirklich geht, ist etwas völlig anderes: Es ist die Macht der Einsamkeit, die Menschen zusammenbringen kann.

Auch bei Olshan liegt die Betonung in der Szene nicht auf dem Orgasmus, sondern auf der Stimmung, auf dem emotionalen und gesellschaftlichen Klima, auf der Isolierung der Bewohner einer Großstadt mit den entkörperten Stimmen und kleinen Lügen, die man sich ständig erzählt, um über die Kluft hinweg in Verbindung treten zu können. Der Absatz endet mit wunderschöner und doch beklemmender Ironie: Man könnte einer körperlosen Stimme am Telefon treu sein. Statt sich beim Onanieren in den üblichen Fantasien zu ergehen, die eine Person herbeiruft, will dieser Träumer nichts weiter als eine loyale Stimme am Telefon – vielleicht der ideale Sexpartner im Zeitalter von AIDS.

INTIMITÄTEN IM INTERNET

Telefonsex ist ein sehr zielgerichtetes Unternehmen. Selbst wenn es jenseits der eigenen Erfahrung oder Neigung liegt, es ist nicht schwer, mit Worten zu beschreiben oder dramatisch auszubauen. (Baker erzählt seine Geschichte gänzlich in Dialogform, Olshan integriert diese Szene in die Erzählung.)

Dasselbe lässt sich von dem breiten, fremdartigen Feld des Cybersex allerdings nicht behaupten, unter anderem deswegen, weil Cybersex eine

Reihe von physikalischen und zerebralen Aktivitäten erforderlich macht, die mehr zu Science Fiction als zu der Art von Fiktion, die wir bislang besprochen haben, passt. Die sexuelle Stimulation, die jedem, der einen Computer und ein Modem besitzt, zugänglich ist, erfolgt über Pornoseiten, erotische Web-Magazine wie nerve.com, Chat-Rooms und E-Mail-Flirts mit Fremden und Freunden, die wir vielleicht – vielleicht aber auch nicht – schon in Fleisch und Blut kennen gelernt haben.

Aber trotz der weltweiten Verbindungen, trotz dieser Welten innerhalb der Welten und Welten jenseits der Welten, ist das, was wir wirklich meinen, wenn wir über »Sex im Internet« sprechen, Selbstbefriedigung mit Hardware. Ob jemand nun eine Site mit dem Namen bigtits.com besucht oder eine stürmische Korrespondenz mit einem Lover in Juno, Alaska führt – die echten Menschen müssen sich darauf beschränken, vor dem Bildschirm zu sitzen und eine Hand auf dem Keyboard zu halten.

Da diese Aktivität im wahren Leben inzwischen recht beliebt geworden ist, machte ich mich daran herauszufinden, inwieweit sie sich zur Jahrtausendwende bereits in der Literatur eingenistet hatte – und wie die literarischen Anleitungen, die ich einem Autor anbieten könnte, der sich auf dieses Terrain begeben möchte, aussehen müssten. (Bitte vergessen Sie nicht: Ich beziehe mich hier nicht auf fiktionale Texte mit sexuellem Inhalt, die man auf Internet-Sites und Webzines finden kann. Was mich interessiert, sind Geschichten, in denen die Figuren via E-Mail oder Internet mit sexuellen Absichten zusammenkommen; Fiktion, in der das Netz oder der Computer Bestandteil der Story sind.)

Meine Neugier brachte mich zu Texten, mit denen ich nicht gerechnet hatte und rief mir Anthony Burgess Bemerkung in Erinnerung: »Ich bin nicht dafür, jene zu verurteilen, die in der Literatur nach Sex suchen; wer auf der Suche nach Sex ist, findet vielleicht etwas anderes.«

Die Romane und Kurzgeschichten, die ich gelesen habe, sind so vielgestaltig und schwierig zu kategorisieren wie das Internet selbst. Ohne ganze Regale von etablierter Literatur, aus der ich hätte auswählen können, folgte ich Empfehlungen von Freunden und Kollegen, durchkämmte die nerve.com-Website und las einen recht bekannten Hypertext-Roman auf CD-Rom, *Patchwork Girl*, von Shelley Jackson sowie einen Stapel auf Papier gedruckter Romane, deren Titel in irgendeiner Hinsicht mit dem Internet zusammenhingen oder die sich mit Beziehungen befassten, welche durch E-Mail-Kontakt entstanden oder in E-Mail-Korrespondenz eingebettet waren. Bis ich all dies las, wusste ich nicht, auf wie viel Sex ich stoßen würde – und manchmal war ich mir nachher nicht sicher, wie viel ich jetzt tatsächlich gefunden hatte. Bei *Patchwork Girl* mit seinen technischen Finessen hatte ich sogar Zweifel, ob ich den gesamten Roman gefunden hatte. Als ich mit all meinen Beispielen durch war, grübelte ich wochenlang, was für Lektionen sich daraus für dieses Kapitel ziehen ließen ... bis ich irgendwann erkannte, dass es vielleicht keine anderen Lektionen gab als die, wie ich sie bereits für andere Kapitel formuliert hatte.

Die Essenz lautete, wie ich langsam aber sicher begriff, dass alles für jeden verfügbar ist.

Eine Ausgangsposition für dieses Thema zu finden hat einige Ähnlichkeit mit dem Surfen im World Wide Web: Anfang, Mitte und Ende haben nicht dieselbe Bedeutung wie im computerlosen Leben. Hierarchien ebenso wenig: Man kann das Terrain von einem beliebigen Startpunkt erobern. Das Internet ist ein Mosaik, das sich ständig verschiebt, kein großer Brocken aus Beton.

Beginnen wir also mit der essentiellen, offensichtlichen Frage: Wie integrieren Autoren die Hardware (Computer), Software (Browser, Provider, Betriebssystem) und Humanware (emotionale Beziehungen) in ihr Werk?

Autoren sind erfinderisch und jeder ist das Problem auf andere Art angegangen. Manche haben die komplexe Technik bei den Hörnern gepackt. Andere haben sich etwas ausgedacht, um sie von vornherein zu umgehen. Diese sechs sehr unterschiedlichen Beispiele zeigen auf, welche Möglichkeiten und Abgründe sich auftun können, wenn man über Intimitäten im Internet schreibt.

DER E-MAIL-ROMAN

E-Mail an alle des britischen Autors Matt Beaumont aus dem Jahr 2000 ist eine temporeiche Farce, die komplett in E-Mail-Form geschrieben ist. Sein Werk zu lesen, macht großen Spaß, zumal sein Stil an den manischen, turboartigen Humor zweier anderer englischer Produktionen – *Monty Python's Flying Circus* und Michael Frayns Stück *Noises Off* – erinnert.

Der Roman spielt in der Umgebung einer trendy Londoner Werbeagentur, die überall auf der Welt ihre Büros hat; ein *running gag* des Werkes sind die E-Mails des Chefs, die trotz wiederholter Versuche, den Fehler zu beheben, immer wieder versehentlich nach Helsinki geschickt werden. Das Personal des Romans reicht vom Geschäftsführer bis zur ausländischen Putzfrau, die gerade Englisch lernt und heimlich an ihren Sohn in der Heimat E-Mails verschickt. Zentraler Handlungsstrang ist die Bemühung der Agentur, sich das Coca-Cola-Budget zu sichern. Was den Erfolg bedroht, sind die Launen, Eifersüchteleien, Versäumnisse, Kleinkariertheiten und Romanzen der Kollegen, ganz zu schweigen von der unglaublichen Menge an E-Mails, die von der Agentur aus täglich versendet werden und über die der komplette Roman erzählt wird.

Obwohl in *E-Mail an alle* wenig Sex zu finden ist, veranschaulicht das Wenige sehr gut, in welche schöne neue Welt der unverblümten sexuellen Kommunikation wir bereits eingetreten sind. Schüchternheit und Flirts sind denselben Weg gegangen wie das Wählscheibentelefon. E-Mail fördert eine Direktheit und Aufrichtigkeit – zumindest im sexuellen Bereich –, die von Angesicht zu Angesicht weit schwieriger umzusetzen wäre. Und der Überfluss an pornographischer Sprache, dem wir im Internet ausgesetzt sind, und sei es nur als Empfänger unerwünschte Werbe-Mails, hat sich in unsere Allgemeinsprache festgesetzt und die Standards für ganz gewöhnliche Plaudereien verändert.

In der folgenden Szene aus *E-Mail an alle* geht es tatsächlich um Sex, nicht um Memos oder anderes Geschäftliches, aber sie besitzen einen Haiku-haften Charme und passen exakt zur Büroumgebung und dem Medium der elektronischen Post, die keine Zeit für genüssliche Verführung lässt. Dies ist das Leben, wie es in E-Mail-Zeit gelebt wird: »Wir sehen uns in dreißig Sekunden«, wie ein Lover dem Partner schreibt.

Nigel, der hektische Büromanager in der Rechnungsabteilung, schickt eine E-Mail an alle Büros der Welt mit einem P.S.: »Bei meiner Rückkehr fand ich neben der Aufzugtür in der Rezeption Damenunterwäsche. Größe 12, smaragdgrün, 100 % Polyester, mit Spitzeneinsatz vorne, leicht schmutzig. Falls sie jemand vermisst, sie liegt sicher in meiner Schublade und kann dort gerne abgeholt werden.«

Zehn Seiten später schickt Liam O'Keefe Lorraine Pallister eine E-Mail mit dem Betreff: »Re: Unterhose, smaragdgrün, medium«, und folgender Nachricht: »Wenn ich sie diskret aus Rechnungsbüro entwenden kann, hast du Lust, sie heute Abend noch mal zu verlieren?«

Liam schickt eine Mail an Nigel: »re: Victorias Geheimnis.« Die Nachricht: »Nige, Diskretion wird geschätzt, aber der Slip in deiner Schublade gehört mir. Schmeiß ihn in eine braune Tüte und gib sie mir, wenn wir ein Bier trinken gehen. Wann kannst du? Heute Abend? Freu mich drauf, Kumpel.« Dann:

> From: Liam O'Keefe
> To: Lorraine Pallister
> RE: Joy of Sex, Seiten: 13, 48, 97, 122
> Bin geil. Was machst du heute Abend?

Als Lorraine antwortet, dass sie andere Pläne hat, schreibt er augenblicklich einer anderen Kollegin, allerdings zurückhaltender.

> To: Katie Philplott
> Re: Pläne
> Heute Abend?

Noch später schreibt Lorraine:

> To: Liam O'Keefe
> Re: Schon was vor?
> Als ich heute Morgen reinkam, habe ich rausgefunden, wie man den Fahrstuhl zwischen den Etagen anhalten kann. Wann hast du Zeit für die Liftwartung?

Seine Antwort: »Ich muss einen Knipser briefen, zehn Printanzeigen entwerfen, und die Buchhaltung schreit nach meiner Stundenabrechnung... wir sehen uns in dreißig Sekunden.«

Es steht noch nicht fest, ob wir noch mehr Romane in E-Mail-Form zu lesen bekommen werden, aber Beaumonts Werk demonstriert, dass es mehr Möglichkeiten gibt, Sex in Internet-spezifische Fiktion einzubinden, als unsere enggefasste Definition von Cybersex hätte vermuten lassen.

ANDERE INTERNET-FIKTION

Der Roman in E-Mail-Form platziert uns gemeinsam mit den anderen Figuren vor den Monitor – wir sehen, was sie sehen. Oder besser: Eigentlich sehen wir mehr, denn wir lesen *alle* Mails. Im Gegensatz dazu wird in anderen fiktionalen Werken, die ich mir angesehen habe, die Kommunikation per Computer *durch* ein oder zwei Figuren vermittelt. Das heißt: Statt dass wir nur den Computerschirm sehen, sehen wir ihn durch ihre Augen und ihre Psyche. Wir bekommen Erklärungen über das Funktionieren ihrer Internet-Leben, Gedanken über das Wesen dieser anderen Welt, Gespräche zwischen ihnen und anderen Personen, die ihre Obsession sowohl verstehen als auch nicht verstehen, und Beispiele oder Auszüge ihrer E-Mail-Korrespondenz.

Und bei all dem können wir wohl sagen, dass die Autoren dieser nicht ganz leicht zu meisternden Herausforderung mit unterschiedlicher Eleganz begegnen. Oder besser vielleicht: Dass die neuen Universen und die Omnipräsenz des Equipments uns dazu zwingen, den Begriff Eleganz neu zu definieren.

Eines der frühsten Beispiele einer Romanfigur, die sich mit Cybersex beschäftigt, finden wir in David Leavitts Roman *Alles was uns fehlt* (1989). Walter, der mit Danny in einem New Yorker Vorstadtbezirk lebt, lässt sich immer tiefer in die Welt des Online-Schwulensex ziehen. Bald hat er einen Online-Partner, mit dem er auch telefoniert. Und da uns diese Welten zu dem Zeitpunkt, als das Buch geschrieben wurde, noch derart fremd und neu waren, gibt sich Leavitt sehr große Mühe, das physische und psychische Territorium auf eine sehr direkte und psychologisch scharfsichtige Art und Weise zu erklären und auszuloten.

Obwohl der Impuls für diese Verbindung sexueller Art ist, findet der Cybersex in *Alles was uns fehlt* beinahe nur in Klammern statt. Die Erzählung und die dramatische Spannung konzentrieren sich auf die komplizierte und verblüffende Fixierung Walters auf dieses neue Medium, keinesfalls auf jedes Detail der Selbstbefriedigung.

In seinem New Yorker Büro setzt sich Walter nach Feierabend an seinen Computer, drückt ein paar Knöpfe, tippt ein paar Codes ein und betritt einen Chatroom, dessen Teilnehmer Namen wie Hot Leather, Teen Slave Master oder NY Jock tragen:

> Mit dieser endlosen Konversation, zu der er wohl immer Zugang haben würde, kam Walter damals einem tatsächlichen Betrug an Danny am nächsten. Er beteiligte sich an der Unterhaltung, an der Gesprächsrunde, und manchmal erschien eine Nachricht, die besagte: »Sprich bitte mit NY Jock. Dazu gib /TALK 125 ein.« Einmal war es so heftig geworden, dass sie zum Telefon gegriffen hatten. Ihre Stimmen hatten einander liebkost, sie taten so, als seien ihre eigenen Hände die des anderen. Danach ließ sich Walter, halbnackt, erledigt, in seinen Sessel fallen und blickte aus dem Fenster auf die Skyline ... Er gab seine eigene Nummer oder seinen Nachnamen nicht heraus. Was ihn an diesem Spiel faszinierte, war die Tatsache, dass es anonym war.

Später, nachdem Walter sich mit einem Mann, der sich Bulstrode nennt, zusammengetan hat, beschreibt dieser ihm sein Internet-Liebesleben. Walter ist schockiert von dem, was heute eine allgemein anerkannte Tatsache ist: dass Menschen sich mit anderen, die sie noch nie gesehen haben, zutiefst verbunden fühlen, sich sogar in sie verlieben können. Bulstrodes seriöseste Beziehung war eine, die durchs Internet entstanden war – und der Sex sei großartig gewesen, erzählt er Walter.

> »Du meinst Telefonsex?«, fragte Walter vorsichtig.
>
> »Ja, sicher. Der intensivste, unglaublichste, geilste, heißeste Telefonsex, den ich je hatte. Manchmal hingen wir fünf oder sechs Stunden am Telefon. Er kam immer drei- oder viermal, aber ich hielt mich immer zurück. Ich wollte bis zum Ende warten und es dann wirklich gewaltig spüren.«
>
> »Wartest du immer so lange, bevor du kommst?«

»Aber ja. Und was ist mit dir?«

Ihr Gespräch nahm eine Wendung. Danach kroch Walter, verschwitzt und verausgabt, zu Danny ins Bett, der mit dem Gesicht zur Wand steif dalag.

»Hast du Spaß mit deinen Jungs?«, fragte Danny.

»Klar«, antwortete Walter. Er versuchte über das, was mit ihm gerade geschehen war, zu lachen, versuchte, es in einen Scherz zu verwandeln, in eine lockere Zerstreuung, für die Danny es hielt, aber er konnte Bulstrode die ganze Nacht über nicht aus seinen Gedanken verbannen. Er hatte irgendetwas Unwiderstehliches an sich, etwas unwiderstehlich Nichtkörperliches, als sei er tatsächlich der imaginäre Freund, den die meisten Kinder sich dann und wann ausdenken.

In *Alles was uns fehlt* war der Reiz des Internets etwas Neues und Berichtenswertes. Als Jeanette Wintersons Roman *Das Power-Book* passend zum Jahr 2000 erschien, brauchte der Leser weit weniger Erklärungen für die berauschende Macht des neuen Mediums. Man kann sogar sagen, dass das Buch ohne den heutigen Wissensstand des Lesers über Computer unverständlich wäre. Die Kapitelüberschriften sind dem Computerwortschatz entnommen – Open Hard Drive, Search, View, Empty Trash und so weiter –, und die Erzählung beginnt mit der Protagonistin, die an ihrem PC sitzt und eine E-Mail öffnet, die »Freiheit für eine Nacht« verspricht. Die Freiheit, jemand anderes zu sein.

Wie überhaupt sehr oft in Wintersons Werk verschwimmen in *Das Power-Book* die Grenzen: Die Figuren bewegen sich durch die Jahrtausende, historische Gestalten tauchen in Zeiten und Orten auf, in denen sie nichts zu suchen haben, während wir dennoch immer wieder zu dem alltäglichen Bereich der Sehnsucht und der – meistens unerwiderten – Liebe zurückkehren, wie er sich im ausgehenden zwanzigsten Jahrundert darstellt. Was Winterson in diesem Buch noch hinzufügt, ist die Möglichkeiten des Internet-Zeitalters: Die zwei Hauptpersonen erfinden Identitäten und Geschichten, die sie sich in dieser Nacht via E-Mail erzählen.

Eine Pause entstand – dann tippte ich: »Lass uns anfangen. Was für eine Haarfarbe willst du?«

»Rot. Ich wollte schon immer rotes Haar ... Und was tragen wir?«

»Was du willst. Combat oder Prada?«

»Wie viel kann ich für Klamotten ausgeben?«

»Wie wär's mit $1000?«

»Meine ganze Garderobe oder nur ein Outfit?«

»Hast du ein Budget für diese Story?«

»Du schreibst sie.«

»Es ist *deine* Story.«

»Was ist aus dem allwissenden Autor geworden?«

»Ein interaktiver.«

»Hör mal ... ich weiß, dass das meine Idee war, aber vielleicht sollten wir es lassen.«

»Wo liegt das Problem? Das ist Kunst, kein Telefonsex.«

»Ich weiß, und ich hab ja auch gesagt, dass ich die Freiheit wollte, jemand anderes zu sein – nur für eine Nacht ...«

»Wir haben angefangen. Wir sind hier.«

»Aber wo sind wir?«

»Sag du's mir ...«

»Paris. Wir sind in Paris. Da ist der Eiffelturm.«

Im nächsten Kapitel, Überschrift: New Document, spazieren zwei Frauen, die sich vor kurzem erst kennen gelernt haben, am Ufer der Seine entlang. Kurz danach – obwohl es schwer ist, sich in dieser zweifach erfundenen Begegnung über Zeitabschnitte klar zu werden – schlafen die beiden in einem Hotelzimmer miteinander.

Und so haben wir uns geliebt.

Du hast meine Kehle geküsst.

Der Junge tanzte.

Du hast mein Schlüsselbein geküsst.

Zwei Taxifahrer stritten sich auf der Straße.

Du hast deine Zunge in den Spalt zwischen meinen Brüsten geschoben.

Eine Tür fiel krachend unter uns zu.

Ich öffnete deine Beine auf meinen Hüften.

Zwei Tauben schliefen unter dem roten Überhang des Dachs.

Du hast angefangen, dich gemeinsam mit mir zu bewegen – Hände, Zunge, Körper.

Gameshow-Gelächter aus dem Fernseher nebenan.

Du hast meine Brüste in deine Hände genommen und ich streifte dir die Jeans ab.

Das Klirren von Flaschen auf einem Tablett.

Du trägst keinen Slip.

Eine Tür öffnete sich. Das Tablett wurde abgestellt.

Du sperrst deine Brüste in einen schwarzen Netzkäfig ein.

Autoscheinwerfer blitzen im Spiegel der Kommode auf.

Leg dich zu mir.

Komm auf mich drauf.

Lass dich runter, genau da, genau da ...

Harry spricht Französisch, er kann das Bier holen.

Drück dich gegen mich.

Stella oder Bud?

Fester.

Willst du Nüsse?

Mach es mir. Mach.

Ruf sie nach Mitternacht deiner Zeit an, sagte sie.

Fick mich einfach.

Hast du die Nummer?

Fick mich.

Entsprechend den üblichen Geschlechterrollen erwarten einige der Schwulen in *Alles was uns fehlt* ziemlich heftige Dosen von Telefon- und Chatroom-Sex. Im Gegensatz dazu beginnen die Frauen in *Das Power-Book* ihre erfundenen Leben mit der Wahl einer Designer-Garderobe und einer Stadt – einer realen Stadt –, die für romantische Liebe berühmt ist. Als es um das recht erdverbundene Thema Sex geht, versorgt uns die Texterin – keine einsame, sondern eine poetische Onanistin am PC – mit einer Szene, die die traditionelle Art, über den Akt zu schreiben, verspottet und mit Zärtlichkeit, merkwürdigen Nebeneinanderstellungen und beginnenden Orgasmen durchzogen ist.

Der Zauber von *Das Power-Book* besteht darin, dass die Erzählerin – die Schreiberin – die Geschichte erfindet, die sie ihrer E-Mail-Partnerin schickt, aber während wir die Story, die nur für diese Gelegenheit erfunden worden ist, lesen, bekommen wir den Eindruck, als ob etwas anderes als Worte auf dem Computerschirm erscheint. Der Text ist sparsam, sehr unmittelbar und erinnert mit keinem einzigen Wort an Hardware oder Internet-Provider. Die Geschichte besteht den Test: Sie »fühlt« sich gleichermaßen real an, wie jede andere Story, die wir aus einem Roman kennen.

Kit Reeds Roman *@expectations* aus dem Jahr 2000, ist, vom Konzept her betrachtet, das abenteuerlichste Stück Internet-Fiktion, das ich habe finden können. Es ist wie *Madame Bovary* per High-Speed-Modem und mit einem Hauch Science Fiction. Eine unglücklich verheiratete Frau, Jenny Wilder, stößt im Internet auf eine barocke Community, die sich StElene nennt. StElene ist unter anderem mit einem eigenen Grand Hotel und einer Reihe von Figuren mit ausgefeilten Vergangenheiten und Charaktereigeneschaften ausgestattet. Jenny wird süchtig nach dieser Site, verliebt sich in einen Mann, der sich Reverdy (nach *reverie* – Träumerei) nennt und sucht den realen Menschen schließlich in Alaska auf. Doch bevor es dazu kommt, gibt uns Reed eine umfassende Einführung in das komplexe Leben in StElene, wo die Figuren manchmal ganz beiläufig – ohne viel Erklärung und frei von Furcht – Cybersex haben: »Dann liebten sich [Vinnie und Mireya] gestern Nacht in StElene – so leicht, so oft, so sexy, so sicher.«

Was mich an *@expectations* so fasziniert, ist nicht der Sex – es gibt nicht viel –, sondern die Reichweite von Reeds Erfindungsgabe, mit der sie eine detaillierte Welt entwirft und die inneren und äußeren Konflikte ihrer Online-Figuren darstellt.

> Die meisten Liebhaber duschen, bevor sie wieder … ins Bett zurückkommen, aber wie so vieles, womit Jenny zu tun hat, ist diese Liebe vergänglich. Nichts. Dinglich gesprochen, haben sie und Reverdy nichts getan. Und doch.
>
> Die Röte an ihrem Hals, die Aura, beides ist zu beherrschend, um es durch Schrubben auslöschen zu können. Körperliche Liebe wird erledigt und vergessen, aber was Jenny und Reverdy haben, wächst in der Erinnerung. Es füllt Räume. Nein. Die Worte, die sie schneller austauschen als Gedanken – was sie sagen und tun, die Erwartung dessen, was sie sagen werden und die Spannung der Erwartung – sind lyrisch. Ihre Liebe ist gewaltig.

Der einzige Mensch, der von Jennys Online-Leben weiß, ist ihre Freundin Margaret, die kein Blatt vor den Mund nimmt:

> »Das ist doch krank, Jenny. Wie kann man sich bloß in etwas verstricken, das man nicht mal sieht? Glaubst du, du lebst in einem Film oder so was? Oder ist es eher ein Spiel? Reden wir hier über imaginäre Spielkameraden, oder was?«

> »Es ist so real wie wir beide, die wir hier sitzen.«

> Sie schüttelt den Kopf. »Für mich ist das, als würdest du im Dunkeln tippen.«

> »Wir tippen und die Dinge existieren ... Hast du eine Ahnung, wie es ist, sich auf der reinen Gedankenebene zu bewegen? Das ist StElene nämlich; man hebt sich über das Oberflächliche hinaus, trifft sich auf dem Grund purer Gedanken.«

Die Kernaussage des Buches ist, dass das Leben in StElene ebenso unvollkommen wie das wirkliche ist. Was die Menschen überall – ob in realen oder imaginären Welten – zum Stolpern bringt, ist nicht die technische Seite des sexuellen Akts oder sogar die Grenzen, die der Cybersex mit sich bringt, sondern das enorme Gewicht des Verlangens, unser gigantisches Bedürfnis, uns mit anderen zu vereinigen – und unser ganz gewöhnliches, menschliches Versagen, diese Vereinigung zu erreichen.

William Burkett Jr.'s *Addiction*, das in der Anthologie *Aqua Erotica* erschienen ist, handelt von einem Mann, der mit seiner Online-Geliebten D kommuniziert – und »Sex« hat –, während er in einem Café sitzt. In seiner Brille befindet sich ein spezieller Chip, der es ermöglicht, dass nur er seinen Bildschirm sehen kann. Zu Beginn der Story erklärt er uns den Grund für seine Liebesaffäre: »Die Magie des Computer-Zeitalters: intime Kontakte quer über den Kontinent oder den Ozean. Schnelle Übertragung, beinahe telepathisch in ihrer Intensität. Kein Risiko der Ansteckung, kein schmuddeliger Austausch von Körperflüssigkeiten, überhaupt kein Risiko. Außer dem des Liebeskummers.«

Er verrät uns außerdem, dass er im Besitz von illegaler Software ist, die es ihm erlaubt, das Online-Leben von D zu beobachten, und dass sie viele Online-Beziehungen hat – ganz zu schweigen von einem Ehemann im wahren Leben. Es dauert nicht lange, bis D und er – der immer noch im Café sitzt – sich in einem heißen Cyber-Clinch befinden, der mit pornographischem Soundtrack untermalt wird und in etwas mündet, das nach einem simultanen Orgasmus klingt. Während er sich gerade noch zurückhalten kann, sich auszuziehen und auszupacken, erzählt er uns: »Ich kann sie jetzt fühlen – wirklich fühlen –, so dass meine Hüften auf dem Kaffeehaus-Stuhl rotieren, als ob ich mich in sie hineinschiebe. Ich spüre, wie meine Hoden sich zusammenziehen, fest, und ein Schatten des alten, heftigen Feuers von real-life Lust fällt über mich.« Später: »Jeder, der an mir vorbeigekommen ist, muss gewusst haben, was ich tue.«

Wenig später stellt der Erzähler fest, dass D zu ihren anderen Online-Lovers zurückgekehrt ist, doch wir erfahren bald, dass auch er eine Freundin hat, in deren Cyberarmen er Schutz und Trost sucht. Er bestellt sich einen weiteren Kaffee und tippt weiter, womit die Story endet.

In Laurie Stones weit substanziellerer Story *Perverts.com* führt uns die Erzählerin in journalistischem Stil in die Welt der Online-»Perversen« ein und begleitet uns durch zwanzig Seiten voller Cyber-Beziehungen, wobei der größte Teil des Textes aus »belauschten« redseligen und pornographischen E-Mail-Konversationen besteht, die zwischen anderen Mitgliedern der Website »Fetishes R Us« geführt werden.

Wenig spaßig ist die Einsamkeit, die sich durch die Kurzgeschichte zieht. So vieles in dieser suchterzeugenden Welt, hängt vom nächsten »Druck« ab, von der Antwort auf die E-Mail, die nicht kommt. Die Erzählerin »öffnet sich« schließlich und schreibt an »scratchandsniff und everydayfiend«, dessen Briefe seit einer Weile nicht mehr im System auftauchen:

> Deine Abwesenheit macht mich traurig, und ich wünschte, du würdest zurückkommen, denn ich habe deine Enthüllungen sehr genossen. Du gibst der Geilheit Fleisch und Persönlichkeit. Wir oft habe ich in den Armen einer Leere onaniert? Kein Name. Manchmal kein Gesicht. Oft keine Worte.

Aber als keine Antwort kommt, erzählt sie uns, dass sie »Trost im Fleisch suchte ... Was ist dran an den Gedanken, die herbeigerufen werden, an dem Pulsieren des Körpers, dem Losgelöstsein für diesen kurzen Moment der Wonne, bis das Beben abebbt und du wieder dorthin zurückkehrst, wo du gewesen bist, ohne dass sich etwas verändert hat, außer dass du dich seltsam entrückt von dem Verlangen fühlst, das eben noch so dringend gewesen zu sein schien ...?«

Auch am Ende der Story befindet sich die Erzählerin noch in den Fängen ihrer Obsession – sie ist besessen vom Liebesleben anderer.

Diese sehr verschiedenartigen Textbeispiele verweisen nicht eindeutig in eine einzige Richtung, was das Schreiben über Intimitäten im Internet angeht – außer vielleicht, dass sie immer wieder auf ihre Beschränkungen hinweisen, während sie gleichzeitig zeigen, wie es einigen Autoren gelungen ist, eben diese Beschränkungen zu umgehen. Die Sexszenen in *E-Mail an alle* finden offline statt – E-Mails sind nur dazu da, die Kontakte zu knüpfen und geschäftliche Dinge zu erledigen. Für Jeanette Winterson ist die elektronische Post kein Hilfsmittel für Sex, sondern eine Muse – oder ein Mittel, um mit einer Muse Kontakt aufzunehmen.

Obwohl oder gerade weil wir uns inzwischen an die Rolle des Internets in unserem Leben gewöhnt haben, ist es kaum anzunehmen, dass Belletristikautoren sich nun auf dieses Thema stürzen werden: Der Neuigkeitswert des Mediums ist verblasst.

Doch für jene Autoren, die der Bereich interessiert und fasziniert, bedeutet diese sich rasch verändernde Fantasy-World eine erotische Zuflucht, ein Platz, an dem wir Liebe, Loyalität, Nähe und natürlich Sex neu definieren können. Wir können sie so auf uns zuschneiden, dass sie tadellos passen, uns gefallen, uns Vergnügen bereiten, doch es ist ein Glück für jeden Autor, dass wir uns als Menschen, nicht als Mikrochips in den Cyberspace wagen: Wir tippen mit den Fingern, geben uns neue Namen und nehmen unsere Herzen mit, die sogar im Cyberspace leicht gebrochen werden können. Wir wagen uns voller Sehnsucht und Verlangen hinein, aber wir bekommen nicht immer das, was wir wollen. Um so besser für Schriftsteller, die sich mit diesem Thema beschäftigen! Denn online oder off – in den Welten der Hightech-Software und der Realität ist eine Person, die etwas will, nach diesem Etwas strebt und immer wieder in ihrem Bemühen, es zu bekommen, scheitert, eine Person, die uns berührt ... und der Kern einer mitreißenden Geschichte.

ÜBUNGEN

1. »ICH WÜRDE NIEMALS JEMANDEM ERZÄHLEN, DASS ...« (Leerstelle bitte ausfüllen). Dies ist eine Übung, die Dorothy Allison ihren Studenten immer wieder vorsetzt. Was man in die Leerstelle einträgt, muss nichts mit Sex zu tun haben. Es braucht auch nicht wahr zu sein.

2. ALLGEMEINBEDINGUNGEN. Kapitel 5 bis 11 konzentrieren sich auf bestimmte sexuelle Beziehungen – Beziehungen zwischen Unerfahrenen, Verheirateten, Ehebrechern etc. – und darauf, was diese besonderen Verhältnisse für den Autor bedeuten. Im Anschluss finden Sie fünf weitere mögliche sexuelle Partnerschaften. Erstellen Sie für jede eine Liste der Allgemeinbedingungen (Charakteristika, die in allen oder fast allen Fällen zutreffen) und durchkämmen Sie Ihre Erinnerung nach Beispielen aus Romanen oder Kurzgeschichten. Dann lesen Sie die Beispiele, an die Sie sich erinnern, und haken ab, wie viele der Allgemeinbedingungen tatsächlich zutreffen:

    a. Sexpartner zum Zweck der Empfängnis.

    b. Bezahlte Sexpartner.

    c. Sex zwischen Partnern mit großem Altersunterschied.

    d. Sex zwischen Partnern, die sich als junge Leute geliebt haben, getrennt wurden und sich nun im Alter erneut begegnen.

    e. Sex zwischen Menschen, die einst ein Paar waren, es aber nicht länger sind.

3. SCHREIBEN SIE SELBST. Die besten Liebesszenen entstehen aus den Bedürfnissen, der Vergangenheit und den Zwängen und Trieben Ihrer Charaktere. Aber zu Übungszwecken sollten Sie einige freistehende Sexszenen entwerfen. Beginnen Sie mit den sexuellen Beziehungsarten, die ich oben aufgelistet habe. Schreiben Sie für jeden Typ zwei Szenen – eine witzig, die andere nicht. Statten Sie die Szenen mit gut definierten Figu-

ren mit klaren Motivationen aus, geben Sie viele Einzelheiten hinzu und fügen Sie wenigstens einen kleinen Konflikt, ein paar Überraschungen und Dialoge ein.

4. EXPLIZIT KONTRA DISKRET. Experimentieren Sie mit den Szenen, die Sie geschrieben haben. Machen Sie sie zunächst sexuell eindeutiger, dann diskreter. Schauen Sie sich alle Versionen eine Woche später an: Was funktioniert und was läuft überhaupt nicht? Dann noch einmal einen Monat später. Hat sich Ihre Wahrnehmung und Ihre Beurteilung verändert?

5. SPRICH MIT MIR. Schreiben Sie eine Liebesszene, die nur aus Dialog besteht. Am Ende der Szene sollte der Leser wissen, wer die Personen sind, was sie von der Begegnung erwarten oder erwartet haben, ob sie bekommen haben, was sie wollten, und wonach sie jenseits des sexuellen Aktes streben. Der Dialog sollte auch verraten, wo die Szene stattfindet: In welchem Teil der Welt, welchem Zimmer etc.

6. LOCATION, LOCATION. Schreiben Sie eine Liebesszene, in der die Umgebung und die Atmosphäre eine wichtige Rolle bei der sexuellen Begegnung spielt. (Land, Stadt, tatsächliche Stelle: Zimmer, Parkbank, dunkler Hauseingang ...)

7. SEX UND TOD. Die Nähe zum Tod verändert unsere Wahrnehmung des Lebens grundlegend. Schreiben Sie eine Szene mit Figuren, die vor kurzem mit dem Tod in Berührung gekommen sind, sei es durch Krieg, Krankheit, einen Unfall oder eine Naturkatastrophe.

8. MONOLOGE. Schreiben Sie einen Monolog, in dem der Erzähler über eine sexuelle Erfahrung spricht, die anders ausgegangen ist, als er es erwartet hat. Wie immer sollte der Leser am Ende wissen, wer die Person ist, was sie will und was die Sex-Szene mit dem Plot zu tun hat.

DANKSAGUNGEN

Erotik schreiben wäre nicht entstanden ohne den Spürsinn, die Kraft, die Freundlichkeit, den Enthusiasmus und die E-Mails von vielen Freunden, Kollegen und Fast-Fremden, die mich mit Buchtiteln und Ideen versorgten, sich geduldig meine Liste ansahen, Geschichten kopierten und mir Bücher liehen, kauften oder schenkten. Manche hatten sich sogar die Mühe gemacht, Bücher und Texte mit gelben Post-It-Zettelchen zu versehen, um mich auf die einschlägen Stellen hinzuweisen.

Jeder einzelne, mit dem ich sprach, besondere jene Autoren, die so freundlich waren, sich von mir interviewen zu lassen und meine E-Mails zu beantworten, trugen mit dazu bei, dass ich Ihnen diese Ratschläge zum Thema *Erotik schreiben* geben konnte. Ich bin auch vor allem den Autoren zu Dank verpflichtet, die mir erlaubten, Auszüge aus ihren Werken als Beispiele abzudrucken. Ich hoffe, dass die exzellenten und sehr unterschiedlichen Texte für die Leser so inspirierend und bereichernd sein werden, wie sie es für mich waren.

Die Idee zu *Erotik Schreiben* stammte von dem damaligen Chefredakteur von Story Press, Lois Rosenthal, der mich eines Nachmittags im Jahr 1994 anrief und mir einen Auftrag geben wollte, den ich, wie Sie sehen, nicht ablehnen konnte. Jack Heffron, der die erste Ausgabe meines Buchs herausgab, war ein geduldiger, gewissenhafter und gut gelaunter Mitarbeiter, der mir half, mein Buch zu fokussieren, zu organisieren und das Thema auf den Punkt zu bringen. Carol Houck Smith und ihre Assistentin bei W.W. Norton schickten mir sehr schöne Werke, die ins Buch aufgenommen wurden. Richard McCann las eine frühe Fassung des Originalkapitels über Sex im Zeitalter von AIDS und beriet mich mit der scharfen Intelligenz und der Großzügigkeit, die jedes unserer Treffen bereichert.

Die beiden Freunde, denen ich das Buch gewidmet habe, starben unerwartet beide im Abstand von sechsunddreißig Stunden, während ich die erste Ausgabe beendete. Obwohl die beiden sich niemals kennen lernten, teilten sie die treue Liebe zur Literatur und zu dem mysteriösen und magischen Prozess, Qualität zu schreiben – eine Hingabe, die dieses Buch, wie ich hoffe, ehrt und fördert.

Ich hatte das Glück, für meine überarbeitete Version des Buches die Lektorin Elizabeth Stein zu finden, deren Enthusiasmus, Offenheit, Humor und gute Ideen mir das Gefühl gaben, dass eine zweite Ausgabe Sinn machte und mit Respekt und Sorgfalt behandelt werden würde.

Viele Autoren, Herausgeber und Leser brachten mich auf Werke, die schließlich in dieses Buch aufgenommen wurden. David Bergman, über viele Jahre Herausgeber der *Men on Men*-Serie, bin ich sehr dankbar, dass er mich an Andrew Holleran und William J. Mann herangeführt hat. Ich danke Michael Downing und John Jameson, Chefredakteur von *The Advocate*, der sich die Mühe machte, einen Artikel für mich herauszusuchen, und Paula Ogier, die eine der Internet-Kurzgeschichten entdeckte und mich einlud, am Cambridge Center für Erwachsenenbildung einen Workshop zum Schreiben von fiktionalen Texten über Sex abzuhalten.

Auf der Suche nach Worten, mit denen ich meine Dankbarkeit für die inspirierte und stimmige Arbeit Gail Hochmanns und Marianne Merolas an meinem Buch ausdrücken kann, möchte ich mich auf die »Weniger-ist-mehr«-Regel berufen und schlicht und ergreifend »Danke« sagen.

Dank ganz anderer Art gebührt meinen unglaublichen Freunden von A bis Z und Emily und James, die Musik in mein der Prosa verpflichtetes Leben bringen.

ÜBER DIE AUTORIN

ELIZABETH BENEDICT ist die Autorin von vier Romanen, *Almost*, *The Beginner's Book of Dreams*, *Safe Conduct* und *Slow Dancing*, welches in der engeren Auswahl für den American Book Award war. Ihre Texte und Essays sind in der New York Times, Esquire, Harper's Bazaar, Salmagundi, Tin House, dem Boston Globe und anderen Publikationen erschienen. In den vergangenen Jahren hat sie an der Princeton University, beim Iowa Writers' Workshop, der New School for Social Research und dem Swarthmore College gelehrt und hält zurzeit Kurse für Kreatives Schreiben an der Harvard University Extension School. Elizabeth Benedict lebt in New York und Somerville, Massachusetts.

Bücher aus dem Autorenhaus-Verlag

▶ DEUTSCHES JAHRBUCH
FÜR AUTOREN, AUTORINNEN
Schreiben und Veröffentlichen,
mit Literatur- und Verlagsadressen
»Von allerhöchstem Gebrauchswert«
(Die Woche)

▶ Gerhild Tieger (Hg.):
KREATIVES SCHREIBEN
LERNEN
an Universitäten, Instituten,
Literaturbüros, Volkshochschulen,
Schreibschulen in Deutschland,
Österreich und der Schweiz, 2001
»Für professionelle Autoren und
Laien, die literarisches Schreiben
erlernen möchten.« *(Buchkultur)*

▶ Dorothea Brande:
SCHRIFTSTELLER WERDEN
Der Klassiker über das Schreiben
und die Entwicklung zum Schrift-
steller, übersetzt von Kirsten
Richers, 2001
»Die Ratschläge der Lektorin und
Literatur-Dozentin werden wohl in
jedem Seminar über Kreatives
Schreiben zitiert.«
(Oberhessische Presse)

▶ William Zinsser:
SCHREIBEN WIE EIN
SCHRIFTSTELLER
Fach- und Sachbuch, Biografie,
Reisebericht, Kritik, Business,
Wissenschaft und Technik
Übersetzt von Kirsten Richers,
2001, »Gehört in die Handbib-
liothek aller, die schreiben.«
(New York Times)

▶ Horst-Dieter Radke:
WORD FÜR AUTOREN UND
SELBSTVERLEGER
Kreatives Schreiben und Veröffent-
lichen am PC, Für alle Word-
Versionen, einschließlich Word XP
2. Auflage, 2002
„Sehr brauchbare Hilfe"
(IgdA aktuell)

▶ Manfred Plinke:
RECHT FÜR AUTOREN
Urheberrecht, Vertragsrecht,
Musterverträge, 3. Auflage, 2002
„Knappe, aktuelle und allgemein
verständliche Ausführungen... zu
empfehlen." *(ekz-Informations-
dienst für Bibliotheken)*

▶ Gerhild Tieger (Hg.):
LITERATURPREISE UND
AUTORENFÖRDERUNG
Über 1000 Literaturpreise, Arbeits-
stipendien, Aufenthaltsstipendien
und andere Förderungen. Mit
zahlreichen Abbildungen von
Stipendienorten, Künstler- und
Schriftstellerhäusern. 2002
„Der beste Weg, sich auf die Spur
seines Traums zu machen."
(Augsburger Allgemeine Zeitung)

▶ Manfred Plinke:
VOM SCHREIBEN LEBEN:
SCHRIFTSTELLER
Beruf · Chancen · Honorare ·
Erfolgreiches Veröffentlichen
Erstausgabe 2002
„Der Weg zum Erfolg"
(Augsburger Allgemeine Zeitung)

▶ Lajos Egri:
LITERARISCHES SCHREIBEN
Starke Charaktere – Originelle
Ideen – Überzeugende Handlung
„Ein kluges und wohldurchdachtes
Werk." *(Los Angeles Times)*
Deutsche Erstausgabe, 2002

▶ Natalie Goldberg:
SCHREIBEN IN CAFÉS
Das Lieblingsbuch amerikanischer
Schriftsteller über das Schreiben
Neuübersetzung von
Kerstin Winter, 2002

▶ Ray Bradbury:
ZEN IN DER KUNST DES
SCHREIBENS
Der Klassiker über das Schreiben
von Kurzgeschichten vom weltbe-
rühmten Autor von *Der illustrierte
Mann, Fahrenheit 451* u.a. Werken.
Übersetzt von Kerstin Winter.
Deutsche Erstausgabe, 2002

▶ Christopher Keane:
SCHRITT FÜR SCHRITT
ZUM ERFOLGREICHEN
DREHBUCH
Eine verständliche und praxisnahe
Anleitung von einem der gegen-
wärtig erfolgreichsten Script-
dozenten und Drehbuchautoren.
Mit einem kommentierten
Drehbuch.
Übersetzt von Kerstin Winter.
Deutsche Erstausgabe, 2002

Bitte besuchen Sie uns im Internet:

www.AutorInnen.de
die Ratgeberseite für alle, die schreiben und veröffentlichen

www.buch-partner.com
Alle Profis rund ums Buch

Wenn Sie unsere gelegentlichen **Rundbriefe** mit aktuellen Informationen
über Neuerscheinungen wünschen, schreiben Sie bitte an:
Autorenhaus-Verlag · Karmeliterweg 116 · 13465 Berlin · E-Mail: autoren@autorinnen.de